»Ein bisserl fromm waren wir auch«

Dieses Buch über starke Frauen widme ich meinen Töchtern.
Monika Slouk

Monika Slouk
Beatrix Mayrhofer (Hg.)

»Ein bisserl fromm waren wir auch«

Ordensfrauen erzählen

Mit Fotos von Petra Rainer

styria premium

Inhalt

Dank an das Team

Marlies Zuccato-Doutlik und Judith Fritz führten neben Monika Slouk
die Gespräche mit Ordensfrauen und entwickelten das
Oral-History-Projekt „Erfahrungskraft Ordensfrauen“ mit.
Hermine Plasser und Manuela Grabmayr transkribierten Tonaufnahmen.
Monika Fischer verfasste das zweite Kapitel.
Sr. Ruth Pucher MC schrieb das „Wörterbuch Ordensdeutsch“.

Vorwort

Sr. M. Beatrix Mayrhofer SSND

Zuerst hat es gar nicht gestimmt. Kloster? Ich? Niemals! Aber der Gedanke kommt immer wieder, die innere Frage verstummt nicht. Und dann wächst die Zustimmung. Bei manchen kommt sie über Nacht, andere hören sich selber sagen: „Ich geh ins Kloster." Eine legt den Eltern das Formular zum Einverständnis auf den Küchentisch, die andere sagt, sie gehe zum Basketballtraining, aber läutet stattdessen an der Klosterpforte der Ursulinen in Graz. Und wieder eine andere ringt mit den Eltern um die Erlaubnis, denn erst 1973 ist in Österreich das Alter der Volljährigkeit von 21 auf 19 herabgesetzt worden. So unterschiedlich sind die Lebenswege, so vielfältig die Geschichten. Jede Ordensfrau kann eine ganz einmalige Berufungserfahrung erzählen – so wie jeder Mensch, jeder Christ seine Lebensgeschichte, seine Glaubensgeschichte hat.

Diese Geschichten der Ordensfrauen können in unserem Land in dieser Zeit eine besondere Bedeutung bekommen. Die Zahl der Ordensleute geht momentan rapide zurück und die heute gelebte Form unterscheidet sich in manchen Aspekten sehr deutlich von dem, was ältere Frauen bei ihrem Eintritt in die Gemeinschaft erlebt haben. Gerade für die Frauenorden hat das Zweite Vatikanische Konzil sehr einschneidende Veränderungen gebracht. Nicht nur die Frömmigkeitsformen haben sich verändert, sondern die Interpretation der Gelübde, die Gestalt der Gemeinschaft, des apostolischen Dienstes, der Führung von großen Institutionen.

Sr. Johanna Montag, Jahrgang 1935, ist mit 18 Jahren bei den Don Bosco Schwestern eingetreten. Sie erzählt selbst von den Jahren des großen Aufbruchs, der Aufbauarbeit nach dem Krieg und davon, dass sie „auch ein bisserl fromm waren". Das ist natürlich scherzhaft gemeint, denn es hat viele fromme „Übungen" für die Schwestern gegeben. Die Tagesordnung hat sie vorgeschrieben. Junge Frauen hat das nicht abgeschreckt. In der Anfangsausbildung war Sr. Johanna

Montag im Jahr 1953 zusammen mit 19 anderen Novizinnen. Und sie sagt auch: „Wir haben jeden Blödsinn gemacht!"
Wie viele Ordensfrauen es in den Jahren vor dem Zweiten Vatikanum in Österreich gegeben hat, kann derzeit noch nicht angegeben werden. Die statistischen Aufzeichnungen in der „Vereinigung der Frauenorden" beginnen erst mit dem Jahr 1970. Aber auch diese sprechen eine überdeutliche Sprache. Gab es im erwähnten Jahr 13.797 Ordensfrauen in Österreich, so waren es mit dem Stichtag 31.12.2014 um fast genau 10.000 Schwestern weniger. Drei Viertel der 3.793 Frauen sind älter als 65, die Zahl der Niederlassungen hat sich halbiert. Viele Menschen unseres Landes begegnen keiner Ordensfrau mehr. Manchmal werden diejenigen, die einen Schleier tragen, mit einer Muslima verwechselt. Die Präsenz unserer katholischen Kirche verändert sich. Wie viele Kinder unseres Landes haben in den vergangenen Jahrzehnten – Jahrhunderten – Schwestern als Erzieherinnen, als Lehrerinnen gehabt, wie viele Kranke wurden gepflegt, wie viele alte Menschen in ihren letzten Lebensjahren begleitet! Wie viele Nächte haben Ordensfrauen am Bett von Sterbenden verbracht! Viele sind ausgesandt worden zum Dienst in anderen Ländern. Wer kann je abschätzen, welchen Beitrag gerade die Frauen zum Aufbau von Schulen und Krankenhäusern in der ganzen Welt geleistet haben? Und wie viele Stunden, Tage und Nächte haben Ordensfrauen im Gebet verbracht – stellvertretend für viele. Niemand hat aber auch je die Altäre gezählt, die Ordensfrauen geschmückt, und die Pfarrhäuser, die die Schwestern geputzt haben. Das Putzen ist heute sicherlich keine Hauptbeschäftigung von Ordensfrauen mehr. Die Zahl der Schwestern ist deutlich zurückgegangen, ihre Tätigkeitsfelder haben sich gleichzeitig sehr verändert. Ordensfrauen sind aber weiterhin dort, wo die Menschen besonders verwundet sind: bei denen am Rand, bei den Abgeschobenen und Missbrauchten, aber auch dort, wo Neues wächst: in der Organisationsentwicklung, in der Kunst, in der Sorge um die Gesundheit und sehr häufig in der geistlichen Begleitung.
Im Wissen um diese sich so rasch verändernde Situation haben die Verantwortlichen in der „Vereinigung der Frauenorden Österreichs" ein Projekt ins Leben gerufen, das die Erfahrungskraft der Ordensfrauen zur Sprache bringen will. Ordensfrauen sind gebeten

worden, ihre Geschichte zu erzählen. Nach den Methoden der Oral-History-Forschung haben Monika Slouk, Marlies Zuccato-Doutlik und Judith Fritz das Projekt entwickelt und die Interviews geführt. Aus den 36 Gesprächen sind für die Veröffentlichung im Buch zwölf ausgewählt worden. Es sind die Geschichten von Ordensfrauen verschiedenster Alters- und Berufsgruppen aus kontemplativen oder apostolisch tätigen Gemeinschaften sowie aus den verschiedenen Diözesen Österreichs.

Die Interviews sind aufgezeichnet und in mühevoller Arbeit transkribiert worden, wofür wir neben Monika Slouk auch Hermine Plasser und Manuela Grabmayr sehr herzlich danken.

Monika Slouk verfasste anhand der Aufzeichnungen die einzelnen Kapitel. Das zweite Kapitel hat Monika Fischer geschrieben. Petra Rainer hat das Projekt fotografisch begleitet. Von Sr. Ruth Pucher MC stammt das „Wörterbuch Ordensdeutsch“ und Paul M. Zulehner verdanken wir eine kritische Reflexion über Gegenwart und Zukunft von Ordensfrauen – nicht nur in Österreich.

Regina Polak gab ihre Expertise und Ermutigung zum Projekt, Helga Penz die Betreuung durch ihre archivarische Kompetenz.

Wir danken dem Verlag für das Interesse und die Bereitschaft, diesen Frauengeschichten ein Buch zu widmen. Allen, deren Geschichte jetzt nicht in das Buch aufgenommen worden ist, versprechen wir größte Sorgfalt im Umgang mit dem vorhandenen Text.

Allen danken wir, die bereit waren, ihre persönliche Geschichte zu erzählen. Stellvertretend für viele wird nun ihre Stimme gehört. Es sind die Stimmen von Frauen in unserer Kirche.

Sie werden uns fehlen.

Einleitung

Monika Slouk

Eine Torte und ein Missverständnis standen am Anfang dieses Buches. Die Vereinigung der Frauenorden Österreichs gibt regelmäßig eine Jahresstatistik bekannt. Wie viele Ordensfrauen sind wie alt und welchen Beruf üben sie aus? Das Tortendiagramm der österreichischen Ordensfrauen sieht so aus:

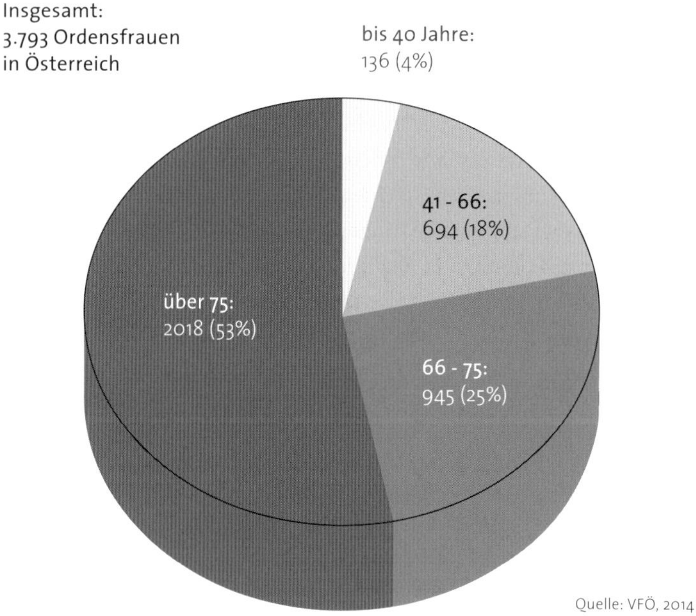

Quelle: VFÖ, 2014

Mehr als drei Viertel aller Ordensfrauen sind im Pensionsalter. Nur jede Fünfte ist unter 66 Jahre alt. Im Vergleich zu 1970 gibt es 10.000 Ordensfrauen weniger.

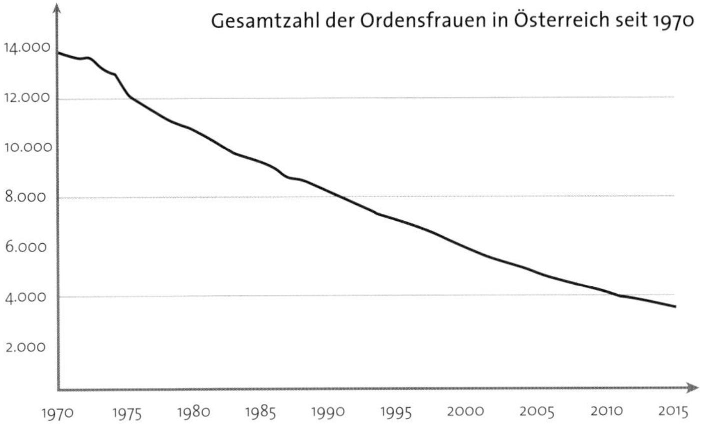

Zahlen können nur andeuten, welch epochaler Wandel sich bei den Frauenorden gerade vollzieht. Archive sind geduldig (wenn sie gut geführt werden). Doch darüber, wie die Lebenswelt von Ordensfrauen in Österreich von innen aussieht, wie sie sich anfühlt, wie sie ist – darüber gab es bisher nur wenige Aufzeichnungen. Die Größe der Tortenstücke hat mich berührt. Eine der jüngeren Ordensfrauen (alle unter 65 gelten als die jüngeren) äußerte den Wunsch, dass die Lebenserfahrungen von Ordensfrauen nicht verloren gehen sollten. Dachte ich zumindest. Als ich mich später mit ihr darüber unterhielt, stellte sich heraus, dass ich etwas anderes gehört hatte, als sie gesagt hatte. Vielleicht ist auch das eine Form der Berufung, wer weiß? Jedenfalls war das Samenkorn für das Projekt „Erfahrungskraft Ordensfrauen" gelegt. Gemeinsam mit der Soziologin Marlies Zuccato-Doutlik und mit großer ideeller Unterstützung von Sr. Beatrix Mayrhofer begannen wir mit der Entwicklung eines Erzählprojekts. Es war uns schnell klar, dass wir die Gesprächspartnerinnen nicht auf bestimmte Themen festlegen wollten. Die Ordensfrauen selber sollten bestimmen, was ihnen wichtig genug für eine Lebenserzählung erschien. Daher entschieden wir uns für die biografisch-narrative Methode. Sie lässt Raum für die individuellen Schwerpunktsetzungen. Gegen Ende des Gesprächs stellten wir dennoch einige festgelegte, interpretative Fragen zu Themen, die uns besonders interessierten. Die Vereinigung der Frauenorden war mit dem Konzept einverstanden, erteilte den Auftrag zur Umsetzung des Projekts und sicherte materielle Unterstützung zu.

Über 80 Namen von möglichen Gesprächspartnerinnen bekamen wir auf unseren ersten Aufruf hin. Das war überwältigend. 36 Gespräche von je zwei bis drei Stunden Dauer führten wir im Jahr 2015, mehr ließen die Ressourcen nicht zu. Inzwischen war ein drittes Teammitglied dazugestoßen: die Sozialhistorikerin Judith Fritz. Die Gespräche führte jeweils ein Teammitglied, wichtig war die Verteilung auf alle Bundesländer, alle Altersgruppen und verschiedene Ordensrichtungen (in unterschiedlichen Bereichen tätige Orden und Klausurorden). Zwölf der Gespräche finden sich hier als Erzählungen wieder. Der „Originalton" der Erzählerinnen hat darin bewusst besonders viel Raum bekommen. Sr. Maria Magna Metzler ist während der Redaktionsphase verstorben und ist die einzige, die den Text nicht mehr selbst lesen und korrigieren konnte. Ihr Tod hat uns spüren lassen, wie unwiederbringlich jede einzelne dieser Geschichten ist.

Kein Ordensfrauenleben gleicht dem anderen. Unsere Gesprächspartnerinnen waren allesamt selbstbewusste, eigenständige und originelle Frauen, die überraschend oft gegen den Widerstand der Familie in einen Orden eingetreten sind. Innerhalb des Ordens entscheidet fast immer die Oberin je nach Bedarf des Ordens, wo eine Ordensfrau wirkt und wie lange sie dort wirkt. Die Übergänge zwischen den Einsatzorten werden oft als Herausforderung erlebt. Jetzt muss ich schon wieder weg? Und warum gerade dorthin? So gut wie immer stellt sich nach Anlaufschwierigkeiten am neuen Ort große Zufriedenheit mit der Aufgabe ein. Bis die nächste Übersiedlung angekündigt wird ...

Ordensfrauen sind Menschen aus Fleisch und Blut. In diesem Buch erzählen sie humorvoll, tiefsinnig und offenherzig aus ihrem Leben. Wie es abläuft, was sie nervt und was sie sich erhoffen, wie sie die Beziehungen im Orden und zum Rest der Welt gestalten, welche Aufgaben sie übernommen oder übertragen bekommen haben. Die zwölf Kapitel des Buches haben wir aus den 36 Erzählungen nicht nach ihrem Sensationsgrad ausgesucht. Sie sollten die österreichische

Frauenordenslandschaft nach den drei Kriterien Region, Alter und Ordenstyp widerspiegeln. Dabei hat sich gezeigt, dass gerade im „Normalen“ das Interessante liegt.
Der Titel „Ein bisserl fromm waren wir auch“ ist ein Zitat aus dem Gespräch mit der ältesten Ordensfrau, die im Buch zu Wort kommt, Sr. Johanna Montag von den Don Bosco Schwestern. Sie erinnert sich an ihre Zeit im Noviziat, wo zwanzig Novizinnen gleichzeitig waren, darunter zehn Achtzehnjährige. Die Stimmung war teilweise ausgelassen wie in einem Mädchenpensionat. Und doch: Ein bisserl fromm waren sie auch. Dass dieses „bisserl“ tiefe Wurzeln hatte und weitreichende Folgen, dass das „bisserl“ doch ein ganzer Batzen war im Sinne einer gottverbundenen Lebensgestaltung, das erfahren die Leserinnen und Leser aus den Erinnerungen der zwölf Ordensfrauen.

Ein bisserl fromm waren wir auch

Sr. Johanna Montag FMA
geboren am 16. Februar 1935
Taufname: Johanna

Entschuldigend erklärt Sr. Johanna, dass sie mit iPhones und Tablets nicht umgehen kann. Eigentlich war sie immer die Technikerin! Ab den 1970er-Jahren haben die Don Bosco Schwestern ihre Schulen in Vöcklabruck aufgebaut. Und wenn einmal ein Apparat kaputt ging, hieß es stets: „Schwester Johanna ..." Sie reparierte die Dinge und brachte sie wieder zum Laufen. Mit dem PC arbeitet sie seit Langem, technische Neuerungen wecken ihre Neugier. „Vielleicht bekomme ich so etwas noch, bevor ich zu wackeln beginne", meint die 80-Jährige zum Thema Smartphone und Co. mit einem spitzbübischen Lächeln. Das SMS-Tippen auf der Handytastatur ist zu umständlich.

Spitzbübisch, so wirkt die rüstige Ordensfrau auch heute, wenn sie mit ihren kurzen Haaren, in Hose und Pulli gekleidet, aus ihrem Leben erzählt. Es sind die unerwarteten Details, auf die sie fast ein wenig stolz zu sein scheint. Als sie in der ersten Klasse Hauptschule im Betragen nur ein „Gut" hatte, weinte ihre Mutter. Das war eine Schande! Der kleine Bruder weinte gleich mit. Kurz entschlossen fuhr die Mutter mit dem Rad zur Schule, um herauszufinden, woher die peinliche Benotung rührte. Johanna wäre vorlaut, erfuhr sie. Sie rufe die Antworten hinaus, noch bevor die Gefragten antworten könnten. Auch sonst entsprach sie nicht den Vorstellungen eines braven Mädchens. Eine Fetzenpuppe hat sie schon besessen, aber gespielt hat sie damit kaum. Die Tischlerwerkstatt des Vaters war Johannas Revier. Auch die Mutter arbeitete in der Werkstatt, sie galt als Vaters beste Gesellin. „In unserem Ort gab es eine Wagner-Familie, deren Sohn war so alt wie ich. Der hat gern mit Puppen gespielt", erinnert sich Sr. Johanna an die gar nicht so fixen Rollenverteilungen ihrer Kindheit. Etwas über zwei Jahre war sie alt, als sie in ihrer niederösterreichischen Heimatgemeinde Gramatneusiedl zu den Don Bosco Schwestern in den Kindergarten kam. Die Schwestern, die in der Nachbarschaft der Tischlerei lebten, gefielen dem aufgeweckten Mädchen. Dort sei sie salesianisch „infiziert" worden, meint Sr. Johanna rückblickend. Eine Sandkastenliebe, würde man heute sagen. „Wir haben die Schwestern so gern gehabt. Jeden Schabernack haben sie verkraftet." Doch 1942 mussten die Don Bosco Schwestern ihr Haus verlassen und kehrten erst 1945 zurück, als Johanna bereits zehn war. Dann begann die Zeit der russischen Besatzung. Von den vier Räumen ihres Elternhauses wurden zwei von russischen Offizieren bewohnt. „Die einfachen Soldaten haben in einem Saal neben dem Haus der Schwestern geschlafen. Vor denen hatten die Leute Angst." Vor den Offizieren hat sich Johanna nicht gefürchtet. „Zu den Kindern waren sie ja lieb." Für das Einfamilienhaus der Montags bedeuteten die ungebetenen Gäste sogar ein Mehr an Sicherheit. Als hätte man eine Polizeistation im Haus.

Wie sag' ich es meinen Eltern?

Mit vierzehn begann Johanna eine dreijährige Fachschule für wirtschaftliche Frauenberufe bei den Franziskanerinnen in Wien. Diese waren lieb und nett, aber sie fühlte sich persönlich von den Don Bosco Schwestern mehr angesprochen. Bereits damals dachte sie daran, einmal Ordensfrau zu werden. Die Buben, die wie Johanna in einfachsten Zügen nach Wien zur Schule gefahren sind, konnten es gar nicht glauben. Doch mit siebzehn fasste sie den Entschluss, in einem Jahr in den Orden einzutreten. Ihre größte Sorge: Wie sag' ich es meinen Eltern?! „Meinem Vater habe ich so viel bedeutet." Johanna war ratlos, in welchem Moment sie ihren Eltern die Entscheidung am besten eröffnen sollte. Da half ihr ein Briefwechsel mit einer älteren Ordensfrau. Denn dort stand der Entschluss zu lesen. So brauchte sie nicht

darüber zu reden. Eines schönen Nachmittags zeigte sie der Mutter einen Brief mit dem entscheidenden Inhalt. Der Mutter kamen die Tränen. Doch sie war einverstanden. Auch der zehnjährige Bruder brach in Tränen aus. Als der Vater am Abend davon erfuhr, meinte er prompt: „Meinen Segen kriegst du nicht!“ Im Dorf hat man darüber lieber nicht geredet. Letztendlich stimmte der Vater doch schweren Herzens zu. Er unterschrieb sogar den notwendigen Reisepass für seine erst achtzehnjährige, damals also noch nicht volljährige Tochter.

Die Novizin macht bei jedem Blödsinn mit

„Ich kann eigentlich gar nicht so eine richtige Berufungsgeschichte erzählen wie manche andere“, erinnert sich Sr. Johanna. „Es ist einfach so gewachsen.“ Am 4. Februar 1953 trat sie bei den Don Bosco Schwestern ein und wurde nach einem verkürzten Postulat noch im selben Jahr zur Einkleidung zugelassen. Für das Noviziat übersiedelte sie ins oberbayerische Kloster Rottenbuch. „Mit einer Naivität!“, wie sie rückblickend meint. „Heute kommen ja reife Frauen in den Orden.“ Damals waren zwanzig Novizinnen im Kloster Rottenbuch beisammen, zehn davon waren so alt wie Sr. Johanna – also achtzehn Jahre. „Wir haben jeden Blödsinn gemacht.“ Die 80-Jährige kommt bei der Erinnerung ins Lachen. Da gab es nur eine einzige Rodel für zwanzig Novizinnen! Das war natürlich ein wenig langweilig. Also begannen die jungen Frauen, mit den Schuhen den Hang hinunter durch den Schnee zu schlittern. Eine hat sich bei dem Abenteuer beide Beine gebrochen. „Ja, damals ist einiges passiert!“ Es war eine unbeschwerte Zeit im Noviziat. Und die Novizenmeisterin war sehr verständnisvoll. „Na ja“, schließt Sr. Johanna die Erinnerungen an ihr jugendliches Noviziat ab, „ein bisserl fromm waren wir schon auch." Die Frömmigkeit zeigte sich bei Sr. Johanna in ihrem kompromisslosen Einsatz für die Anliegen des Ordens. Nach der Profess im Jahr 1955 erfuhr sie, dass sie in der Ferrarischule in Innsbruck angemeldet war zur Ausbildung als Hauswirtschaftslehrerin! „Mir ist alles hinuntergefallen! Alles, nur nicht kochen." Das Mädchen aus der Tischlerwerkstatt war schockiert. „Essen tu ich schon gern, aber kochen ...!" Dass sie der Entscheidung der italienischen Provinzoberin folgen würde, daran zweifelte sie jedoch keine Sekunde. Sie wusste zwar nicht wozu, doch sie lernte alle Hauswirtschaftsfächer, ihre Zeugnisse waren gut.

Schulgründung in 28 Tagen

Nach Abschluss der Ausbildung zur Hauswirtschaftslehrerin wurde Sr. Johanna am 25. August 1958 von der Provinzoberin informiert, dass der Orden noch im Herbst eine Haushaltungsschule in Linz beginnen wollte. Es gab noch keine Lehrerinnen und keine Schülerinnen. Die Provinzoberin hatte eigentlich eine Bildungsanstalt für Kindergärtnerinnen im Sinn gehabt, aber da es in Linz bereits eine öffentliche Schule für Kindergärtnerinnen und eine von den Kreuzschwestern gab, bekam man keine Erlaubnis für die Gründung einer weiteren. Drei Don Bosco Schwestern eröffneten also am 22. September 1958 eine einjährige Haushaltungsschule mit 13 Schülerinnen. „Eine Schwester hat, wenn sie auf der Straße ein junges Mädchen getroffen hat, Werbung gemacht: ‚Willst du nicht eine Schule besuchen?'" Elf der 13 Schülerinnen blieben auch im ordenseigenen Internat. Sr. Johanna übernahm im Wechsel mit ihren zwei Mitschwestern fast alle Unterrichtsfächer. Religion wurde von einem Priester unterrichtet. Kochen, Staatsbürgerkunde, Rechnen, Turnen ... in allen anderen Disziplinen war Sr. Johanna gefragt. Da war sie selbst gerade einmal 23 Jahre alt. „Ich war Werkzeug. Und ich hab's halt getan."
Der kleine Bruder von Sr. Johanna, der unterdessen im Elternhaus heranwuchs, vermisste seine große Schwester sehr. Seine Berufswahl vertraute er, ebenso wie seine Schwester, den Älteren an. Er wurde Tischler wie der Vater. Eigentlich wäre er lieber Kfz-Mechaniker geworden, er reparierte in seiner Freizeit gerne Autos. Doch es war na-

heliegend, dass er die väterliche Tischlerwerkstatt übernehmen sollte. Das war schneller notwendig als gedacht: Zu Pfingsten 1960 besuchten die Eheleute Montag überraschend ihre Tochter Johanna in Linz. Sie konnten bei Nachbarn im Auto mitfahren, die am Weg von Niederösterreich nach Tirol waren. Mit einem großen Pfingstrosenstrauß aus dem Garten standen sie plötzlich vor Sr. Johanna. Nach einem freudigen Wiedersehen und einer ruhigen Nacht erlitt der Vater am Pfingstmontag in der Früh einen Herzinfarkt und verstarb an Ort und Stelle. Bereits am nächsten Tag wurde er mit dem Leichenwagen heim nach Gramatneusiedl gebracht. Der achtzehnjährige Sohn, der kurz vor der Gesellenprüfung stand, musste sofort den Betrieb übernehmen. Bis heute ist Sr. Johanna mit ihrem Bruder, der im Elternhaus wohnt, in Verbindung und ist nicht – wie die Eltern anfangs befürchtet hatten – für die Familie „gestorben".
Von 1983 bis 1999 konnte sogar die Mutter bei ihr in Vöcklabruck wohnen. „Das rechne ich dem Orden hoch an!" Sr. Johanna weiß, dass das nicht selbstverständlich ist.

Der Aufbruch der späten 1960er-Jahre

Zehn Jahre lang ist die Haushaltungsschule in Linz einjährig geblieben. Dann kam der Boom der „Frauenberufsschulen", die Nachfrage war groß. Zur Einjährigen Haushaltungsschule kam eine Zweijährige Hauswirtschaftsschule dazu. Die Don Bosco Schwestern dachten an eine Dreijährige Fachschule für wirtschaftliche Berufe und deshalb an eine bauliche Erweiterung. Bauplatz hatten sie ausreichend. Allerdings war das Gelände „Gemischtes Baugebiet" und auch für die umliegenden Industrieunternehmen, wie VOEST und Chemie AG, interessant. Alle wollten damals größer werden. Zu dieser Zeit kam die ehemalige Landesschulinspektorin zu Besuch, zufällig, weil sie Sr. Johanna privat kannte. „Wenn es Zufälle gibt! Ich muss sagen, ich habe immer sehr stark den Faden und die Führung von oben gespürt", sagt Sr. Johanna. Die prominente Besucherin fragte: „Wollen Sie denn nicht irgendwo hingehen, wo es noch keine Schulen für wirtschaftliche Frauenberufe gibt?" Doch Sr. Johanna wollte nicht weg aus Linz. 18 Jahre war sie hier gewesen. Kurze Zeit

später erfuhr sie von der amtierenden Landesschulinspektorin, dass sich gerade Vöcklabruck um eine wirtschaftliche Frauenberufsschule beworben hatte. Da liefen die Fäden wieder zusammen, die Fäden von oben. Vöcklabruck gefiel den Don Bosco Schwestern auch aus verkehrstechnischen Gründen. „Außerdem liegt der Baugrund, den wir schließlich von einem Bauern erwerben konnten, zwischen zwei Mariahilf-Heiligtümern. Zwischen dem Redemptoristenkloster Puchheim mit dem Gnadenbild ‚Maria von der immerwährenden Hilfe' und der Wallfahrtskirche Maria Schöndorf in Vöcklabruck." Ein anderer Ordensname der Don Bosco Schwestern lautet „Töchter Mariä Hilfe der Christen", sie sind also mit „Maria Hilf" eng verbunden. Doch das mit dem Kaufen war nicht so leicht. Waren Subventionen zu bekommen? Die für die Subventionen Zuständigen wollten zuerst Pläne sehen, während die für die Pläne zuständigen Ordensoberinnen zuerst wissen wollten, ob es Unterstützung gibt. Mit Sektionschef Dr. Adolf März vom Unterrichtsministerium verstand sich Sr. Johanna gut. „Er war ein grader Michel, ich auch. Wir hatten einen guten Draht zueinander, obwohl er politisch woanders stand." Am 8. Dezember 1971, am Fest Mariä Empfängnis, läutete zu Mittag das Telefon. Dr. März wollte Sr. Johanna sprechen. „Sie bekommen das Geld! Und das haben Sie mir zu verdanken", war die frohe Botschaft. „Da haben wir gewusst, es dürfte auch von ganz oben her die Zustimmung da sein", erinnert sich Sr. Johanna dankbar. Auf den Tag genau vor 130 Jahren hatte Don Bosco sein Werk in Turin begonnen! Mit Bartolomeo Garelli, dem Maurerlehrling, der sich in der Sakristei herumtrieb und vom Mesner weggejagt wurde, weil er nicht ministrieren konnte. Don Bosco ließ ihn zurückholen und fragte den Burschen: „Leben deine Eltern noch?" „Nein." „Hast du eine Schule besucht?" „Nein." „Kannst du lesen?" „Nein." „Kannst du ministrieren?" „Nein." „Aber vielleicht kannst du pfeifen?" „Ja!" Da ist ein Lächeln über Bartolomeos Gesicht gegangen und Don Bosco hatte ihn als Freund gewonnen.
Sr. Johanna zögerte nicht lange, griff zum Telefonhörer, um die Provinzoberin in Innsbruck zu verständigen. „‚Madre Giovanna, wir kriegen Geld! Und genau heute erfahre ich das!' Es war sehr berührend."

Mit ganzem Herzen vertrau auf den Herrn

Während Sr. Johanna Montag ihre Erinnerungen wachruft, ist sie sich plötzlich nicht mehr sicher, ob sie auch genug über sich selbst erzählt, denn sie spricht ja ständig von der Schule. „Aber ja, das ist ja alles mit mir verbunden!“, gesteht sie sich zu. Die Genehmigungen für den Schulbau in Vöcklabruck zogen sich in die Länge. Endlich war es so weit. Im Februar 1973 schlug der Vöcklabrucker Bürgermeister eine Spatenstichfeier für den 27. April vor. Kurze Zeit darauf, bei einem Schulausflug auf den niederösterreichischen Sonntagberg, las Sr. Adele in der Kirche aus der Lebensbeschreibung Don Boscos vor. Sr. Johanna saß mitten unter den Schülerinnen und konnte ihre Tränen nicht zurückhalten, als sie Sr. Adele lesen hörte: „Am 27. April 1865 war Grundsteinlegung der Maria Hilf Basilika in Turin.” Mit nichts hatte Don Bosco den Bau der Basilika begonnen!
Im Herbst 1975 wurde die Schule mit zwei Klassen der Einjährigen Haushaltungsschule und einer ersten Klasse der Dreijährigen Fachschule für wirtschaftliche Frauenberufe im Vertrauen auf die weitere Hilfe von oben begonnen. „Ich habe einfach getan, was ich eben tun konnte. Ohne Uniausbildung. Ohne große Wissenschaft über die Leitung einer Schule.“ Vonseiten des Landesschulrates kam der Wunsch, auch an die Gründung einer Bildungsanstalt für Kindergärtnerinnen zu denken. Die vorherige Provinzoberin hatte ja bereits vor Jahren so eine Schule für Linz geplant. Die würde sich im Himmel freuen! Und mehr Subvention gab es dafür auch. Also fiel der Entschluss, 1976 mit einer Bildungsanstalt für Kindergärtnerinnen zu beginnen. Diese war zunächst vierjährig mit einer Befähigungsprüfung als Abschluss, die einer Matura schon recht ähnlich war. Erst, als sie damit gute Erfahrungen gesammelt hatte, stimmte Sr. Johanna 1985 auch einer fünfjährigen Schule mit Matura zu. 1991 kam schließlich noch die Höhere Lehranstalt für wirtschaftliche Berufe dazu. „Dann hatte ich zwei Maturaschulen. Ich armer Tropf!“ Nöte habe sie ausgestanden, erzählt Sr. Johanna, als sie anfangs zum Maturavorsitz nach Linz geschickt wurde. Doch da kam ihr ein Bibelwort zu Hilfe. „Mit ganzem Herzen vertraue auf den Herrn. Bau nicht auf eigene Klugheit. Suche ihn zu erkennen auf all deinen Wegen, dann ebnet er selbst deine

Pfade". Der Satz aus dem Buch der Sprichwörter bewegt die sonst so pfiffige Ordensfrau noch heute, gerade so, als ob er ihr Innerstes berührte. Damals hatte sie ihn aus einem Säckchen mit Bibelversen gezogen. „Ich bin mit Vertrauen hingefahren und es ist gut gegangen!" Die Verantwortung des Maturavorsitzes lastete schwer auf ihr. Von Jahr zu Jahr fiel es ihr jedoch leichter, von Mal zu Mal wuchs sie in die Aufgabe hinein.

Von der Schuldirektorin zum „Mädchen für alles"

Im Jahr 2000 ging Sr. Johanna Montag nach 42 Jahren im Schuldienst in Pension. „Ich habe deshalb keine Träne geweint. Es war einfach genug." Die nächsten drei Jahre verbrachte sie in Innsbruck, um Abstand zu gewinnen. Jetzt lebt sie gerne wieder in Vöcklabruck, nimmt Anteil am Leben der Schule, wäscht nach dem Frühstück das Geschirr ab und ist „Mädchen für alles". Am Morgen wünscht sie – abwechselnd mit einer Mitschwester – an der Eingangstür den Schülerinnen und Schülern einen guten Morgen. Am Computer arbeitet sie auch noch gern – für kleine Übersetzungen und Layoutarbeiten. Wie jede andere Schwester im Haus ist sie Patin für Schülerinnen einer Klasse, mit denen sie gern Kontakt pflegt. „So läuft mein Leben in die Zielgerade. Zurückdenken ist nicht immer leicht. Es ist alles so schnell vergangen." Was sie denn eigentlich getan hat, fragt sie sich oft. Sie hat Spuren hinterlassen, hat ihr eine Kollegin geschrieben. Das freut sie. Dass sie dazu beigetragen hat, dass jungen Menschen das Leben gelingt – das hofft sie. Die Mädchenbildung liegt

ihr am Herzen. „Woher sich die Männer das Vorrecht nehmen, dass sie die Besseren sind?“

Don Bosco selbst konzentrierte sich ganz auf die Bildung vernachlässigter Buben. Erst nach langen Überlegungen und Gebet fand er eine Frau, die die gleichen Ziele mit Mädchen verfolgte wie er mit den Buben. Mit ihr – Maria Mazzarello – gründete er die Kongregation der „Töchter Mariä Hilfe der Christen“, die Don Bosco Schwestern. Maria Mazzarello selbst lernte mit ihrer Freundin die Schneiderei bei einem Mann! Das galt damals als Skandal. Don Bosco wollte aber, auch was die Technik betraf, immer an der Spitze des Fortschritts stehen. Was die Jugendlichen weiterbringt, damit sie das Leben bestehen, das war für ihn wichtig.

Daran hat sich auch Sr. Johanna orientiert. Früher als in manch anderen Schulen wurden die EDV-Räume an das Internet angeschlossen, die Größe und Ausstattung der Räume wird laufend erweitert. So konnte die Hauswirtschaftslehrerin und Schuldirektorin doch noch ihre persönliche Liebe zur Technik sinnvoll einsetzen. Und während sie versichert, dass sie kein besonders spiritueller Mensch sei, sondern ganz praktisch veranlagt, legt sie ihre Bemühungen in Gottes Hände: „Ich hoffe, dass die Saat, die gesät wurde, zur rechten Zeit Frucht bringt. Amen.“

Gespräch: Marlies Zuccato-Doutlik
Text: Monika Slouk

Der Orden

NAME	Don Bosco Schwestern
KÜRZEL	FMA – Figlie di Maria Ausiliatrice (Töchter Mariä Hilfe der Christen)
GRÜNDUNG	1872 in Mornese (Italien) durch Don Bosco und Maria Mazzarello
SENDUNG	Wie die Gründungspersönlichkeiten tragen die Don Bosco Schwestern dazu bei, dass das Leben junger Menschen gelingt, durch Begleitung, Bildung und Beheimatung.
WELTWEIT	13.000 Don Bosco Schwestern in 93 Ländern
ÖSTERREICH	66 Don Bosco Schwestern an sechs Standorten: Baumkirchen, Klagenfurt, Salzburg, Stams, Vöcklabruck, Wien. Schulen, Kindergärten, Horte, sozialpädagogische Wohngruppen, Jugendzentren, Jugendseelsorge, Begleitung minderjähriger Flüchtlinge, Organisation weltweiter Freiwilligeneinsätze (Volontariate).

Es gehört eine Portion Vertrauen dazu

Sr. Brigitta Kasper sa
geboren am 24. September 1935
Taufname: Friederike Hildegard

Den Ort ihrer Geburt gibt es nicht mehr. Wo einst Schönfelden war, wurde 1950 der tschechische Truppenübungsplatz Boletice errichtet. An das Leben in dem Städtchen kann sich Sr. Brigitta Kasper noch vage erinnern. Sie wird dort 1935 als Friederike Kasper geboren, als Älteste, und lebt mit den Eltern, ihren beiden Schwestern und zwei Brüdern bescheiden, aber gut. Vom Krieg bekommt sie als Kind selbst nicht viel mit. Hin und wieder sieht man einen Flieger über ihre Köpfe dahinziehen. Von den fünf Brüdern der Mutter fallen vier an der Front. Ihr Vater muss nicht kämpfen, weil in seiner Kindheit eine Hand schwer verletzt wurde. Er ist zwar ein guter Handwerker – Maler und Anstreicher mit eigenem Gewerbe –, aber „Gott sei Dank" für nicht kriegstüchtig erklärt worden. „Jedes Unglück kann ein Glück sein", sinniert Sr. Brigitta heute als Achtzigjährige.

Gegen Kriegsende, so erinnert sich die Ordensfrau, ziehen Scharen von Menschen durch ihren Heimatort. Ihre Mutter gibt diesen Flüchtlingen Brot. Damals ahnt die Familie nicht, dass sie als Deutschsprachige in Südböhmen nur wenig später selbst ihre Heimat verlieren würden. „Sie sind mit Lautsprechern durch den Ort gefahren und haben gesagt, wir müssten unser Zuhause innerhalb von zwei Stunden verlassen", weiß Sr. Brigitta noch. Es herrscht große Verwirrung, jeder packt ein, was er tragen kann, das neunjährige Mädchen nimmt das Essbesteck mit.

Eltern, Großvater und die fünf Kinder verlieren einander im Tross der Vertriebenen, in der nächsten Stadt finden sie wieder zusammen. „Damals wussten wir nicht, wo wir landen würden", sagt Sr. Brigitta. Als man sie in Viehwaggons verlädt, fürchten manche der Sudetendeutschen, dass sie nach Sibirien gebracht werden. Aber an der österreichischen Grenze heißt man sie aussteigen. „Alle haben geschaut, dass sie irgendwo unterkommen, in einem Heustadl oder so", erzählt sie. „Gott sei Dank waren die Leute freundlich und hilfsbereit, obwohl sie sicher auch nicht viel gehabt haben."

Auf der Suche nach einer Wohnung und Arbeit zieht Familie Kasper von Ort zu Ort, bleibt für ein halbes Jahr in Stockerau, wo Friederike in die Schule geht, und landet schließlich in Wien, im 18. Bezirk. In einem ausgebombten Haus verkleidet der Vater einen halb offenen Raum mit Pappe, um die Seinen vor Wind und Wetter zu schützen.

Dann findet die Mutter einen Hausmeisterposten und die siebenköpfige Familie zieht in eine „richtige“, wenn auch sehr kleine Wohnung. Friederike besucht die Hauptschule, elf Jahre ist sie jetzt alt. „Meine Kindheit ist vielleicht ein bisserl zu kurz gekommen, weil ich als Älteste viel mitgetragen habe“, bemerkt die Ordensfrau. Ihre Mutter kommt mit der neuen Situation nur sehr schwer zurecht, ihr Vater ebenso, auch wenn er es nicht so zeigt. Friederike versucht, ihren Eltern Mut zuzusprechen, sie aufzuheitern, „ein bisschen der Sonnenschein zu sein. Ich habe gespürt, das ist jetzt meine Aufgabe.“
Der Jüngste der Familie erkrankt schwer an Lungenentzündung. Am Heiligen Abend ist der Zustand des Buben so kritisch, dass der Arzt geholt wird. Friederike läuft in die nächste Kirche, St. Gertrud, und betet inbrünstig: „Du darfst doch zu Weihnachten meinen Bruder nicht sterben lassen!“ Von ihrem gesparten Taschengeld kauft sie auf dem Rückweg ein kleines Tannenbäumchen und trägt es voll Hoffnung nach Hause. Ihr kleiner Bruder überlebt. „Das war für mich schon eine sehr ausschlaggebende Gotteserfahrung – sag' ich jetzt groß –, zumindest war mein Glaube bestärkt: Gott ist da und Gott hilft. Insofern war es eine wichtige Erfahrung.“

Ankommen und Verantwortung übernehmen

Bald nach der Ankunft in Wien ist Friederike auch in der Pfarre St. Gertrud und im Kloster der Kongregation der Helferinnen zu Hause. Gerade für sie als Vertriebene ist dieses Auf- und Angenommensein enorm wichtig. Kloster und Pfarre arbeiten zu dieser Zeit eng zusammen, die Kinder- und Mädchenjugendarbeit ist im Kloster angesiedelt. „Ich habe das Kloster kennengelernt und so nebenbei eine geistliche Ausbildung bekommen durch das, was von den Schwestern rübergekommen ist an Lebenshaltung und Lebenseinstellung“, beschreibt Sr. Brigitta. „So wurde ein Grund gelegt für das, was nachher für mein Leben sehr, sehr wichtig war.“ Besonders beeindruckt das junge Mädchen, wie sich die Schwestern für ihre Mitmenschen einsetzen, für Kranke, Alte und durch den Krieg Verarmte. Der selbstlose Einsatz prägt sich ihr tief ein, umso eindringlicher, als viele Schwestern französischer Abstammung waren, im

Krieg als Feinde galten und immer wieder flüchten mussten, weil ihre Klöster teilweise aufgelöst wurden.

Die Armut der Nachkriegszeit habe ihre Familie zusammengeschweißt, sagt Sr. Brigitta: „Wir haben gespürt, wir sind eine Familie und müssen alle zusammenhalten. Wir müssen miteinander schauen, dass alles gut geht und wir nicht zu großartige Erwartungen haben, dass wir zufrieden und glücklich sind mit dem, was wir haben, und es den Eltern nicht schwer machen." Friederike lernt in der Schule zu schneidern und versucht, Geld dazuzuverdienen. Ansonsten geht sie in der Jugendarbeit auf und engagiert sich als Gruppenleiterin. „Das hat mir Sinn und Verantwortungsbewusstsein gegeben", meint sie heute. Noch immer ist Familie Kasper staatenlos. Sie darf nicht ausreisen und die nach Deutschland abgeschobenen Großeltern besuchen. Die Kinder können zwar eine Grundausbildung absolvieren, der Besuch einer höheren Schule ist aber nur möglich, wenn man viel Geld mitbringt.

Friederike würde gerne studieren, weiß aber, dass das eine große finanzielle Belastung für ihre Eltern wäre. Außerdem macht sie sich Sorgen, dass sie dann die Erwartungen von Vater und Mutter nicht erfüllen kann, denn sie trägt sich mit dem Gedanken, ins Kloster zu gehen. „Bei mir ist bald die Frage gekommen, was soll das Leben überhaupt und wie kann man es nicht nur für einen selber finden und

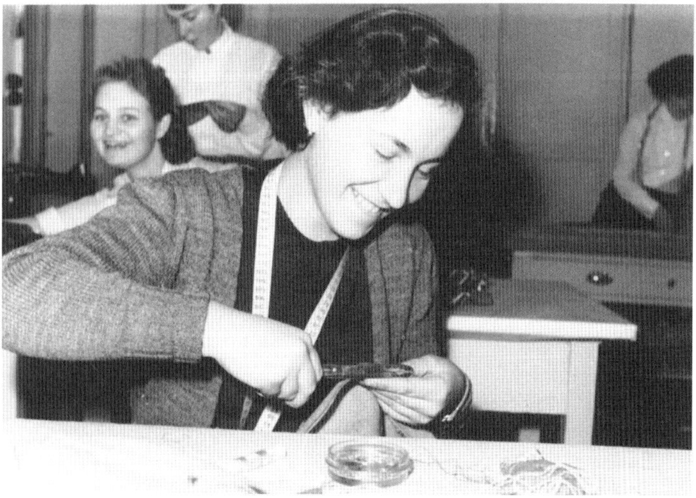

positiv bewältigen? Denn das Leben hat ja eigentlich nur dann einen Sinn, wenn man sich gemeinsam für andere Menschen einsetzt", fasst sie ihre Gedanken als junge Erwachsene zusammen.

Sie macht Exerzitien und findet Klarheit – relative zumindest: „Die hundertprozentige Sicherheit gibt es da nicht – wahrscheinlich gibt es die auch nicht für die Ehe", lacht die Helferin, „es gehört eine Portion Vertrauen dazu. Ich glaube daran, dass Gott mich jetzt diesen Weg führen will. Auch wenn meine Gefühle wackeln, mal so und mal so sind. Aber wenn ich in den Exerzitien einigermaßen Klarheit habe, dann kann ich darauf vertrauen, dass Gott mich weiterführt, wenn ich offen bleibe." Das bedeute nicht, dass man sich nicht immer wieder frage: War das richtig? Auch wenn Schwierigkeiten auftauchen, dürfe man damit rechnen, dass Gott da ist, selbst wenn man das nicht immer fühle. Die Beweise dafür kämen später, ist Sr. Brigitta rückblickend auf ihr Leben überzeugt.

Die Menschen sollen das Ziel ihrer Erschaffung erreichen

Sie nimmt Kontakt zu verschiedenen Ordensgemeinschaften auf, lernt große, bestens organisierte Klöster kennen. Doch diese Lebensweise und zum Teil auch die Gebetsformen sprechen sie nicht an. Im ärmlichen alten Kloster der Kongregation der Helferinnen im 18. Bezirk erlebt sie eine „Nüchternheit" und zugleich eine „Tiefe", die sie berühren. „Unsere Gründerin, Eugénie Smet, wollte keine Institutionen, damit wir Schwestern für die Nöte der Zeit ganz offen sein und uns dort einsetzen können, wo wir am dringendsten gebraucht werden", erklärt Sr. Brigitta. Diese Offenheit und Flexibilität sowie die Nähe zu den Menschen haben sie als junge Frau angesprochen: „Die Schwestern sind mitten ins Volk hineingegangen."

Zu den Menschen zu gehen und „dran" zu bleiben, „bis sie das Ziel ihrer Erschaffung erreicht haben" – ein Wort der Ordensgründerin –, „bei ihnen durchzuhalten auch in ihrer Not, so wie Gott eben auch bei uns ist in unserer Not, selbst wenn man meint, da sei eh nichts mehr zu machen", das ist für die junge Frau wesentlich. Auch die ignatianische Lebensform, der die Kongregation der Helferinnen folgt, entdeckt sie

als die ihre: „Es war die Art und Weise, im Leben zu stehen, die *Unterscheidung der Geister* – wenn man so sagen kann –, Gott zu suchen und zu finden in allem, diese ganz konkrete Spiritualität im Alltag statt wer weiß wie vieler Gebetsformeln. Hier wird mehr die persönliche Spiritualität und die persönliche Formung gefordert und gefördert."
Die Art und Weise, Spiritualität zu leben und zu vermitteln, der Einsatz für die Mitmenschen, die Offenheit und Einfachheit sowie die damals im Kloster herrschende Armut geben für die junge Erwachsene den Ausschlag. Mit zwanzig Jahren tritt sie bei der Kongregation der Helferinnen ein. Die Eltern, denen ihre Älteste mit ihren Aufheiterungen eine große Stütze war, tun sich nicht leicht mit dem Entschluss. „Das hat ihnen schon sehr wehgetan Und natürlich stellen sich alle Eltern vor, dass ihre Kinder auch Kinder bekommen", so Sr. Brigitta. Schließlich wünschen sie ihrer Tochter das Beste. „Wenn du meinst, das ist dein Weg, dann geh, weil du sollst glücklich werden", sagt ihr der ansonsten wortkarge Vater. Die Mutter leidet – zumindest nach außen erkennbar – mehr. „Es war auch furchtbar für mich, weil ich gewusst habe, was ich ihnen antue", kann sich Sr. Brigitta erinnern, „aber wenn ich meine, es ist mein Weg, dann darf ich meinen Eltern schon zutrauen, dass sie das dann akzeptieren und verkraften."
1954 hat Friederike die österreichische Staatsbürgerschaft bekommen und kann zwei Jahre später als Sr. Brigitta ihr Noviziat in Belgien beginnen. Es ist nicht einfach für sie, denn sie muss eine neue Sprache, Französisch, lernen. Sie bemerkt einen „Riesenunterschied" zwischen der Gemeinschaft in Wien und jener in Brüssel. Aber obwohl der Orden in Belgien materiell deutlich besser gestellt ist, leben die Schwestern auch hier einfach und geben alles für ihre Mitmenschen in Not – das ist in diesem Fall die Bevölkerung des afrikanischen Ruanda, wo die Helferinnen einige Jahre zuvor eine Mission gegründet haben.
Sr. Brigitta wünscht sich, Missionarin zu werden, und rechnet mit ihrer Entsendung nach Afrika. Doch die Generaloberin meint, das Nachkriegs-Österreich sei auch ein Ort der Mission. „So bin ich bis heute im Missionsland Österreich", scherzt die 80-jährige Ordensfrau.

Lehr- und Wanderjahre

Als Sr. Brigitta in Brüssel ihre Gelübde ablegt, sind ihre Eltern dabei. Einige Monate verbringt sie dann im Ordenszentrum in Paris, bevor sie nach Österreich zurückkehrt. Sie wird nach Graz geschickt, um beim Aufbau eines deutschsprachigen Noviziats zu helfen. Zur Vorbereitung auf ihre ewigen Gelübde verbringt sie ein Jahr in der Nähe von Paris. Schließlich kommt sie nach Wien und bleibt dort, „aber nur mit einem Fuß".

Als es ihren Eltern gesundheitlich schlechter geht, kann sich Sr. Brigitta um sie kümmern oder zumindest eine Mitschwester darum bitten. Die Mutter, die gefürchtet hatte, sie werde ihre Tochter durch den Ordenseintritt verlieren, erkennt in dieser Zeit: „Jetzt bist doch du die Einzige, die da ist." Die Geschwister sind alle verheiratet, einige leben im Ausland.

Früh wird Sr. Brigitta Oberin. Nach ihrem ersten Oberinnenmandat wird innerhalb der Provinz die Wiener Niederlassung infrage gestellt. Die junge Ordensfrau stürzt in eine unerwartete Krise. Die Generaloberin, „eine sehr kluge Frau", schiebt die Entscheidung hinaus und lässt Sr. Brigitta studieren. In Innsbruck absolviert sie einen pastoralpsychologischen Hochschullehrgang. „Jeder hat gesagt: ein tolles Studium und eine tolle Stadt! Ich habe nur gedacht, wenn ihr wüsstet, wie es in mir drinnen ausschaut." Drei Jahre studiert Sr. Brigitta in Innsbruck, gemeinsam mit anderen Schwestern, die für die Studienzeit eine kleine Niederlassung bilden. Sie bleibt

Sr. Brigitta Kasper am Tag ihrer Ewigen Gelübde 1964 vor dem alten Klostergebäude in Wien-Währing

Oberin der Wiener Gemeinschaft, mit großem Rückhalt bei ihren Mitschwestern.

Erst im Rückblick begreift die junge Frau, dass diese Unterbrechung für ihren persönlichen Reifungsweg notwendig war: „Wenn ich diese Phase nicht gehabt hätte, dann wäre etwas schiefgegangen. Im Nachhinein sieht man, wofür welche Prüfung gut ist. Ich habe diese drei Jahre für mich persönlich und für das Ganze durchstehen müssen, damit ich dann meine Aufgaben und die Verantwortung in der Leitung echter und selbstloser leben kann."

Danach erlebt Sr. Brigitta etwas wie eine „Explosion": Eine Gemeinschaftsgründung folgt der anderen, manchmal entstehen sogar zwei neue Niederlassungen innerhalb eines Jahres. „Wenn ich die Geschichte der Provinz betrachte, wird mir schwummrig", amüsiert sich die Helferin heute. Als junge Provinzoberin beantwortet sie viele Anfragen positiv und erhält vom Ordenszentrum in Paris Rückendeckung: „Die haben gemeint: ‚Ihr seid zwar verrückt, aber mach, geh!'"

Besonders wichtig ist für den Orden die Unterstützung der Ortskirche. Bis heute hat sie Briefe von Kardinal Franz König und Generalvikar Franz Jachym aus dieser Zeit aufbewahrt.

Sr. Brigitta Kasper als einzige Seelsorgerin auf einer Tagung für Gefangenenhausseelsorger in St. Georgen am Längsee, ca. 1968

Aufbruch und Experimente

Es sind aufregende Zeiten, das Zweite Vatikanische Konzil (1962–1965) bringt neuen Schwung, und die Ordensgemeinschaften werden ermutigt, sich auf ihre Anfänge zu besinnen und ihren Platz in der heutigen Gesellschaft zu finden. „Es hat irgendwo Antwort gegeben auf die Hoffnung, dass sich was ändert", so Sr. Brigitta Kasper, „diese Aufbruchstimmung hat Mut gemacht, weiterzugehen und etwas Neues zu beginnen."

Rom stellt die Anfrage an die Orden, drei Jahre lang neue Wege zu beschreiten und als Experimente zu leben. Die Kongregation der Helferinnen nimmt das sehr schnell in Angriff und wagt beim Generalkapitel 1966 große Veränderungen. „Der Orden konnte nur deshalb aufbrechen, weil es in der Kirche allgemein einen starken Aufbruch gab", ist Sr. Brigitta überzeugt, „da hat man wirklich Unterstützung durch die Kirche erlebt. Jetzt ist das nicht mehr so. Weil die Kirche auch nicht mehr so die Möglichkeiten hat: Die Gesellschaft hat sich ja stark verändert und der Blick auf notwendige Veränderungen der Kirchenstrukturen lässt kaum noch Visionen entstehen."

Nach Ablauf der drei Jahre stellt man fest, dass manches doch nicht so schnell geht, anderes aber gelungen ist. In Wien stehen umfassende Neuerungen an. Das alte Kloster im 18. Bezirk, das 1897 die erste Gründung der Kongregation in Österreich war, wird verkauft und abgerissen. Die Ordensfrauen wohnen nun in Eigentumswohnungen. Einige von ihnen, vor allem die jüngeren, ziehen in die neu errichtete Großfeldsiedlung, eine „Wohnstadt" für 21.000 Bewohner in der Leopoldau im 21. Bezirk. „Jetzt ist es nicht mehr so schlimm, aber damals musste man schon ein bisserl durchatmen, wenn man da hineingegangen ist", beschreibt die Oberin ihre damalige Wohn- und Wirkstätte. In der Siedlung gibt es viel zu tun für die Schwestern, Sr. Brigitta engagiert sich in der Jugendarbeit. 700 bis 800 Erstkommunionkinder gibt es Jahr für Jahr, die Helferinnen bauen unter anderem eine Tischmütterrunde auf.

Sr. Brigitta Kasper ist außerdem im Exerzitienreferat der Erzdiözese Wien tätig. Während ihrer Zeit in Frankreich hat sie sich in eine für sie neue, von den Jesuiten entwickelte Form der Exerzitien eingearbeitet. Statt Vortragsexerzitien gibt es nun Einzelbegleitung. Sie ist als Exerzitienbegleiterin und als Pastoralassistentin tätig und gleichzeitig fast 25 Jahre als Novizenmeisterin für die Ausbildung im Orden verantwortlich.

In der Großfeldsiedlung ist der Lebens- und Gemeinschaftsstil ein etwas anderer. Gebetszeiten und auch die Gottesdienstfeier sind hier nicht so regelmäßig wie im Kloster, denn nicht jeden Tag wird in den benachbarten Kirchen eine Messe gefeiert und die vielen unterschiedlichen Verpflichtungen der Schwestern schränken das gemeinsame Beten ein. Während im Kloster die älteren Schwestern ihre Ordenstracht tragen, tut das in der Großfeldsiedlung keine der Helferinnen. Doch die Mitschwestern der anderen Niederlassung befinden: „Ihr seid trotzdem noch echte Ordensschwestern geblieben." Zwischen den beiden Gemeinschaften wird ein reger Austausch gefördert.

„Wir haben einiges gewagt, was von der Kirche einerseits sehr wohlwollend, andererseits doch kritisch beobachtet wurde", findet Sr. Brigitta, „Für so manche Kirchenverantwortliche und Ordensverantwortliche, Männer wie Frauen, war es einfach unvorstellbar, in Zivil, in kleinen Gemeinschaften, mitten unter den Menschen, weg von sogenannten Klostermauern mit einer nicht geregelten Gebetsstruktur richtiges Ordensleben leben zu können. Es war für uns eine doppelte Herausforderung: zum einen den neuen Weg von Gemeinschaftsleben in einem Großstadtviertel zu probieren und zu wagen, und andererseits zu wissen, dass viele neugierige Blicke und kritische Stimmen uns infrage stellen. Und erst diese neue Lebensform als kleine apostolische Gemeinschaft mitten unter den Menschen hat uns ja den personellen und spirituellen Aufschwung gebracht!" Nicht immer einfach, aber gut war die Zeit der Neuerungen nach dem Konzil, erinnert sich Sr. Brigitta: „Wir haben uns mutig in die Pastoral bewegen können – mit Unterstützung des Ordinariates. Erzbischof Franz Jachym und Kardinal Franz König haben uns sehr ermutigt, neue Wege zu gehen." Es ist möglich, etwas zu riskieren, wenn man Mut zugesprochen bekommt, hat Sr. Brigitta als Provinzoberin erfahren.

Die Helferinnen gründen weitere Niederlassungen in Wien, außerdem in Baden, Kärnten, Salzburg und in Deutschland, von wo es immer wieder Anfragen an den Orden gibt. Sie gehen nach München, Bamberg, Aachen, Frankfurt und viel später – 2012 – nach Leipzig. Nach der Öffnung der osteuropäischen Länder sind sie auch in Ungarn und Rumänien. Sogar nach Indien werden die Helferinnen gerufen. Sr. Brigitta Kaspar spürt in diesen Ländern noch in den 1990er-Jahren jenen Aufbruch, den das Zweite Vatikanische Konzil gebracht hat: „Es war ein Schwung da, eine Ermutigung und Begeisterung, man hat sich was getraut, etwas riskiert." Sie selbst spürt dieses Risiko in ihren Funktionen und sie erfährt dabei große Unterstützung seitens der Kirche, ihrer damaligen Mitschwestern und des Generalats. „Allein kann man das nicht. Das geht nur, wenn man eine gute Form der Zusammenarbeit und gegenseitigen Stütze hat – ein Miteinander", weiß die Ordensfrau.

Was fehlt, ist Risikofreudigkeit

Heute sei es schwieriger geworden, gibt die Helferin zu bedenken. Die Anfragen seien andere geworden und es werden bedeutend mehr Ausbildungen und Diplome gefordert. „Früher ist man zu den alten oder verwahrlosten Menschen hingegangen und hat ihnen geholfen, später konnte man nicht einmal mehr in die Familien gehen, ohne als Konkurrenz für die Caritas oder die Angestellten der Gemeinde Wien zu gelten", sagt Sr. Brigitta. Auch in der Pastoral reiche mittlerweile nicht mehr der zweite Bildungsweg, man brauche ein Theologiestudium. „Heute muss man halt neue Wege entdecken", folgert die Helferin und nennt vor allem die Begleitung der Menschen auf ihren sehr unterschiedlichen Lebenswegen, unter anderem die Sterbebegleitung und Hospizarbeit.

Von der Kirche wünscht sich Sr. Brigitta, „dass die Frau nicht nur dann Platz hat, wenn die Männer versagen". Über die Frage des Priestertums könne man viel reden, aber zuerst gehe es einmal darum, zu würdigen und entsprechend wertzuschätzen, was die Frauen in der Kirche leisten und einbringen. Die Ernennung von Frauen zu Pastoralamtsleiterinnen in Wien und Innsbruck seien schöne Zeichen, so die Ordensfrau, „aber ich würde meinen, das sollte ein bisserl schneller gehen. Weil ohne Frauen würde es schlecht ausschauen in der Kirche."

Für die Zukunft bedürfe es vor allem eines, meint Sr. Brigitta: Offenheit. „So wie die Dinge jetzt sind in der Kirche und in der Welt, ist ein Weiterleben nur dann gut möglich, wenn die entsprechende Offenheit da ist, auch für die Entwicklungen, ob sie uns jetzt passen oder nicht. Offenheit ist notwendig, damit man dann entsprechend mittut oder dagegen handelt, eben die entsprechenden Maßnahmen setzt." Von dem Schwung, der in der Kirche zu erleben gewesen war, spürt die Ordensfrau heute kaum noch etwas. Das spiegle sich auch im Rückgang der Ordenseintritte und Priesterberufungen. Was fehle, sei eine gewisse Risikofreudigkeit: „Man sollte mehr wagen, auch wenn man nicht für alles eine hundertprozentige Sicherheit hat. Natürlich soll man klug und vernünftig handeln, das ist klar, aber wenn wir lebendig bleiben wollen, gehört der Mut dazu und vor allem das Vertrauen, dass Gott die Wege weiter zeigen und vielleicht auch öffnen wird. Dafür muss man aber offen sein und darf nicht erschrecken, wenn etwas Altbewährtes plötzlich nicht mehr funktioniert. Man muss sich für etwas Neues öffnen." Was dann daraus wird, könne man nicht wissen, so Sr. Brigitta. Aber mit einer Portion Vertrauen könne man es wagen.

Gespräch: Marlies Zuccato-Doutlik
Text: Monika Fischer

Der Orden

NAME	Kongregation der Helferinnen
KÜRZEL	sa – société des auxiliatrices (Gesellschaft der Helferinnen)
GRÜNDUNG	Gegründet 1856 in Paris von Eugénie Smet
SENDUNG	„Bei allem Guten helfen, was immer es sei." (Eugénie Smet) Die Arbeitsbereiche der Helferinnen sind sehr vielfältig – alles, was Leben fördert, kann zum Auftrag werden. Helferinnen arbeiten in der Pastoral und Sozialarbeit, in Pfarrgemeinden, in Altenheimen und Krankenhäusern (dort in der Seelsorge, der Pflege oder als Ärztinnen), in Schulen, in Einrichtungen für behinderte Menschen, in Gefängnissen oder auch in ihrem erlernten Beruf. Der Orden besitzt keine eigenen Institutionen wie Schulen oder Krankenhäuser.
WELTWEIT	Die Kongregation der Helferinnen ist eine Gemeinschaft päpstlichen Rechts. Sie ist in Provinzen aufgeteilt. Die Gesamtleitung bzw. Verantwortung liegt bei der Generaloberin und dem Generalrat. Sie haben ihren Sitz in Paris, an dem Ort, wo 1856 die Gemeinschaft gegründet wurde.
ÖSTERREICH	Zur Ordensprovinz Zentraleuropa gehören die Länder Deutschland, Österreich, Ungarn und Rumänien. In Österreich gibt es Gemeinschaften in Wien, Graz, Salzburg, Klagenfurt, Kirchschlag, Sallegg. Das Haus in Wien in der Martinstraße/Abt-Karl-Gasse war die erste Gründung in Österreich. Ein Mitglied des Kaiserhauses rief die Helferinnen im Jahr 1897 nach Wien. Nach dem Abriss des alten Hauses wohnen die Schwestern nun in Eigentumswohnungen im obersten Stockwerk. In diesem Haus befindet sich auch das Provinzialat, die Leitung der Provinz Zentraleuropa.

Die Berufskrise war nicht sinnlos

Sr. Maria Magna Metzler
geboren am 21. April 1936,
verstorben am 7. Jänner 2016
Taufname: Theresia

„Einen Wunsch hab' ich schon", sagte Sr. Maria Magna Metzler, als sie auf ihre Lebensgeschichte zurückblickte. „Dass ich mein Leben in Zufriedenheit vollenden kann und mich wirklich ganz, ganz bestimmt auf Gott verlassen kann. So wie ich mich jetzt auf ihn verlasse, dass ich es dann auch noch kann, wenn es mühsam wird. Das wäre sicher der größte Wunsch von mir, den ich noch habe." Fünf Monate später ist Sr. Maria Magna unerwartet verstorben. Ihre Erinnerungen erzählen davon, wie sie sich ganz auf Gott verlassen hat.

Es sollte eine Arbeit sein, in der sie daheim ist, die sie gelernt hat und die sie kann. Das war ihr an der Schwelle zu neuen Aufgaben stets das Wichtigste. Und das war nicht schwer zu finden, denn Sr. Maria Magna hatte mehrere verschiedene Ausbildungen gemacht. Sie war Diplomkrankenschwester und Absolventin des Seminars für kirchliche Berufe, was ihr den Einsatz als Pastoralassistentin ermöglichte. „Was ich in diesen Bereichen mache, ist mir dann gleich, das sind die gelernten Bereiche", war ihre Devise. Nicht selten traf sie die Entscheidung über ihr weiteres Wirken selbst. Manchmal ergab es sich aus den Umständen oder aus dem Bedarf des Ordens. Wie also lebte und wirkte die Barmherzige Schwester, die die Lehrerbildungsanstalt ein Jahr vor dem Abschluss abbrach, um stattdessen Krankenschwester zu werden und dann in der Pfarre als Seelsorgerin arbeitete?

Theresia Metzler wuchs in Andelsbuch im Bregenzerwald auf. „Meine Eltern haben relativ spät geheiratet. Meine Mutter ist die jüngste Tochter vom früheren Vizekanzler Jodok Fink. Sie hat zu Hause ihre Eltern pflegen müssen und sie hat erst heiraten können, wie ihre Eltern verstorben waren." Dann wurden drei Kinder geboren, ein Bub und zwei Mädchen, die Mittlere davon war Theresia. „Ich erinnere mich an eine riesengroße Freiheit. Riesengroß! Wir haben überall springen können, soweit wir's dersprungen haben. Also, soweit es gegangen ist, haben wir springen können, es war nirgends ein Hindernis. Wir haben gute Nachbarn gehabt mit einem Haufen Kinder, wir haben also eine ganz schöne Zeit gehabt. Zugleich haben wir dadurch, dass so viele Kinder in der Nachbarschaft waren, einen Sozialisationsweg gemacht. Schon von klein auf haben wir aufeinander Rücksicht nehmen müssen und haben miteinander streiten müssen und miteinander Frieden schließen. Da hat sich meine Mama nicht eingemischt und da

haben sich auch andere Eltern nicht eingemischt. Wenn man heimgehen wollte und etwas sagen, hat Mama gesagt: ‚Selber ausmachen!' Aus. Da hat es nicht mehr gegeben. Wir haben viel arbeiten müssen. Aber man war zufrieden dabei." Der Bauernhof war nicht sehr groß, beschreibt Sr. Maria Magna. Ein normaler mittelgroßer Bauernhof im Bregenzerwald.
Als Theresia sieben Jahre alt war, starb der Vater. Ganz plötzlich, zu Hause. „Das hat mich als Kind, als Schulanfängerin schon sehr beeindruckt. Der Tod meines Vaters und das Aufwachsen mit meiner Mutter und meinen Geschwistern ohne Vater, das hat mich geprägt." Die Mutter führte die Landwirtschaft mit dem Sohn weiter, der selbst noch ein Kind war. Theresia übernahm einen großen Teil der Hausarbeit. „Wir haben erlebt, wie die Mama mit uns Kindern kämpfen hat müssen, dass sie durchgekommen ist auf dem Bauernhof. Wir haben als Kinder schon fest mitarbeiten müssen, weil ja niemand da war." Auch auf den Nachbarhöfen fehlten zu dieser Zeit die Väter. „Die Männer waren alle im Krieg, und die Frauen haben auf den Bauernhöfen gewirtschaftet." 1950 wurde Theresia vierzehn Jahre alt und kam durch ein Stipendium an die Lehrerbildungsanstalt nach Innsbruck.

Internat und zwei Schulen in Innsbruck

Von nun an half sie bei der Sommerarbeit, war aber in den Wintermonaten „im Studium", wie sie es nannte. Sowohl die Lehrerbildungsanstalt als auch das Internat, in dem Theresia wohnte, wurden von Barmherzigen Schwestern geleitet. Das war für Theresia nicht neu, denn die Barmherzigen Schwestern waren auch in Andelsbuch tätig. „In unserer Gemeinde hat der Orden eine Schule für junge Frauen als Vorbereitung auf Ehe und Familie gehabt, mit Haushalten und allem Drum und Dran. Eine sicher wertvolle Schule. Eine zweite Filiale war noch im gemeindeeigenen Altersheim. Da waren Schwestern, und auf der zugehörigen Geburtenstation. Ich habe auch in den zwei letzten Jahren in der Schule in Andelsbuch eine Schwester gehabt als Lehrerin. Dadurch war mir der Orden bekannt und durch diese Schwester bin ich auch hierher in die Lehrerbildungsanstalt gekommen."

Diese Schwester war nicht irgendeine Schwester: „Das war eine sehr gestandene Frau, das haben wir instinktiv gefühlt. Die jungen Mädchen haben gemerkt, das ist eine Säule für uns. Auch für die, die später nicht ins Kloster gegangen sind. Die Frau war eine große Persönlichkeit, sie hat unsere Entwicklung gefördert. Sei diese gegangen wie immer, sie ist dazu gestanden, was die jungen Leute selber entschieden haben. Ich kenne kein einziges von den Mädchen, das nicht zu der Schwester aufgeschaut hat. Auch später, als sie schon weg war. Sie ist dann Generaloberin geworden. Und immer, wenn man gewusst hat, sie kommt, hat es ein Treffen gegeben. Da haben einzelne Mädchen immer noch ihre Unterstützung geholt und ihre Hilfe. Diese Frau war wichtig für sie. Und für mich war sie auch wichtig, muss ich sagen. Was sie gemerkt hat, was in einem Menschen drinnen ist, das hat sie gefördert und unterstützt. Das muss ich schon sagen, so starke Frauen gibt es nicht viele."

Theresia hatte Glück. So wie sie daheim in Andelsbuch eine ganz besondere Ordensfrau kennenlernte, begegnete ihr auch später im Internat eine Persönlichkeit, die den jungen Frauen viel bedeutete. „Wir haben eine sehr gute Internatsleitung gehabt. Da war eine Schwester,

Schulausflug auf die Serles. Theresia Metzler: 1. Reihe, 2. von links

die war unser Ein und Alles. Wir haben sie alle mögen und sie hat uns mögen. Natürlich haben wir sehr viel zu tun gehabt in der Schule, aber ich habe nie das Gefühl gehabt, wir sind eingeengt. Wenn man etwas gebraucht hat, ist man in die Stadt gegangen, und wenn man nichts gebraucht hat, ist man daheim geblieben und hat gelernt. Es war einfach anders. Wir haben sehr viel Verständnis gekriegt. Und zu Weihnachten haben wir heimfahren dürfen. Ostern nicht, da sind wir immer da gewesen."

Da. Dieses kurze Wort gebrauchte Sr. Maria Magna immer, wenn sie vom Kloster, dem Sanatorium und den Schulen der Barmherzigen Schwestern in Innsbruck sprach, von der „Kettenbrücke", wie die Innsbrucker die Niederlassung nennen, aufgrund ihrer Nähe zur gleichnamigen Brücke über den Inn. Da lebte sie von ihrem 15. Lebensjahr an, zunächst in einem kleinen Internat mit etwa vierzehn weiteren Schülerinnen. „Wir haben es sehr schön gehabt. Da unten war das größere Internat, und ich habe immer das Gefühl gehabt, wir haben viel mehr Freiheiten als die da unten." Als Theresia nach vier von fünf Schuljahren an der Lehrerbildungsanstalt die Schule abbrechen und mit der Krankenpflegeschule beginnen wollte, bekam sie Rückendeckung von der Internatsleitung. „Es war schwer für mich, bei der Lehrerbildung abzuspringen. Die Direktorin war auch eine Schwester, eine begeisterte Lehrerin, und die hat es fast nicht verkraftet. Die Internatsschwester hat mir geholfen, wir haben das fast ein bissel heimlich organisiert."

Ein innerer Drang hat Theresia bewegt, die Richtung zu wechseln. „Ich habe einfach ganz fest gespürt, dass diese Lehrerbildungsanstalt und die Schule für mich nicht alles sind. Es hat etwas dazugehört, etwas Soziales. Kontakt mit den Menschen, und zwar nicht mit irgendwelchen Leuten, sondern ganz gezielt mit den Leuten, die mich brauchen. Und ich bin froh, dass ich das getan habe. Ich habe meinen Beruf so schön erlebt. Dadurch, dass ich eine viel größere Zusammenschau von Menschen gehabt habe." Die Krankenpflegeschule schloss Theresia Metzler nach drei Jahren mit dem Diplom ab. Die Berufung zum Ordensleben war früh in ihr gewachsen, erzählt sie. Langsam, prozesshaft. Das kam nicht mit einem Schlag. „Das war eigentlich eine sehr frühe Empfindung, die ich gehabt habe. Dass ich so etwas sein möchte. Aber die Entscheidung war dann doch nicht mehr ganz so einfach. Ich war auf der Klinik und habe dort natürlich verschiedene Leute kennengelernt und es sind mir auch verschiedene Leute näher oder weniger nahe gestanden. Ich habe einen Arzt von daheim kennengelernt, einen jungen, da haben wir uns sehr gut verstanden und haben miteinander Dienste geschoben. Es war dann nicht mehr so selbstverständlich, wie es vorher war. Aber es war auch nicht besonders schwer. Ich kann mich nicht erinnern, dass ich weiß Gott wie verliebt war in ihn. Es war einfach lustig mit ihm, es war gut mit ihm zu arbeiten, und ich glaube, er hat es auch so empfunden. Wenn ich dann wieder daher zurückgekommen bin, und ich bin immer wieder daher zurückgekommen, dann habe ich schon wieder gespürt, dass ich doch da daheim bin, dass das mein Ort ist, der für mich passt. Manche Leute kämpfen sich ja blutig, bis sie so eine Entscheidung treffen. Das war bei mir nicht der Fall. Weil ich mich da sehr daheim gefühlt habe und sehr angenommen mit allem, was ich gemacht habe. Es ist kein punktuelles Ereignis gewesen, so eine Art Bekehrungserlebnis oder was. So etwas war es nicht. Es war ein prozesshafter Gang, und der war wichtig."

Sr. Maria Magnas Lebenswege kreuzten sich auch später manchmal mit jenen des jungen Arztes aus den ersten Dienstjahren. „Wir haben uns viel später einmal getroffen. Er war schon verheiratet und ist als junger Arzt in die Schweiz, um einen Facharzt zu machen, und ich war im Kantonspital in Basel, um ein Hämatologie-Praktikum zu machen. Und einmal am Abend bin ich vom Labor über den Platz Richtung heim, wo ich gewohnt habe, da rennen ein Mann und eine Frau auf mich zu und rufen. Da habe ich mir gedacht, wo bin ich denn eigentlich? Ich bin doch fremd hier! Und dann war es dieser Mann mit seiner Frau. Die waren in Basel und haben halt Studien vervollständigt, die Frau von ihm hat die Arzthelferinnenschule gemacht. Sie sind dann in den Bregenzerwald als Gemeindearzt und dort sind sie heute noch. Wie ich Krankenschwester war in Andelsbuch, da habe ich viel Kontakt mit ihnen gehabt. Das war immer schön. Jetzt hat man eigentlich nicht mehr so viel Kontakt. Wenn man ihn halt wirklich sucht. Wenn etwas Besonderes ist."

Barmherzige Operationsschwester

Theresias Entscheidung, in den Orden der Barmherzigen Schwestern einzutreten, verwirklichte sie 1957, nach dem Krankenpflegediplom. „Ich bin auch da begleitet worden von unserer Schwester, die im Internat war. Ich kann mich nicht erinnern, dass sie einmal getrieben hat oder gesagt hat, du musst dich jetzt entscheiden. Nein, das habe ich nie gehört. Dadurch haben wir wirklich Entscheidungsfreiheit gehabt. Der größere Teil von unseren Mitschülerinnen ist nicht da geblieben. Die Schwester hat nicht gestoßen und nicht zurückgebremst, sie hat einfach begleitet. Das war sehr wichtig. Das sieht man erst nachher, dass das wichtiger ist als alle Stoßwirkung. Und was wir noch gehabt haben im Internat, war eine geistliche Führung durch den späteren Feldkircher Bischof Bruno Wechner, der damals noch in Innsbruck war. Der hat diese Schule geliebt und hat sich dieser Mädchen sehr angenommen. Dadurch haben wir auch Hilfe gekriegt von ihm. Ich kann mich auch nicht erinnern, dass er irgendwo getrieben hat oder was, aber wir haben gute, herzhafte Begleitungen gehabt."

Die Freiheit, die sie so oft in ihrem Leben erfahren hatte, fehlte der jungen Frau im Postulat. Zu Hause am Bauernhof, im „kleinen Internat", in der geistlichen Begleitung durch Schwestern und Priester – nirgends fühlte sie sich so eingeschränkt wie in der allerersten Zeit ihres Ordenslebens als Postulantin. „Wenn Sie mich nach der Postulatszeit fragen, muss ich sagen, das war eine zähe Sache für mich. Wir sind ja die liebe Freiheit gewohnt gewesen. Aber das war ein bissel zach." Das darauffolgende Noviziat empfand sie nicht mehr als so einschränkend. „Weil wir halbtägig im Praktikum waren. Ich war halbtägig Operationsschwester, bis mittags. Und am Nachmittag ist man froh gewesen, wenn man einmal eine Rückzugsmöglichkeit gehabt hat, dass man einmal gewusst hat, jetzt bin ich Novizin. Man hat Anspruch gehabt auf einen Ordensunterricht, es war viel zu tun diesbezüglich. Dadurch ist man eigentlich schwer beschäftigt gewesen. Am Vormittag ist man im Praktikum gewesen und am Nachmittag hat man mit sich selber zu tun gehabt."

Sechs junge Frauen machten gleichzeitig mit Sr. Maria Magna das Noviziat. Als Operationsschwester hatte sie eine verwandte Kollegin im Orden. Die älteste Schwester ihrer Mutter war auch Barmherzige Schwester und Operationsschwester gewesen. „Sie war schon älter damals und war in einer Unfallstation in Vorarlberg draußen, im Röntgen. In einem Haus, wo viele Schwestern waren. Ich habe sie immer wieder besucht. Im Winter hat man sich da getroffen, weil sie im Lauf des Jahres einmal zu Exerzitien gekommen ist. Sie war für mich eine wichtige Person. Und ich habe eine Cousine im Kloster gehabt, die war Oberin in dem Haus, wo meine Tante Röntgenschwester war. Diese beiden Frauen haben mich sehr positiv beeinflusst. Ich habe nie etwas erfahren von ihnen, was sie schwer gehabt haben oder so. Ich habe von ihnen immer nur erfahren, was sie beschwingt gemacht hat. Von meiner Verwandtschaft her habe ich es nie schwer gehabt. Ja, sie waren eigentlich sehr glückliche Frauen."

Medizinisches Labor und Aufbau einer Pfarre

Nach der ersten Profess 1959 war Sr. Maria Magna Metzler Operationsschwester im ordenseigenen Sanatorium. Von dort wurde sie zu einer weiteren Ausbildung zur medizinisch-technischen Assistentin geschickt. Denn das Sanatorium wurde ausgebaut, das Labor neu organisiert. „Und das ist mir zugefallen. Das war eine sehr ausfüllende Arbeit, hat mich sehr gefreut und hat mir viel gegeben. Was ich gelernt habe, habe ich eigentlich immer gern getan." Über zehn Jahre wirkte sie als medizinisch-technische Assistentin. Nach einer Zeit der Krankheit ging sie dann nach Wien, wo sie sich im Seminar für kirchliche Berufe zur Pastoralassistentin ausbilden ließ.

„Unser Eigenverständnis als Barmherzige Schwestern ist in dieser Zeit wach geworden für unsere eigentliche Berufung. Um die Sechzigerjahre herum und dann nach dem Konzil ist so ein Selbstbewusstsein bei den Orden überhaupt erwacht. Man hat angefangen – und das wollte ja das Konzil –, sich auf die eigenen Quellen zu besinnen. Da haben wir uns erst besonnen, dass dieser Trubel nicht das ist, was der heilige Vinzenz gehabt hat. Der heilige Vinzenz hat die jungen Schwestern gehabt, um die Armen zu versorgen und die Kranken. Da hat mich dieses Flaschen- und Lesewerk im Labor halt nicht mehr ganz befriedigt. Ich hab' es halt so empfunden, gläserne

Sr. Maria Magna Metzler

nimm dir Zeit
10 Sekunden
1 Woche
1 Stunde
1 Tag
1 Stunde
5 Minuten

Sr. Johanna Montag

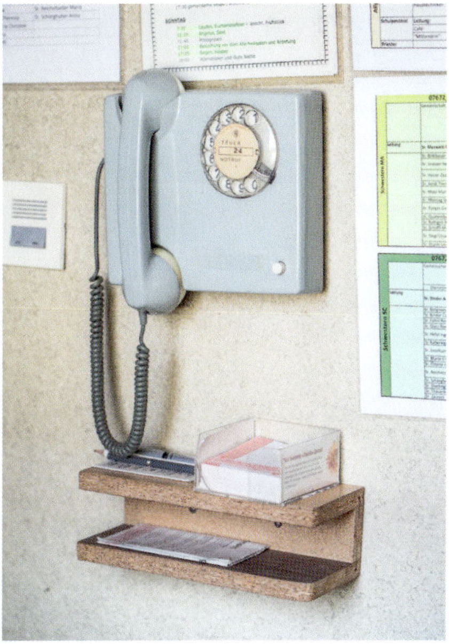

Jesuiten-Spiegel
Ziel und Weg
Geistliche Übungen
Geschwister erleben

Sr. M. Friedburga Druckenthaner

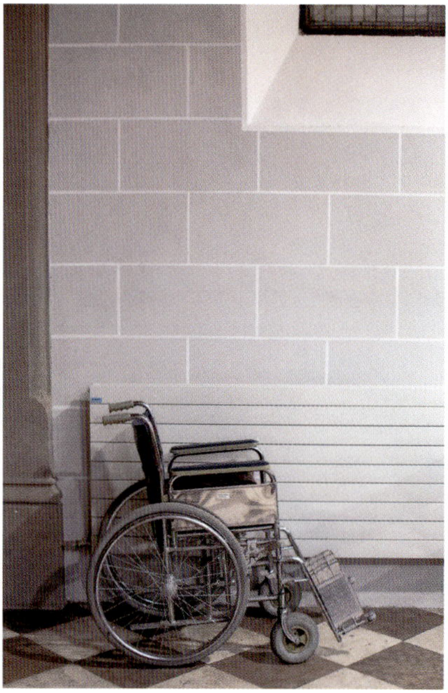

Sr. Maria Magna Metzler

Flaschen brauchen wirklich nicht meine ganze Kraft, das muss ich nicht tun. Und man hat das auch gehört da. Man hat es gehört und hat mich nach Wien geschickt ins Seminar am Wolfrathplatz, die Pastoralassistentinnen-Ausbildung zu machen." Da ihre Vorbildung in der Lehrerbildungsanstalt angerechnet wurde, schloss sie die vierjährige Ausbildung bereits nach zwei Jahren ab.

Nach einem kurzen Einsatz in einer Landpfarre kam sie als Pastoralassistentin und Religionslehrerin nach Innsbruck ins Olympische Dorf, eine soeben gegründete Pfarre in einem großen Neubaugebiet. „Das war endlos! Man hat die Kirche gebaut, man hat das Pfarrheim gebaut, man hat nebenbei müssen in die Schule gehen, man hat müssen überlegen, wie man das organisiert und wie das wird. Und was man da braucht. Wie wir dann als Pfarre angefangen haben, sind wir erst einmal draufgekommen, was wir für eine Pfarre haben. Das ist ganz eine besondere Zeit, so ein Neubeginn in einer Pfarre, in einem so wachsenden Bereich wie im Olympischen Dorf. Da sind wir von Haustür zu Haustür gegangen, von Wohnungstür zu Wohnungstür in diesen Riesenblocks und haben uns vorgestellt. Wir haben eine Kerze und ein Brot mitgenommen und haben die Leute begrüßt, für die Pfarre. So theoretisch meinst du, die machen alle die Türen auf und warten, bis wir kommen. Kannst dir denken! Da haben wir erst gemerkt, dass Leute da sind, die uns erstens zum Teil nicht wollen und zweitens, ach Gott, keine Ahnung haben! Da waren in einem Block zweitausend Leute, das ist ja ein Dorf! Und das war in einem einzigen Haus. Ja, das war gewaltig. Wir sind in so einen Riesenblock gegangen, entweder hat der Pfarrer oben angefangen und ich unten oder umgekehrt. Und irgendwo haben wir uns dann getroffen. Und dann sind wir in ein Café gegangen, daheim haben wir keines gehabt, und haben besprochen, was jetzt für diesen Block das Wichtigste wäre. Was die Leute in diesem Block hauptsächlich brauchen. Und dann haben wir schauen müssen, dass das in der Pfarre drüben entsteht. Na, das war eine Arbeit ohne Ende, aber es war eine sehr schöne Arbeit und eine sehr herausfordernde Arbeit und eine sehr, sehr bereichernde Arbeit."

Acht Jahre lang setzte sich Sr. Maria Magna mit all ihrer Kraft für das Entstehen der neuen Pfarre ein. „Wir haben festgestellt, dass die Leute ganz eine intensive Kinderbetreuung brauchen. Da unten sind

Spielplätze gewesen und irgendwo da drinnen in dem Haufen sind die Kinder gewesen. Dann haben wir gesehen, dass wir für die Frauen etwas brauchen. Und zwar etwas Richtiges. Wo die Frauen hinkommen können und sich treffen können. Von den Männern haben wir nicht viel erfahren, wir haben nicht viele Männer angetroffen. Aber das haben wir dann so im Umfeld gesehen. Ich habe zum Beispiel einmal an einem Samstagabend gesehen, wie ganz hoch oben in so einem Hochhaus ein Mann wie ein Verrückter geschrien hat am Balkon draußen und hat ein Kind so hinausgehalten. Da habe ich gesehen, was da los ist. Daneben war eine Polizeistation. Ich glaube, ich bin kreidebleich gewesen, ich bin da hinein und habe zu dem Polizisten gesagt, er soll sich das einmal anschauen, was da draußen los ist. Diese Männer sind mit einem Satz in das Haus hinaufgerannt. Nein, das Kind ist nicht gefallen, man hat es noch gehalten, aber stell dir vor, wenn der in einem Wutanfall die Faust aufmacht. Das Kind hat er so hinausgehalten und geschrien wie ein Löwe. Wir haben auf den Spielplätzen gesehen, wie die Kinder einander schlagen. Also, wir haben genau gewusst, wir brauchen dringend etwas für die Kinder, für die Schulkinder, die Größeren, wir brauchen etwas für die Frauen, das haben wir aus diesen ganzen Besuchen heraus entdeckt. Insgesamt war es eine sehr schöne, bereichernde Arbeit und eine sehr intensive Arbeit. Aber etwas Intensives war nie unschön."

Krisenstimmung

Es war eine Zeit der Krankheit, die Sr. Maria Magnas Engagement in der Pfarre im Olympischen Dorf beendete. Eine Krankheit, aber auch Erschöpfung nach dem jahrelangen Rund-um-die-Uhr-Einsatz in der Pfarre. Burn-out würde man das heute wohl nennen. Der Orden wusste keinen rechten Rat, welche Aufgabe Sr. Maria Magna nach der Genesung übernehmen könnte. Daher wurde sie an unterschiedlichen Orten eingesetzt, wo es gerade nützlich war. „Ich würde sagen, das nennt man dann schon Berufskrise. Als ich gemerkt habe, dass mir diese Arbeit nicht mehr zugetraut wird, da hab' ich dann schon ein bissel eine Berufskrise gehabt. Aber sie war nicht ziellos, diese Krise. Sie hat darin bestanden, dass ich eigentlich für mich andere Ziele gehabt hätte. Da habe ich dann schon einmal eine sehr schwere Zeit gehabt in der Gemeinschaft, ich bin wirklich von Haus zu Haus als Aushilfe gekommen. Dieses Leben habe ich nicht verkraftet. Das hab' ich nicht geschafft, jahrelang nur aus dem Koffer leben. Das habe ich zwei Jahre geschafft und nicht länger. Dann hab' ich ein Ultimatum gestellt und gesagt: ‚Entweder ändert sich das, entweder krieg' ich in der Gemeinschaft eine ordentliche Aufgabe, wo ich einen Standort habe, oder ich suche sie mir selber.' Dann hat man mir gesagt, ich darf sie mir selber suchen, aber von der Gemeinschaft aus. Das habe ich auch getan und da bin ich nach Feldkirch ins Landeskrankenhaus gekommen, auf die Herz-Intensiv-Station."

Sr. Maria Magna nannte das Krankenhaus einen „geschützten Raum" im Gegensatz zur Pfarre. „Ich habe einen geordneten Bereich gebraucht. Wenn ich in einem Krankenhaus arbeite, habe ich einen geordneten Dienst. Ich habe so viel und so viel Dienst und dann hab' ich meine Freizeit, die mir zur Verfügung steht. Das habe ich natürlich als Pastoralassistentin nicht annähernd gehabt." Dass sie mehrere Ausbildungen hatte, ist Sr. Maria Magna in dieser Zeit besonders zugutegekommen. Sie wollte keine Arbeiten übernehmen, die sie nicht

Silbernes Professjubiläum: Sr. Maria Magna Metzler 1. von links

gelernt hatte. „Es muss eine Arbeit sein, wo ich daheim bin und die ich kann. Also wo ich das Zeug dazu habe, das handwerkliche Zeug. Sie haben gespürt, dass das für mich eine sehr ernste Situation ist. Und dann hat mir die damalige Generaloberin gesagt, ich kann mir selber etwas suchen, aber es muss in der Nähe von einer Gemeinschaft sein. Das war leicht zu machen. Damals haben wir noch mehr Gemeinschaften gehabt."

Von den Jungen lernen

Im Landeskrankenhaus Feldkirch war sie die einzige Ordensfrau im Dienst. „Da habe ich erleben müssen, dass die Verwaltung gesagt hat, ich darf nicht im Ordenskleid gehen. Es darf niemand von außen sehen, merken werden sie es eh, aber es darf niemand durch ein Kleid sehen, dass ich eine Ordensschwester bin. Die haben sich gesorgt, dass ich dann irgendwo über den anderen wäre. Zuerst war ich schon ein bissel stutzig – ‚Hoppla, was ist denn da los!', aber nachher habe ich gesehen, dass das eigentlich für alle von Vorteil ist. Und ich bin dann froh gewesen, weil ich mit jungen Krankenschwestern zusammengearbeitet habe, und ich habe dumm tun können, weil ich es wirklich nicht gewusst habe, ich war ja nimmer am Ball, muss man sagen. Diese jungen Schwestern haben mir so viel gezeigt, dass ich wirklich wieder hineingekommen bin in die Arbeit. Ich war so froh. Wenn ich ein Gewand angehabt hätte, dann hätten sie sich wahrscheinlich gar nicht getraut. Ich war so froh. Ich habe so viel gewonnen, auch an Fachlichem. Ich war ja weg von der Krankenpflege! Es hatte sich unendlich viel getan, auch wie man mit Patienten umgeht. In unserer Schule war es noch so, dass man gesagt hat, so muss es laufen, damit man einen Erfolg hat. Heute sagt man das ganz anders. Heute sagt man, es muss zum Patienten passen, sonst haben wir keinen Erfolg. Das ist ein großer Unterschied. Ich habe von diesen jungen Schwestern derartig viel gelernt."
So hat sich eine für Sr. Maria Magna unerwartete Bedingung – dass sie für ihren Beruf im Landeskrankenhaus ihre Ordenstracht ablegt – als Vorteil erwiesen.
Die lebenserfahrene Ordensfrau war aber auch bereit, sich auf die neuen Methoden und Zugänge einzulassen, von ihren jungen Kolleginnen zu

lernen. „Wir haben ein gutes Klima gehabt und ich war auf der Station wie eine Oma. Wenn sie gekommen sind und gesagt haben: ‚Mei, ich hab' jetzt was ausgemacht und hätte am Sonntag Dienst, tätest du mir den Dienst machen?', dann hab' ich es halt getan. Ich habe unendlich viel erfahren, wie heute die jungen Leute leben. Die sind so mit mir umgegangen, wie wenn ich eine von ihnen wäre." Mit ihren Kolleginnen von der Herzstation im Feldkircher Landeskrankenhaus blieb Sr. Maria Magna in freundschaftlicher Verbindung. „Die kommen zu Besuch hierher. Zu sechst sitzen wir auf der Dachterrasse und machen entweder Fondue oder wir machen ein Raclette oder so etwas. Und wir sitzen beieinander. Ja, mein Team steht immer noch. Ich bin froh, dass es so ist."
Auch ohne Ordenskleid füllte Sr. Maria Magna im Landeskrankenhaus eine besondere Rolle aus. Für bestimmte Themen galt sie als Ansprechpartnerin. „Zum Beispiel hat sich einmal in der Nacht etwas abgespielt auf der Station. Da ist einer zum Sterben gewesen. Ich hab' nicht Nachtdienst gehabt, ich kann es nur nachsagen, wie es gewesen ist. Er war nicht religiös. Seine Frau hat sich sehr bemüht, dass dieser Patient mit religiöser, mit kirchlicher Begleitung stirbt. Wenn er nicht will?! Da hätte ich nicht mitgetan. Da hätte ich sagen müssen, da habt ihr die Falsche getroffen. Diese Frau hat den Pfarrer aus ihrer Gemeinde organisiert, das war ein Charismatiker. Es gab eine Gruppe um ihn herum, dann sind sie in der Nacht auf die Intensivstation gegangen, laut betend und singend. Zu diesem todkranken Menschen. Man hat ihm nichts Gutes getan und die anderen haben alle Angst gekriegt. Und dann ist in der Früh der Chef gekommen und hat gesagt: ‚Sagen Sie einmal, Maria Magna, was soll man zu so etwas sagen?!' Ich habe das ja nicht einmal gewusst! Ich habe gesagt: ‚Nein, das darf doch überhaupt nicht sein! Bitte, vergewissern Sie sich noch beim Bischof, tun Sie, was Sie wollen, aber von mir aus hätte ich die nicht hereingelassen. Da ist kein Eintritt auf unserer Station für sowas. Und bevor der Krankenhausseelsorger nicht dagewesen ist, tut ihr schön warten.' Bei solchen Sachen bin ich manches Mal gefragt worden: ‚Mensch, Maria Magna, was sagst denn du dazu?' Es war nicht sehr oft, aber es war ab und zu einmal.
Ich lehne es auch ab, einen Patienten, der kein kirchliches Begräbnis wünscht, weil er mit der Kirche nichts zu tun haben will, einfach den Verwandten zuliebe kirchlich zu beerdigen. Das tut man einfach

nicht, einen Patienten so gegen seinen Willen zu behandeln. Ich habe nichts dagegen, wenn der Priester sagt: ‚Ich gehe mit zu der Beerdigung und bete ein bissel was mit euch.‘ Aber es wird nicht ein offizielles kirchliches Begräbnis. Auf keinen Fall. Zum Beispiel haben wir auch einmal eine Frau gehabt, die bei den Zeugen Jehovas war. Die ist bei der Geburt fast ausgeblutet und die dürfen kein Blut haben. Eine Hausgeburt. Die dürfen ja nicht ins Krankenhaus. Da haben sie mich auch gefragt, was ich da täte. Ich habe gesagt, da ist guter Rat teuer. Wenn die Frau selber sagt: ‚Ich will leben, meinem Kind zuliebe,‘ wenn schon nicht den anderen, aber ‚meinem Kind zuliebe‘, dann kriegt sie Blut. Aber wenn sie sagt: ‚Nein, ich will lieber in meiner Religion o. k. sein‘, dann müssen wir sie halt lassen. Das ist ihr Wille. Sie hat sich dann fürs Kind entschieden. Für die Familie und fürs Kind. Von mir aus wäre es nicht unter allen Umständen gut ausgegangen. Es ist halt gut ausgegangen, weil sie es wollte. Bei solchen Sachen sind dann schon Fragen gekommen. Aber das ist nicht oft gewesen in diesen zehn Jahren.“

Die Wüste, das war eine saftige Zeit

Nach den Arbeitsjahren in Feldkirch nahm sich Sr. Maria Magna Metzler eine doppelte Auszeit, von der Arbeit und von der Ordensgemeinschaft. Ein Jahr lang war sie exklaustriert. „Ich war Mitglied des Ordens, aber außerhalb der Gemeinschaft, und war eigentlich soweit ein selbstständiger Mensch. Das sieht auch unsere Lebensordnung so vor, diese Zeit kann man haben. Es beanspruchen sie nicht viele Schwestern, aber ich habe es halt getan, weil ich die Möglichkeit gehabt habe. In diesem Jahr muss man die Gemeinschaft immer auf dem Laufenden halten.“ Sr. Maria Magna ging zuerst nach Israel, um sich die Bibel als Lebensbegleitung anzueignen. In Israel bereitete sie sich auf ihre nächste Station vor: die Wüste Algeriens. „Die Wüste, das war eine saftige Zeit. Dort habe ich gelernt, mein Leben anzuschauen. Ich habe nichts anderes gehabt zum Anschauen als Sandhügel und mich. Das war so eine gute Zeit für mich. Ich habe genau gewusst, ich bin ganz allein. Nur der liebe Gott ist bei mir. Sonst bin ich allein. Ich kann ihm nichts vormachen und muss die Sachen anschauen, wie sie sind. Er weiß genau, was da war. Ich kann ihm nicht sagen, ich bin da irgendwo unter Druck gesetzt worden. Ich kann nur sagen, ich habe mich unter Druck setzen lassen. Ich muss das Leben halt so anschauen. Das habe ich gelernt in den sechs Wochen."

Sr. Maria Magna lebte sechs Wochen lang als Einsiedlerin in der Sahara, in der Oase von Charles de Foucauld, im Umfeld eines Klosters der Kleinen Schwestern Jesu. „Eine Schwester hat mir zweimal am Tag das Essen gebracht und ich bin mit den Schwestern im Gottesdienst gewesen. Sonst war ich allein, in meiner Zelle. Meine Zelle hatte einen ziemlich schönen Garten. Ich habe ordentlich rund gehen können, soweit Schatten war." Um sieben Uhr in der Früh betete Sr. Maria Magna täglich mit den Schwestern in der Kapelle. „Sie haben französisch gebetet, das war mir gleich. Ich habe meine Gebete gebetet, mein Buch, und sie haben ihres gehabt. Bis ich heimgekommen bin, ist das Brot an der Tür gehangen. Weiter drunten war noch so eine Fraternität von Brüdern. Die Brüder haben dafür gesorgt, dass man nicht hinaus muss. Die haben das an die Tür gehängt, jeden Morgen. Mit dem anderen habe ich mich selber versorgen müssen. Ich habe eine kleine Kochgelegenheit gehabt, es war ein kleiner Schrank mit Kakao und Kaffee und Tee und so Zeug herum. Am Vormittag hab' ich eh mit mir selber Arbeit gehabt lange Zeit und in der Mittagszeit irgendwann haben die Schwestern das Essen vor die Tür gestellt. Dann hab' ich gegessen und dann hab' ich herrlich geschlafen. Weil ich eine furchtbare Kaffeetrinkerin war, hatte ich mir vorgenommen: ‚Das bin ich nicht mehr, wenn ich von der Mystik komme!' Ich habe in der Früh meinen Kaffee gekriegt, wenn ich hab' wollen, und dann habe ich mich hinlegen können, wenn ich müde war. Ich hab' nicht müssen einen Kaffee trinken. Und das hab' ich auch getan. Und am Nachmittag, da ist ziemlich lang eine wilde, trockene Hitze. Die Sonne brennt so erbarmungslos herunter, da geht kein Mensch hinaus. Man hat mich auch gebeten, ja nicht hinauszugehen. Nachmittags um vier herum beginnen die Palmen Schatten zu werfen, da fängt es an, kühler zu werden, und es geht so ein leichter Wind. Und dann hab' ich eh wieder mit mir selbst zu tun gehabt. Am Abend, um halb sechs, sechs, war's schlagdunkel. Äquatornähe." Nach Einbruch der Dunkelheit versammelten sich die Schwestern und Gäste der Einsiedelei wieder in der Kapelle zum Abendgebet und zur heiligen Messe. „Danach ist man immer bei vollem Sternenhimmel heimgegangen durch den Garten. Dann hat man sich zur Ruhe begeben. Kein Radio, keine Zeitung, gar nichts. Das war herrlich, nur ich und die Bibel und sonst nichts."

Eine wöchentliche Wüstenwanderung strukturierte die Meditationszeit in der Eremitage. „Am Freitag ist Moslemfeiertag und Algerien ist muslimisch. Da ist immer einer von den Kleinen Brüdern Jesu, von der unteren Fraternität, einen Wüstentag machen gegangen mit den Schwestern, die wollten. Zu dritt oder viert sind wir in die Dünen. Der hat sich zurechtgefunden, die haben Erfahrung gehabt. Da sind wir dorthin gegangen, wo Carlo Caretto seine Einsiedelei gehabt hat. Dort haben wir die Mittagszeit verbracht und am Abend ist man wieder durch die Dünen heim. Das war immer ein sehr guter Tag. Man ist gegangen und gegangen und gegangen durch den Sand, hinter dem her. Selber hätte man eh nicht mehr heimgefunden, weil es überall gleich ausschaut. Und am Abend ist man heimgekommen, bis zum Gottesdienst. Das war sicher die beste Zeit in meinem Leben."

Für länger als sechs Wochen bekam Sr. Maria Magna kein Visum für Algerien. Aber diese sechs Wochen hinterließen einen tiefen Eindruck in ihrem Leben. „Ich denke auch heute noch, wenn es irgendwo einmal kriselt bei mir, an diese Zeit, wie ich dort die Dinge angeschaut habe, und versuche dann, die Dinge so anzuschauen. Und das hat sich noch immer gelöst. Aber diese Zeit habe ich mir selber nehmen müssen. Da hätte ich keine Erlaubnis gekriegt." Als sie nach Innsbruck zurückkehrte, hatte man sich schon Sorgen gemacht. „Weil ich allein da unten war, in einem arabischen Land, allein als Frau. Ich bin mutterseelenallein da hinunter gegangen. Ich habe keine Begleitung mitgenommen." Die Generaloberin wünschte sich, dass sie nicht auch andere mit dieser Idee ansteckte. „Das war bezeichnend für die frühere Zeit. Sie hat gesagt: ‚Sie dürfen das niemandem in der Gemeinschaft erzählen, sonst wollen das andere Schwestern auch.'"

Sr. Maria Magna wäre gerne nach der Auszeit wieder an die Herzstation in Feldkirch zurückgegangen. In der Zwischenzeit war jedoch bereits etwas anderes für sie vereinbart worden. „Als ich zurückgekommen bin, hat dann die damalige Generaloberin gesagt, sie ist angefragt worden von meinem Heimatdorf, ob ich dorthin kommen dürfte als Gemeindekrankenschwester. Sie hat mich gefragt und ich hab' gesagt: ‚Ja, was man mir sagt, das tu ich.' Inzwischen war ich dann schon etwas älter und es war schon eher gleich, was ich tu, Hauptsache, ich habe eine sinnvolle Arbeit. Und dann bin ich dorthin gekommen als Gemeindekrankenschwester in mein Heimatdorf und war zehn Jahre dort, und das waren sehr gute Jahre, muss ich sagen. Es waren meine Leute, die ich gekannt habe noch von früher und die mich gekannt haben und die mich auch von vornherein mit offenen Armen aufgenommen haben. Ich habe einen riesen Vertrauensvorschuss gekriegt von den Leuten und hab' viel arbeiten können und habe, soweit es zeitlich gegangen ist, meinen Beruf ganzheitlich ausgeübt und mich in der Pfarre engagiert." Bis zur Pensionierung blieb Sr. Maria Magna in Andelsbuch. „Nach meiner Pensionierung bin ich eigentlich gern ins Mutterhaus übersiedelt, ich war sehr ausgepumpt und müde. Der Gemeindedienst ist verbunden mit vielen Nachtdiensten, überhaupt, wenn man so bekannt ist. Die Leute erwarten von einem, dass man sie begleitet, wenn sie sterben, bei Tag und bei Nacht. Und das habe ich gemacht, und ich hab's auch so verstanden, dass das zu machen ist. 1996 habe ich im Krankenpflegeverband gesagt, dass das mein Pensionsjahr ist und sie mögen sich um eine Kraft umschauen. Ich wollte noch eine gute Zeit im Mutterhaus sein. Und zwar nicht nur als Pflegefall, sondern wirklich eine gute Zeit, wo ich noch etwas tun kann, wo ich etwas mit den Schwestern zusammen tun kann und wo ich daheim sein und Aufgaben übernehmen kann."

Tansania

So schnell ging es aber doch nicht mit der Sesshaftigkeit von Sr. Maria Magna. Ihre Pension begann sie mit einem weiteren halben Jahr in Israel, in einer Bibelschule. Auch danach sah es noch nicht nach Ruhestand im Mutterhaus aus. „Weil ich getan habe, was man von mir wollen hat, bin ich auf unsere Missionsstation nach Afrika, nach Tansania. Ich bin mit Unterbrechungen drei Jahre dort gewesen.

Und zwar war ich auf einer Station direkt beim Indischen Ozean. Ein wahnsinnig belastendes Klima: nie unter 90 Prozent Luftfeuchtigkeit. Und heiß. Aber wir haben eine gut eingerichtete Station gehabt und im Labor habe ich sowieso einen Ventilator gehabt, wegen der Leute, die gekommen sind. Wir haben kein elektrisches Licht gehabt zum Mikroskopieren. Wir haben die Sonne gehabt, viel natürlicher als diese LED-Lampen, die man jetzt hat im Mikroskop. Wir haben also mit der Sonne mikroskopiert, das war sehr schön. Die Zellen waren alle sehr schön und ganz natürlich zu sehen. Und sonst haben wir einen großen Baumgarten gehabt mit viel Schatten. Wir haben es schon erträglich gehabt, aber das Klima war eine Belastung." Ihre Laborerfahrung aus jungen Jahren kam Sr. Maria Magna in Tansania zugute. „Ich bin noch eine von der alten Schule. Wir haben noch händisch viele Dinge machen müssen, wo heute einfach Geräte dastehen. Da stehen Apparate und die Leute lernen mit Apparaten umgehen und Apparate bedienen, aber sie können händisch bei Weitem nicht mehr das, was wir gelernt haben. Wir haben sehr viele tolle Sachen gelernt. Und die habe ich gut brauchen können. Eine Junge hätte man da gar nicht nehmen können, die wäre gar nicht zurande gekommen mit dem. Wir haben alles noch färben müssen. Jetzt geht alles in eine Maschine hinein."

Das Labor stand nicht allein, sondern war an eine Klinik angeschlossen. „Da waren eine Tagesklinik und eine Geburtenklinik. Wir haben sehr viele Babys gehabt. Wir haben auch ein paar Betten gehabt. Wenn die Leute sehr weit vom Busch hergekommen sind und sie haben es nimmer heim geschafft, haben sie bei uns übernachten können und haben auch etwas zum Essen gekriegt von uns. Die Wöchnerinnen sind auch ein paar Tage geblieben, wenn sie weit vom Busch hergekommen sind. Die haben sich erholen können. Manche, die von der Nähe waren, haben am Abend die Tasche gepackt und das Poppele und sind heimgegangen, ganz unkompliziert." Sie habe viel gelernt in Tansania, sagt Sr. Maria Magna, aber grundsätzlich seien diese Einsätze etwas für junge Leute. „Das Klima war schon sehr belastend. Mein Arbeiten war mühsamer als das von jungen Leuten. Aber ich hab's gern getan. Die Zeit, wo man es gebraucht hat, hab' ich es getan und nachher bin ich wieder da gewesen."

Und doch kam er irgendwann, der Lebensabend im Innsbrucker Mutterhaus. Ruhestand wäre das falsche Wort, Lebensabend trifft es besser. „Ich habe die Sakristei im Mutterhaus zu versorgen, und das ist viel bei uns. Wir haben immer bis zu elf Priester, und zwar sind es meistens studierende ausländische Priester, und immer ein oder zwei Priesterpensionäre von der Diözese. Solange sie noch selbstständig sind. Nachher kommen sie ins Heim, genau wie die Schwestern auch. Aber der Großteil sind studierende Priester aus verschiedenen Ländern. Momentan haben wir Polen, dann haben wir welche aus Vietnam und aus Kerala in Indien. Ich mache das jetzt, soweit ich noch kann, inzwischen bin ich sehr viel ausgefallen, muss ich sagen. Ich habe Operationen gehabt und war dann schlussendlich behindert. Ich hab' dann auch die Bücherei im Mutterhaus. Das ist eine mittelgroße Bücherei für die Schwestern und soweit es möglich ist für die Angestellten, wenn sie mögen. Sie hat gut siebentausend Bände und ist EDV-organisiert. Das mache ich sehr gerne und kann ich auch noch machen. Da muss ich nicht viel laufen. Und die Sakristei, da mache ich die liturgischen Dienste und den Kirchenschmuck. Für die anderen Dienste, auch für das Aufräumen, habe ich eine Schwester, die sehr viel mitarbeitet. Sie ist für mich total wichtig und sie macht das auch gut. Die Zusammenarbeit mit ihr ist sehr schön."
Aufgeräumt hat Sr. Maria Magna in der Sakristei trotzdem einmal. Mit einer Gewohnheit mancher Priester. „Sie kommen und möchten in einem Winkel von der Sakristei Messe lesen. Erstens frage ich mich nach dem Messverständnis und zweitens dulde ich das nicht bei uns. Aus, Amen. Das haben sie schwer akzeptiert, aber das haben sie müssen. Ich hab' den Bischof hinter mir." Eine weitere Aufgabe, die sie im Mutterhaus erfüllte, war eine kleine, aber manchmal sehr intensive Aufgabe, schilderte Sr. Maria Magna. „Ich habe die Hausapotheke vom Mutterhaus für die kranken Schwestern, soweit sie nicht in Vollpflege sind. Wenn sie in Vollpflege sind, kann ich es nicht mehr machen. Dann kommen sie eh ins Heim, ins Pflegeheim St. Vinzenz. Aber solange sie nicht in Vollpflege sind, solange es irgendwie möglich ist, betreuen wir sie gern im Mutterhaus. Ja, das sind so meine Aufgaben hier. Und ich bin sehr, sehr dankbar, dass ich das noch ma-

chen kann. Ich mache es richtig gern, kann aber alles nur mit Hilfe machen. Ja, jetzt sind wir angekommen.“

Nach ihrem Ankommen in der Gegenwart wagte Sr. Maria Magna einen Blick in die Zukunft: „Meine Gemeinschaft wird sicher sehr klein sein in zehn Jahren. Aber so wie sie jetzt vorbereitet wird auf diese Zeit, kann ich mir vorstellen, dass es eine sehr intensive Gemeinschaft sein wird. Es sind ältere Leute, da liegt der Schwerpunkt woanders. Nicht mehr so in der Aktion, sondern im Begleiten der Aktionen liegt der Schwerpunkt. Und ich kann mir vorstellen, dass es einzelne Junge gibt, die Interesse haben für diese Lebensweise, aber nicht mehr Scharen von Jungen, das gibt es sicher nicht mehr in nächster Zeit. Da müsste bei uns ein ganz großer Einbruch kulturell geschehen, damit es das noch gibt, diese Scharen von jungen Leuten. Das war ja eine kulturelle Sache. Die sind auch gekommen, weil die Frau keine andere Möglichkeit gehabt hat für eine Ausbildung außer als Nonne. Entweder Lehrerin oder Krankenschwester. Sie haben keine andere Möglichkeit gehabt. Und draußen haben sie nicht einmal das gehabt. Und darum sind sie gekommen. Wenn ich an unsere Gemeinschaft in zehn Jahren denke: So wie sie jetzt geführt wird und angestrebt wird und wie sie auch ist, wird es eine sehr lebendige und engagierte Gemeinschaft sein.“ Dieser Gemeinschaft wünscht Sr. Maria Magna Metzler dasselbe, was sie auch für sich erhofft hat: „Dass sie sich ganz, ganz bestimmt, sich wirklich ganz auf Gott verlassen kann.“

Gespräch: Judith Fritz
Text: Monika Slouk

Der Orden

NAME	Kongregation der Barmherzigen Schwestern vom hl. Vinzenz von Paul in Innsbruck
KÜRZEL	-
GRÜNDUNG	Die Wurzeln des Ordens gehen auf die Paulusschwestern in Frankreich zurück, die 1697 gegründet wurden. 1737 übernahmen sie die vinzentinische Spiritualität. Über Straßburg verteilten sich die Barmherzigen Schwestern in Mitteleuropa, gründeten zahlreiche eigenständige Kongregationen. 1839 begannen sie ihr Wirken in Innsbruck.
SENDUNG	Den Armen dienen. In der Innsbrucker Kongregation geschieht das in der „Katharinenstube" für Obdachlose, durch den Einsatz gegen Krankheiten und für gute Bildung in sechs tansanischen Missionsstationen, in Bildungs- und Erholungsheimen, Alten- und Pflegeheimen, Kliniken und an der Innsbrucker Kettenbrücke in fünf Schulen und in der Kinderbetreuung von der Krippe bis zum Hort. Das ehemalige Internat an der Kettenbrücke wurde großzügig umgestaltet und bietet seit Oktober 2015 130 Asylwerbenden ein Zuhause.
WELTWEIT	1971 schlossen sich alle von Straßburg aus gegründeten Gemeinschaften (vor allem in Deutschland und Österreich) zur „Vinzentinischen Föderation" zusammen, blieben jedoch eigenständige Kongregationen. Mittlerweile verzweigt sich die Föderation infolge der Missionstätigkeit einiger Kongregationen bis nach Asien, Afrika und Südamerika.
ÖSTERREICH	Die Innsbrucker Kongregation gliedert sich in vier Provinzen. Weitere eigenständige Kongregationen des „Straßburger Zweiges" der Barmherzigen Schwestern gibt es in Wien und Zams.

Mein Ordensgewand
nimmt mir das Frausein nicht

Sr. M. Friedburga Druckenthaner OSE
geboren am 4. Mai 1940
Taufname: Marianne

Nomen est omen. Sr. Friedburga wirkt wie eine Verkörperung des Namens, den sie 1960 zu ihrer Einkleidung im Orden ausgewählt hat. Als eine der ersten Elisabethinen hat sie den Namen nicht einfach erhalten, sondern durfte ihn aus drei Namen wählen. Der Frieden der Sr. Friedburga zeigt sich in ihrem ruhigen, selbstsicheren und freundlichen Umgang. Sie hatte eine glückliche Kindheit, erzählt die ehemalige Generaloberin. Doch was die 75-Jährige dann schildert, lässt die Frage aufkeimen, worin Glück eigentlich besteht. Denn die Lebensumstände können es im Fall von Marianne Druckenthaner kaum gewesen sein.

Als Marianne sechs Jahre alt ist, bekommt ihr Papa eines Nachmittags Schmerzen. Sie begleitet ihn gerade zum Weidenschneiden, denn er ist Korbflechtmeister. Da sagt er, dass ihm der Bauch wehtue. Als Marianne und ihre zwei Geschwister am nächsten Morgen erwachen, ist der Vater bereits im Krankenhaus, am Vormittag verstirbt der Dreißigjährige an Blinddarmdurchbruch. Mit ihm verliert Familie Druckenthaner auch die materielle Lebensgrundlage. Es gibt kein Einkommen mehr. Die Milch von der einzigen Kuh sorgt dafür, dass hin und wieder ein paar Schilling ins Haus kommen. Wenn der Hunger

Marianne Druckenthaner (links) mit Geschwistern Franz und Erna, ca. 1949

zu groß wird, weil die dünne Rahmsuppe nicht gereicht hat, machen sich die Kinder auf den Weg und bitten in Nachbarhäusern um ein Stück Brot. „Die Mama ist oft in der Stube gesessen und hat geweint, weil sie nichts zum Essen gehabt hat für uns." Die liebe Mama! „Mein Gottesbild wurde stark von der Mama geprägt", reflektiert Sr. Friedburga viel später. In Zeiten, in denen ein negatives, strenges Gottesbild verbreitet ist, wächst Marianne in der Gewissheit auf, dass Gott es gut meint mit ihr. Auch für ihr späteres Amt als Schwester und Oberin bekommt Marianne Wichtiges von der Mama mit. „Nichts Materielles. Die Liebe, die Mütterlichkeit, das Umsorgen trotz der Armut. Ich weiß auch nicht, wie ich es sagen soll."

Arm kommt sich Marianne nie vor, im Gegenteil. Bei den Kindern von Aichkirchen, in ihrer Heimatgemeinde unweit von Lambach, ist sie beliebt. „Wir waren immer eine ganze Schar Kinder auf dem Schulweg. Ich muss recht ein Wichtikus gewesen sein." „Integriert" nennt sie es im Rückblick. Vielleicht ist das ein Schlüssel zum Verständnis ihrer glücklichen Kindheit, neben der Mutterliebe, die sie erfahren hat. Wenige Jahre nach dem Tod des Vaters wird Mama schwer krank. „Damals dachte man an Tuberkulose, aber was ich heute weiß, glaube ich, dass es Krebs war." Der Bauch schwillt an, die Mutter wird bettlägerig, und da sie sich keine medizinische Behandlung leisten kann, sagt sie ihren Kindern, wo die Handtücher bereitliegen, für den Fall, dass der Bauch platzt. „Ich werde euch bald davongehen!", erklärt sie. Wenn die Kinder dann weinen, beginnt sie mit ihnen zu singen. Sr. Friedburga deutet das als einfache, liebevolle und beruhigende Geste. Kurz nach ihrem elften Geburtstag geht Marianne das letzte Mal zu ihrer Mutter ins Zimmer. „Die schwarzen Haare hingen so wirr herunter, das sehe ich heute noch vor mir. Sie hat meine Hand genommen und gesagt: ‚Pfiat di, Marianne, bleib brav.'" Am nächsten Tag, als die Kinder aufstehen, ist die Mutter verstorben. Dass ihre Mutter niemanden hatte, der sie in der Zeit der Krankheit pflegte, habe ihre spätere Entscheidung, in einen Krankenpflegeorden zu gehen, beeinflusst, meint Sr. Friedburga. „Was ihr dem Geringsten meiner Brüder getan habt, habt ihr mir getan. Das war die entscheidende Bibelstelle aus Matthäus, Kapitel 25."

Radikaler Abschied, ungefragt

Die Mutter stirbt an einem Dienstag. Am Donnerstag ist das Begräbnis. Danach steht ein Auto für die Kinder bereit. Marianne wird mit ihrem jüngeren Bruder in ein Kinderheim gebracht. Sie werden ihr Elternhaus viele Jahre nicht mehr sehen. Was mit dem Hund der Familie passiert ist, weiß Sr. Friedburga bis heute nicht. Die große Schwester ist fünfzehn Jahre alt. Eigentlich ist sie eine Halbschwester. Weil die Mama als arme Magd ihre erste große Liebe nicht heiraten durfte. Der Papa der Halbschwester lebt noch, und als sie klein war, hat er sie hin und wieder besucht. Doch mit fünfzehn ist sie so gut wie erwachsen und wird nach Linz gebracht, wo sie einen Arbeitsplatz bei der Caritas bekommt. Nun ist Marianne die „Mama" für ihren um vier Jahre jüngeren Bruder. Immer wieder sagt die Betreuerin im Kinderheim in Oberschlierbach: „Geh zu deinem Bruder, der weint um die Mama." Ein Bekannter der Familie Druckenthaner sorgt dafür, dass die beiden nach sechs Wochen im Kinderheim zu einer neuen Familie kommen. Nach Losenstein, wo es gebirgig ist. Schön, aber so ganz anders als daheim. Das Haus liegt hoch am Berg, im steilen Gelände.

Marianne Druckenthaner (r.) mit Geschwistern, 1951, nach dem Tod der Mutter. Das Bild wurde zur neuen „Heimatsuche" gebraucht.

Der Schock des Anfangs sitzt Marianne lange in den Gliedern. „So, hat der Wahlonkel gesagt, der uns hingebracht hat, das ist jetzt deine Mama! Gib ihr ein Bussl. Ich spüre das heute noch in mir, was ich für einen Widerstand gehabt habe. Das täte man heute ja gar nicht mehr! Aber damals war es so." Damals, am 1. August 1951.

Für Marianne ist das Schwierigste, dass sie in Losenstein niemanden kennt. Integriert sein, das ist ihr wichtig. Außerdem hat sie Angst, dass sie wieder weggeschickt werden könnten, wenn sie nicht brav sind, ihr Bruder und sie. Die Jungschar der Pfarre Losenstein fängt sie auf, später die Jugend. „Das war eigentlich mein Daheim", erinnert sie sich viele Jahre später. „Da war ich wirklich ganz fest drinnen." Die frohen, besinnlichen Jungschar-Heimstunden, Völkerball spielen und alles, was so dazugehört – das macht ihr Freude, da ist sie gut. Soweit es neben der Schule und der Arbeit am Bergbauernhof möglich ist, verbringt Marianne viel Zeit in der Pfarre. Bis sich sogar der Pfarrer wundert, wie sie bei Sturm den ganzen Weg hinunter ins Tal zur Frühmesse geschafft hat. „Da war schon die Sehnsucht da", sagt Sr. Friedburga. „Es war etwas da, das mich geführt und gehalten hat." Auch wenn sie nicht gerade in der Pfarre ist. Wenn sie am Hof arbeitet, das Gras mit der Sense mäht und von unten im Tal die Glocken hört. „Etwas ist in mir gewachsen ohne mein Zutun." Außerdem erinnert sie sich an einen Satz, den noch ihre leibliche Mutter ausgesprochen hat, als sie von einer Einkleidungsfeier nach Hause kam: „Freuen würde ich mich, wenn von meinen Dirndln auch eine [ins Kloster] gehen würde!" Dieser Satz lebt in Marianne weiter.

Geheimes Sittenzeugnis und Berufswahl

Mit achtzehn kommt sie zu den Kreuzschwestern in die Haushaltungsschule. Ein Schulfach ist Krankenpflege. Dort wird sie sich über ihre Berufung ganz klar. Die Kreuzschwestern hätten sie auch gerne aufgenommen, doch sie will zu den Elisabethinen. Die kennt sie von der Ziehmutter, die dort einmal Patientin war, und vom Ziehvater, der zwei leibliche Schwestern in diesem Orden hat. Noch als Schülerin bittet sie um Aufnahme. „Damals haben wir beim Eintritt noch ein Sittenzeugnis vom Pfarrer gebraucht. Es hat mich so geärgert, dass ich mir das nicht anschauen hab' dürfen, was er geschrieben hat. Und wie ich später Oberin geworden bin, war das Erste, dass ich da hineingeschaut habe! Das Recht hat niemand, dass er über mich etwas schreibt, ohne dass ich es zu sehen bekomme. Der Brief ist zugeklebt hergekommen. Hat eh gepasst, sonst wäre ich nicht da!"

Am 3. Oktober 1959 tritt Marianne Druckenthaner bei den Elisabethinen in Linz ein und wird am 16. August 1960 gemeinsam mit drei anderen in das Noviziat aufgenommen. Sie erhält ihren Ordensnamen und ihr Ordenskleid. Noch ist es ungewohnt. „Bei meiner Einkleidung, mein Gott, da hab' ich geschwitzt! Das vergesse ich mein Leben nicht!" Wenige Jahre vor dem Zweiten Vatikanischen Konzil ist der Habit der Elisabethinen noch hochgeschlossen. Erst im Lauf der nächsten Jahre und Jahrzehnte wird das Ordenskleid den Erfordernissen in der Krankenpflege stärker angepasst. So sehr sich Sr. Friedburga wünscht, Diplomkrankenschwester zu werden, geht dieser Wunsch doch nicht in Erfüllung. „In den ersten Ordensjahren war ich lungenkrank und nierenkrank. Das hat mich mit Angst erfüllt. Hoffentlich kann ich bleiben! Das war damals ja auch noch anders. Ich habe das geäußert. Ein Arzt hat mich angeschaut und gesagt: ‚Und du bleibst mir!' Das war sehr beruhigend! Das vergesse ich nicht." Doch zum Termin der Aufnahmeprüfung an der Krankenpflegeschule ist sie wieder krank. Schließlich absolviert Sr. Friedburga eine private Handelsschule und kommt in die Buchhaltung. Von da an ist sie gesund.

Kanzleiseelsorge

Im Jahr 1973 wird der Krankenhaus-Neubau eröffnet, im selben Jahr übernimmt Sr. Friedburga Druckenthaner die Leitung der Aufnahmekanzlei. Fast dreißig Jahre lang übt sie diesen Dienst aus. „Das war eine schöne Zeit! Ich kam sehr viel in Kontakt mit den Patienten, denn ich war ihre erste Ansprechpartnerin im Krankenhaus. Da kommen viele mit Angst und Sorge. Wenn ich ihnen dann gewünscht habe: ‚Alles Gute bis zur Abmeldung', waren manche wirklich erleichtert. Weil ich damit gerechnet habe, dass der Patient gesund wieder heimgeht." Aber auch Trauerarbeit hatte Platz in der Aufnahmekanzlei. „Oft habe ich zwei- bis dreimal einen verstorbenen Patienten hergerichtet und bin mit den Angehörigen in den Verabschiedungsraum gegangen. Habe sie erzählen lassen, was ihnen so wichtig war. Einmal sind zum Beispiel Eltern mit einem sechsjährigen Kind gekommen. Wir sind gemeinsam zur verstorbenen Oma gegangen. Das Kind hatte ein kleines Brieferl mit. Was sie schon schreiben konnte, hat sie geschrieben: ‚Liebe Oma, heute sehe ich dich das letzte Mal. Ich freue mich, wenn ich dich im Himmel wiedersehe.' Das hat sie ihr mitgegeben. Oder ein anderes Mal ein junger Bursch, der sich auf den Boden gekniet und gesagt hat: ‚Mutter, einmal noch mach die Augen auf, ich muss dir noch etwas sagen.' Da war ich halt begleitend im Hintergrund. Heute hat diese Aufgabe die Krankenhaus-Seelsorge übernommen. Rituale und Verabschiedungen werden von den Angehörigen gerne angenommen. Seit über zehn Jahren gibt es im Haus eine gute Palliativstation. Die Seelsorge ist in die ganzheitliche Betreuung sehr gut eingebunden. Zwei Ordensschwestern sind hauptamtlich, ich mache jetzt mit einer zweiten Schwester ehrenamtlich den seelsorglichen Dienst. Für mich sind diese Dienste erfüllend und eine Bereicherung."

Im Jahr 2000 wird Sr. Friedburga zur Generaloberin gewählt. „Da haben wir alle geweint, die Mitarbeiterinnen in der Aufnahmekanzlei und ich." Sie hat nicht mit diesem Amt gerechnet, doch übt sie es gerne zweimal sechs Jahre lang aus. Es ist ihr ein großes Anliegen, ganz für die Schwesterngemeinschaft da zu sein. Als Generaloberin vertritt sie die Gemeinschaft gegenüber den kirchlichen und staatlichen Behörden, so ist es in der Ordensregel festgelegt. Die Nachfolgerin von Sr. Friedburga ist heute selbst in der Geschäftsführung der Holding der Elisabethinen. Diese doppelte Verantwortung muss Sr. Friedburga noch nicht tragen, eine Mitschwester ist zur selben Zeit Verwaltungsleiterin und als solche in der Geschäftsführung. „Sr. Engelberta hat mir das Wirtschaftliche fast alles abgenommen, sodass ich für das andere frei war, für die Gemeinschaft." Dass die Leitungsfunktionen des Ordens und des Krankenhauses mit Ordensfrauen besetzt waren, war vor wenigen Jahrzehnten das Übliche. „Wir hatten damals sehr viele junge Schwestern", erzählt Sr. Friedburga. „Die Leitung des Personalbüros, des Labors und der Stationen, alles war mit unseren Schwestern besetzt." Als sie eine Station nach der anderen abgeben mussten, war das ein schmerzhafter Prozess. „Aber wir haben kompetente weltliche Mitarbeiterinnen und Mitarbeiter!“, sagt Sr. Friedburga. „Man muss sie nur arbeiten lassen. Es ist, wie Pater Riedlsperger sagt: Es geht weiter, aber anders.“

Neue Aufgaben nach der Ordensleitung

Nach zwölf Jahren als Generaloberin tauscht Sr. Friedburga den Platz mit ihrer „rechten Hand“ in der Generalleitung. Mit 72 Jahren möchte sie nicht noch einmal als Generaloberin zur Wahl stehen. Die Generalvikarin, Sr. M. Barbara Lehner, wird zur Generaloberin gewählt, Sr. Friedburga wird ihre Vikarin. Obwohl Sr. Friedburga innerlich reif ist für diesen Schritt, arbeitet sie aktiv am Loslassen. Ganz von selbst geht das nicht. Einen Monat lang bekommt sie eine Auszeit und fährt zu den Marianisten auf den Greisinghof. „Ich bin da immer wieder gerne hingefahren! Zur Abwechslung einmal keine Frauen. Das tut auch ganz gut.“ Anschließend macht sie eine Ausbildung zur ehrenamtlichen Krankenhaus-Seelsorgerin. Ihr Leben lang hat sie immer wieder Fortbildungen besucht. Den Lehrgang „Führen in religiösen Gemeinschaften“, als sie Novizenmeisterin wurde. Den Lehrgang „Alt werden und alt sein“ im Kardinal-König-Haus. Viele diözesane Kurse, das soziale Seminar und einen Franziskanischen Fernkurs. „Wir haben die Ordensregel des heiligen Franziskus und benennen uns nach der heiligen Elisabeth von Thüringen. Ich habe beim Eintritt noch nicht gewusst, wer Franziskus war. Das war mir damals nicht so wichtig.“ Die Fortbildungen macht sie aus Überzeugung. „Damit man mit den Entwicklungen mitkommt. Und dass man heute die Jüngeren versteht, die wieder andere Bedürfnisse haben.“ Außerdem setzt sie die gewonnenen Kenntnisse ein, wo sie sie brauchen kann. Heute vor allem im Krankenhaus.

Um die Seelsorge kümmert sie sich ehrenamtlich, seit sie nicht mehr Generaloberin ist. Sie hat mehr Zeit als früher. Und die neue Aufgabe macht sie freier. „Das ist super! Wenn ich spüre, heute habe ich mehr Zeit, dann mache ich Besuchsdienst bei den Patienten, besonders auch bei den kranken und alten Mitschwestern.“ Zu aktiv will sie nicht mehr werden, in keinem Bereich. Einfach da sein, wo Menschen sie brauchen. „Ich glaube, man muss auch das Endzeitliche kommen

lassen. Es ist eh schon da. Ich wünsche mir einmal ein friedliches, versöhntes Heimgehen zu Gott. Nicht, dass ich schon darauf warte. Ich bin gern da! Ich denke nicht jeden Tag ans Sterben. Aber ein bewusstes Zugehen auf dieses endgültige Ziel ist mir wichtig."
Nicht nur ihr Wissen hat Sr. Friedburga im Lauf ihres Lebens immer wieder erweitert. Aktiv entwickelt sie ihr geistliches Leben, nimmt geistliche Begleitung in Anspruch. „Mein geistliches Leben wird irgendwie immer schöner und stiller. Das einfache, stille Da-Sein vor Ihm macht mich dankbar, vor allem für das Geschenk der Berufung." Sie schätzt die Gebete und geistlichen Zeiten aus der Ordenstradition: das Chorgebet um fünf Uhr in der Früh, um zwölf Uhr zu Mittag und um halb sechs Uhr am Abend. Zwei bis drei Mal pro Woche gemeinsame Rekreation, also Erholungsphase aller Mitschwestern, nach dem Essen. „Da genießen wir das Beisammensein." Oder die achttägigen Vortragsexerzitien. Gleichzeitig freut sie sich über die Freiheit, die nach dem Zweiten Vatikanischen Konzil in der Gemeinschaft gewachsen ist, und über die Gebetsformen, die dadurch möglich geworden sind. Die individuelle Meditation ebenso wie das offene geistliche Gespräch. „Das war anfangs schwierig für uns, dass wir in der Runde etwas von uns selber sagen! Das haben wir nicht gekannt. Pater Stefan Hofer hat gesagt: ‚Kommt einmal in den Kreis. Wie geht es euch denn?' Und jetzt soll ich sagen, wie es mir geht!?" Der Jesuit P. Stefan Hofer war Patient bei den „Lisln", wie die Elisabethinen in Linz oft genannt werden. Zum Dank bietet er den Ordensfrauen Einzelexerzitien an. Das ist etwas Neues. Exerzitien, also eine geistliche Übungszeit, bei denen die Frauen nicht nur erbauliche Vorträge hören, sondern in denen ihr eigenes Leben zur Sprache kommt. Neun Schwestern melden sich auf die erste Einladung hin. Sie fahren gemeinsam für eine Woche nach Vöcklabruck. Die „Hofer-Runde" ist entstanden, die sich seither zum regelmäßigen Austausch oder zur gemeinsamen Meditation trifft. Auch Bibelbetrachtung und Bibelgespräch werden von den Schwestern gerne gepflegt. „Und mit Sr. Annemarie Gamsjäger von den Missionarinnen Christi mache ich im Herbst wieder eine Bibel-Wanderwoche in Maria Kirchenthal."

Körper, Sport und Ordenskleid

Neben den Gebetsformen haben sich nach „dem“ Konzil auch die Erholungsgewohnheiten verändert. Seit Jahrzehnten haben die Elisabethinen ein Gemeinschaftsschwimmbad und eine Sauna. Bewegung ist ihnen wichtig. „Ich weiß noch, wie wir die ersten paar Mal schwimmen gegangen sind in unser Hallenbad. Wie ungewohnt das für uns war! Obwohl wir so viele Krankenschwestern sind.“ Die Beziehung zum eigenen Körper hat sich verändert. Heute ist es normal, dass einige Schwestern Radfahren oder in den Bergen wandern. Das soll in „angemessener Kleidung“ geschehen, sagen die Konstitutionen. Also nicht im Habit. Sr. Friedburga selbst ist vier Tage den Johannesweg gegangen. „Nach fünfzig Jahren war ich das erste Mal in Zivil! Das habe ich mir schon gut überlegt vorher, ob ich mich wirklich umziehe. Aber dann habe ich mir gedacht: Was macht mich denn zur Ordensfrau? Nicht das Gewand!“ Als sie mit ihren Wanderkolleginnen, teils vom Orden, teils von außerhalb, wieder nach Hause kommt, nimmt sie ihr Gepäck aus dem Kofferraum. Eine ihrer Ordensschwestern geht ohne Gruß vorbei. „Hallo, Schwester Viktoria! Wir sind wieder da!“, ruft ihr Sr. Friedburga nach. Die Angesprochene dreht sich verwundert um. Sie hat ihre Mitschwester gar nicht erkannt in der ungewohnten Kleidung. Für Sr. Friedburga war das eine spannende Erfahrung, aber zu Hause fühlt sie sich im Habit wohler. Ohne Anlass würde sie nicht auf ihr Ordenskleid verzichten wollen.

Zur Freiheit im geistlichen Leben gehört auch die freie Wahl des Beichtvaters. Es kommen zwar zwei Priester zum Beichtehören ins Haus, aber jede Ordensfrau kann außer Haus gehen, ohne sich rechtfertigen zu müssen. „Wenn ich sage, ich gehe heute in die Stadt, dann weiß die Oberin ohnehin, was ich meine. Die Freiheit ist mir wichtig.“ Auch spazieren gehen die Ordensfrauen gerne, zu ihrem Erholungsheim auf den Freinberg oder an die Donau. Der jährliche Heimaturlaub bei Verwandten ist ein Fixpunkt für viele. Auch ins Kino gehen manche hin und wieder oder ins Konzert. „Aber wir haben im Haus selbst so schöne Konzerte! Unser Haus möchte ein Ort der Begegnung sein.“ Während die Freiheit für Sr. Friedburga wichtig ist, soll es in einer Gemeinschaft keine Heimlichkeiten geben, ist sie überzeugt.

Offenheit ist notwendig, damit es nicht zu Eifersüchteleien kommt. Dann können sich die einen mit den anderen unbeschwert freuen. „Große Auseinandersetzungen haben wir Gott sei Dank nicht in der Gemeinschaft! Natürlich gibt es Spannungen. Wo keine Spannung ist, ist auch kein Leben. Wichtig ist, dass die Hand zur Versöhnung ausgestreckt wird." Wo mehr Freiheit herrscht, ist auch mehr Eigenverantwortung zu tragen. Wie zum Beispiel beim Gehorsam, dessen Verständnis sich grundlegend gewandelt hat. „Das Schwere und zugleich Wichtige am Gehorsam ist, dass er ein gemeinsames Hören auf Gott bleibt. Und dass sich das jeweils mit meiner freien Entscheidung vereinbaren lässt." Früher hat man das anders gesehen. Das Noviziat hat Sr. Friedburga als streng erlebt. Die Novizinnen arbeiteten zwar auf allen Stationen mit, auf denen sie gebraucht wurden, durften das Haus aber nicht verlassen. Sie sollten sich ganz auf ihren Dienst im Krankenhaus und die spirituelle Vertiefung konzentrieren. Die Unterkunft war schlicht. „Wir haben in Vierbettzimmern geschlafen und es gab nicht einmal fließendes Wasser."

Ich bin Frau

Trotzdem fühlte sich Sr. Friedburga von Anfang an wirklich daheim im Orden. „Und als 1968 jede ein eigenes Zimmer bekommen hat, war das ein großes Fest für uns. Wir haben uns so gefreut über etwas Komfort! Die Wasserleitung wurde gelegt, ich bekam eine Brause ans Zimmer." Seither hat sich viel getan. Weiterhin liegt den Schwestern aber ein einfacher Lebensstil am Herzen. „Wir haben einen gemeinsamen Fernseher, aber keinen Fernseher am Zimmer. Die Einfachheit wollen wir behalten. Die Unbeschwertheit nach Franziskus wollen wir uns bewahren." Unbeschwert will Sr. Friedburga auch ihr Frausein leben. „Früher war so eine große Scheu vor Sexualität und Partnerschaft! So ein Gedanke an das Sexuelle, das wäre gleich eine Sünde gewesen." Sr. Friedburga erzählt eine Geschichte aus dem Krankenhaus. Dass eine Mitschwester von einer Patientin gefragt wurde, ob sie denn überhaupt eine Menstruation hätte. „Aber mein Ordensgewand nimmt mir ja das Frausein nicht", sagt Sr. Friedburga. „Das Verständnis hat sich in den letzten Jahrzehnten stark verändert und ich kann mein Frausein im Beruf und in Gemeinschaft gut leben. Wenn man sich in einem Krankenhaus für das Leben der Patienten einsetzt und für sie da ist, wird man irgendwie zu einer Mutter. Und so geschieht die Weitergabe des Lebens auf andere Weise. Aber diese Erfahrung musste erst wachsen. So sehe ich das halt." Wenn es gelingt, dann ist es erfüllend. „Damit darf ich meine Kraft noch jemandem anderen schenken: Jesus Christus. Nicht einem Kind und nicht dem Partner, sondern sie geht woanders hin! Auch diese Erfahrung musste wachsen. Im Älterwerden spürt man eine größer werdende Einsamkeit und diese will durchlebt werden." Dankbar blickt die 75-jährige Generalvikarin auf ihr bisheriges Leben als Ordensfrau. „Die Einfachheit, die Gläubigkeit, die Treue und Fröhlichkeit der Gemeinschaft – das alles erfüllt mich mit Dank. Ich wurde in keine Haltung hineingedrängt, die nicht meine war. Und so konnte ich Mensch werden."

Gespräch und Text: Monika Slouk

Der Orden

Name	Elisabethinen Linz–Wien
Kürzel	OSE – Ordo Sanctae Elisabethae (Orden der heiligen Elisabeth)
Gründung	Die Elisabethinen gehen auf eine Aachener Gründung von Apollonia Radermecher im Jahr 1622 zurück, die den Orden nach der heiligen Elisabeth von Thüringen (1207–1231), der Patronin der Caritas, benannt hat. Der Linzer Konvent wurde 1745 zur Beherbergung kranker Dienstboten gegründet.
Sendung	Die Elisabethinen wurden zur Pflege der Kranken gegründet und sind bis heute ein klassischer Krankenhausorden, mit einer Offenheit für neue Wege. In ihren Konstitutionen formulieren sie den Leitsatz: „Legt nicht alles fest! Lebt!"
weltweit	Elisabethinen wirken in vielen Ländern Europas, ein Kloster gibt es in Kanada.
Österreich	Seit 2007 gehören die Elisabethinen-Konvente von Linz (derzeit 42 Schwestern) und Wien (derzeit sieben Schwestern) zusammen. Außerdem gibt es Elisabethinen in Graz und Klagenfurt.

Mein Herz ist in Rumänien

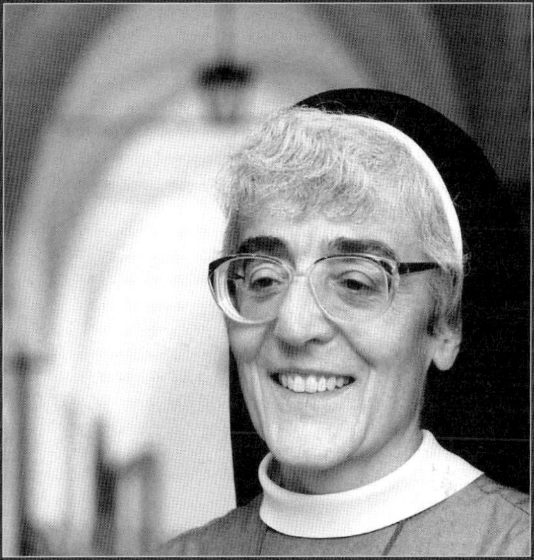

Sr. M. Gertrud Petschan CPS
geboren am 9. April 1942
Taufname: Gertrud

„Meine Eltern waren beide im Kloster", erzählt Sr. Gertrud Petschan. Die Mutter war Postulantin bei den Barmherzigen Schwestern in Wien, der Vater war in Südmähren bei den Jesuiten. Beide sind noch in der Ausbildungszeit weggegangen. „Der Novizenmeister hat zu meinem Vater gesagt, er habe eine Berufung zum Kartäuser." Irgendwann nach dem Ordensaustritt sind sich die beiden begegnet und sie haben geheiratet. „Mein Vater war wirklich ein Kartäuser. Er hat nicht viel gesprochen, er hat viel meditiert. Von meinem Vater habe ich die Liebe zu den Psalmen. Aber mit ihm habe ich erst nach meinem Eintritt über diese Dinge gesprochen, vorher nie. Er war ein Professor, nicht mit beiden Beinen auf der Erde. Den Vater haben wir nicht so viel gespürt in der Familie. Meine Mutter hat immer gesagt: ‚Wenn eines von unseren Kindern ins Kloster geht, werde ich mich freuen.'" Doch dann kam alles ganz anders. Familie Petschan lebte zunächst in Groß Tajax, Dyjákovice, in der Nähe der südmährischen Stadt Znaim. In der Familie wurde deutsch gesprochen, doch der Vater hatte tschechische Verwandte und sprach perfekt tschechisch. Er half den Leuten im Dorf mit Übersetzungsdiensten aus, wenn sie offizielle Ansuchen stellen wollten. 1945, als Tochter Gertrud drei Jahre alt war, kam eines Tages ein Tscheche zum Vater und sagte: „Heute Nacht wird man Sie abholen."
Daraufhin verließ der Vater den Ort und ging ins niederösterreichische Hollabrunn. Ein halbes Jahr später zog die Mutter mit den drei Kindern nach. Der Vater unterrichtete in Hollabrunn, er hatte Physik und Mathematik studiert. Doch nach Österreich strömten in dieser Zeit Flüchtlinge aus ganz Osteuropa. „Von Jugoslawien, von Ungarn, von überall her kamen Deutschstämmige nach Österreich. Österreich war so überfüllt und hat gesagt, es ist kein Platz mehr. So wurden wir nach Deutschland verfrachtet." Sie kamen nach Heidelberg. Die ersten Monate lebte die Familie in einem Flüchtlingslager, in dem Gertruds großer Bruder starb. „Er bekam Blinddarmentzündung. Der Lagerarzt kam nicht und das Kind bekam Bauchfellentzündung. Es gab kein Penicillin. Von der chirurgischen Klinik hat man meinen Vater in die Kinderklinik geschickt und dann war es zu spät. Das Kind ist gestorben. Währenddessen lag meine Mutter im Lager am Sterben. Die ganze Prozedur mit der Flucht!" Im Gegensatz zu ihrem Sohn erholte

sich die Mutter wieder. Ende 1946 übersiedelten der Vater, die Mutter, die vierjährige Gertrud und ihre zweijährige Schwester in eine kleine Wohnung. Drei Jahre später wurde der jüngste Bruder geboren.

Gertrud besuchte acht Jahre lang die Volksschule. „Mein Vater wollte keine höhere Bildung für uns.“ Aufgrund seiner starken Kurzsichtigkeit fürchtete er sich vor der Entlassung aus dem Schuldienst und davor, dass er den Kindern die Ausbildung nicht finanzieren könnte. „Er selbst hat sein Studium in Prag von einer sehr reichen jüdischen Familie finanziert bekommen, da war er auch zeitweilig Hauslehrer. Ich glaube, er hat Angst gehabt, wir könnten auch von anderen abhängig werden.“ Erst der jüngste Bruder durfte studieren. „Ich habe in einem großen Krankenhaus die Buchhaltung gelernt, war in der Verwaltung tätig.“

Mit zwei Freundinnen fuhr Gertrud eines Sommers auf Urlaub nach St. Bartholomä am bayrischen Königssee. In einer Jugendherberge lernte sie eine Jugendgruppe aus Paderborn kennen. Man verstand sich gut und blieb in Briefkontakt. Als es um die nächste Urlaubsplanung ging, kamen die Mädchen aus Paderborn ins Schwärmen. „Fahrt nach Wernberg in Kärnten, da ist es toll! Da sind Schwestern.“ Doch

Gertrud Petschan (Mitte) im August 1959 in Berchtesgaden

Gertrud beeindruckte das wenig. „Um Gottes Willen, Schwestern! Die habe ich im Krankenhaus auch. Ich will nicht auch im Urlaub noch so geistliche Personen um mich herum haben." Im Krankenhaus, in dessen Verwaltung sie Buchhaltung lernte, erlebte sie überarbeitete, unfreundliche Ordensfrauen.

Der Sommer kam und die Jugendherberge, in die sie eigentlich mit ihren Freundinnen fahren wollte, hatte keinen Platz mehr frei. „Und so landeten wir doch in Wernberg. Ende August, Anfang September 1960 waren wir unterwegs. Damals gab es in Wernberg zwei offizielle Eintrittstermine pro Jahr, am 1. Februar und am 1. September. Dadurch erlebte ich mit, wie hier junge Frauen eingetreten sind. Die meisten wurden von Eltern oder Geschwistern begleitet. Diesen Verwandten wurde eine Diaserie angeboten, die hieß: ‚Werden und Wirken einer Missionsschwester vom Kostbaren Blut.' Die Pfortenschwester hat uns eingeladen: ‚Wenn Sie Interesse haben, können Sie ruhig auch diese Diareihe anschauen.' Ich wollte nicht in diesen Vortrag gehen. Aber meine zwei Freundinnen schon, sie sagten: ‚Schau, die war so nett, wir können uns doch informieren. Was ist denn da dabei?' Dann ging ich halt mit, weil die anderen beiden gegangen sind. Nicht ahnend, was dann passieren würde."

Gertrud Petschan hörte in dieser Stunde die Frage ihres Lebens. „Da hieß es auf dem Tonband, das mitlief: Derzeit gibt es auf der Welt drei Milliarden und irgendwas Menschen. So viele wissen nichts von Christus. Warum gehst du nicht und erzählst ihnen?" Die Frage fuhr ihr in alle Glieder. „Ich bin so erschrocken über diese Frage! ‚Warum gehst du nicht?'" Aber wer war Christus überhaupt? „Ich komme aus einer religiösen Familie, aber es war die Zeit, als ich mich von der Kirche abgesetzt habe. Ich hatte ständig Streit mit meiner Mutter wegen der Religion. Früher, als ich so zwölf Jahre alt war, habe ich mir schon vorgestellt, ich könnte in ein Kloster gehen. Und zwar hatte ich meiner Mutter geholfen, die Zeitschrift *Stadt Gottes* von den Steyler Missionaren auszutragen. Aber dann kam die Pubertät. Ich sollte immer in die Kirche gehen, und das wollte ich halt nicht. So zwischen 15 und 18, da hat es dauernd gekracht zwischen meiner Mutter und mir. Außerdem war sie eine Marienverehrerin und ich nicht." Die Nacht nach der Diaschau in Wernberg war furchtbar. „Geheult hab' ich! Die ganze Nacht habe ich gekämpft mit dieser Frage! Ja, warum gehe ich nicht? Und wer ist Christus für mich? Bedeutet er mir nichts? Für meine Eltern war er wichtig. Aber für mich – ich weiß es nicht! Wenn ich heute so zurückschaue, war es wie bei Jakob im Alten Testament, der mit Gott kämpft. Und als die Nacht um war, habe ich gewusst, ich muss gehen. Das ist mein Weg."

Einfach abhauen?

Am nächsten Morgen begann Gertrud, die Ordensfrauen genau zu beobachten, wie sie miteinander umgingen. „Für mich waren diese vielen jungen Schwestern faszinierend. Ich kann mich überhaupt nicht erinnern, eine alte Schwester gesehen zu haben. Und sie waren sehr fröhlich, im Gegensatz zu den Schwestern, wo ich gearbeitet habe." Gertrud sprach mit niemandem über ihre Gedanken, auch mit den Freundinnen nicht. Irgendwie hatte sie Hoffnung, dass sich das Thema wieder verlieren würde, wenn sie zurück in Heidelberg war. „Aber es hat mir keine Ruhe gelassen. Dann hatte ich die Hoffnung, dass ich hier in Österreich nicht eintreten kann, weil ich deutsche Staatsbürgerin bin. In die deutsche Ordensprovinz wollte ich nicht. Eines Tages schrieb ich nach Wernberg. Wie sieht das aus? Ich bin deutsche Staatsbürgerin. Ich habe das Gefühl, Gott ruft mich. Kann ich ein Noviziat hier machen oder nicht? Da schrieb die Novizenmeisterin zurück: Kommen Sie nur, ich bin selbst Deutsche, wir sind eine internationale Gemeinschaft." Gertrud war mit ihren achtzehn Jahren noch nicht volljährig. Die Novizenmeisterin schrieb ihr, dass sie die Einwilligung der Eltern brauche.

„Also kam der Tag, wo ich es sagen musste. Da hatte ich plötzlich so ein komisches Gefühl, dass meine Mutti vielleicht doch nicht so begeistert ist, wenn ich gehe. Ich hatte plötzlich Angst, dass sie es mir ausreden könnte oder dagegen sein. Dann habe ich – heute schüttle ich ja den Kopf, wie ich das angestellt habe – habe ich das getippt: ‚Die Unterzeichneten sind mit dem Eintritt ihrer Tochter einverstanden' und sagte zu meinen Eltern in der Früh: ‚Ich habe hier einen Zettel, den könnt ihr im Laufe des Tages unterschreiben!' Und bin halt ins Büro gegangen. Dort habe ich Überstunden gemacht. Aber einmal musste ich ja doch nach Hause gehen. Als ich nach Hause kam, hat meine Mutter so dick verschwollene Augen gehabt vor lauter Weinen. Der Vater sagte zu meinen Geschwistern: ‚Wir möchten mit der Gertrud reden. Geht schon mal schlafen.' Dann sagte mein Vater: ‚Wie willst du ins Kloster gehen? Dort sollst du Gehorsam geloben. Wenn ich dich frage, wann kommst du heute heim, wenn du ausgehst, dann schnauzt du und sagst, das geht nur mich was an!' Ich bekam die Unterschrift nicht. Meine Mutter hat sich gewehrt. Sie hat nämlich gesagt, es kann nicht sein, dass das normal ist. Die ganze Zeit streitest du mit mir wegen der Kirche, und jetzt auf einmal willst du ins Kloster gehen. Das passt nicht zusammen. Was ist passiert mit dir?"

Nach Sr. Gertruds Einschätzung spielte auch die Vorstellung der Mutter von der Missionsarbeit eine Rolle. Die war grausig. Und geprägt von Sr. Damiana, früher Eva. „Als ich von Wernberg nach Hause kam, fragte ich meinen Vater: ‚Du, die Gastschwester schreibt immer CPS hinter den Namen. Was soll denn das heißen?' – ‚Was?', sagte mein Vater, ‚CPS – das ist ja der gleiche Orden wie von Eva.' Eva war eine Freundin meiner Mutter aus unserem Dorf in Mähren. Sie ist früher aus der Tschechoslowakei weggegangen als wir und hat im Raum Linz gelebt. Dann ist sie in Wernberg eingetreten, aber das wussten wir nicht. Wir wussten nur, dass sie in die Mission gegangen war. Das war ein großes Unikum, diese Frau! Sie schrieb manchmal meiner Mutter. In ihren Briefen erzählte sie immer von ihren Missionsfahrten. Meine Mutter dachte sich, die landet noch einmal im Kochtopf von den Kannibalen. Und jetzt stellte sich heraus, dass sie hier ihr Noviziat gemacht hatte, die Sr. Damiana." Jedenfalls gab die Mutter Gertrud keine Unterschrift. „Was sollte ich machen? Ich musste gehen, ich spürte das! Ich habe mir sogar gedacht, na, wenn ich die Unterschrift nicht kriege, hau ich einfach ab. Ich kann ja jeden Tag etwas ins Büro mitnehmen – Kleidung –, und wenn ich alles habe, was ich brauche, dann adieu!"

Die Sache mit der Diaserie erzählte sie ihren Eltern nie. „Ich habe gesagt, ich habe Augen im Kopf und ich habe geschaut, wie die Schwestern leben und habe entdeckt, dass das mein Weg ist." Auch ihrem Freund erzählte sie nichts. „Mein Freund damals – das war ja auch so idiotisch, was ich da gemacht habe. Ich habe ihm nichts gesagt, dass ich gehen werde. Und dann rief er mich im Büro an und sagte: ‚Du, kommst zum Wochenende, meine Eltern sind fort, wir machen eine tolle Party zu Hause, gelt!' Und ich sage: ,Nein, ich komme nicht, ich fahre nach Wernberg.' ,Wieso? Hast du schon wieder Urlaub?' ,Nein, ich werde dort eintreten.' ,Ja, bist du denn verrückt?' ,Lass mich gehen, es ist mein Leben so. Ich probiere es.' Ja, ich bin nicht mehr zurückgekommen. Ich habe keine Ahnung, ob er geheiratet hat oder nicht."

Der Konflikt mit den Eltern ging ein paar Monate so dahin. „Mein Bruder war zwölf. Er hat gesagt: ,Mutti, warum weinst du? Lass die Gertrud gehen, die spinnt.' Und mein Vater hat schließlich gesagt: ,Gertrud, fahr. Du weißt, du kannst jederzeit wiederkommen, wenn es nichts für dich ist.' Meine Mutter bekam einen Nervenzusammenbruch. Es war schrecklich. Ich fühlte mich so schuldig und auf der anderen Seite habe ich gewusst, es ist mein Weg." Es dauerte bis zur Ewigen Profess, dass Gertruds Mutter die Entscheidung akzeptieren konnte. Und selbst dann kamen ihr manchmal Zweifel. Einmal sah sie einen „Nonnenfilm mit so verrückten Sachen. Sie hat mir geschrieben, wenn es bei euch so zugeht, dann komm sofort zurück. In dem Film ging es um Gehorsam und eine Prüfung in der Krankenpflege. Die junge Schwester musste sich bei der Prüfung so verhalten, dass sie durchfiel. Ich weiß nicht, ob es das wirklich gegeben hat. Ich habe es nie erlebt, dass eine Oberin gesagt hätte: ,Sie müssen dort und dort hingehen!' Es war immer ein Gespräch möglich, um die Sachen auszudiskutieren und zu sagen, welche Befürchtungen ich habe und ob ich mich da drübertraue."

Zurück in die Zukunft

Anfang April 1961 fuhr Gertrud Petschan also von Heidelberg nach Wernberg. „Da kam ich hierher und das Noviziat war voller junger Leute. Wir waren über dreißig. Zusätzlich noch Schülerinnen, Postulantinnen. Insgesamt 48 Leute, im Alter zwischen 15 und 25." Dennoch war der Anfang nicht einfach. „Ich habe mir am Anfang wahnsinnig schwergetan. Wenn die Novizinnen und Postulantinnen ein geistliches Gespräch hatten, erschien mir das so mühelos. Ich hingegen hatte Blockaden, den Namen Jesus überhaupt zu nennen." Gleichzeitig gab es auch eine kulturelle Barriere zu überwinden. „Ich merkte bald, dass die meisten dieser jungen Frauen aus dem ländlichen Bereich kamen. Und ich aus der Großstadt. Das war für mich nicht ganz so leicht. Wir sind damals viel aufs Feld gegangen arbeiten. Da hatten wir einen Verwalter der Landwirtschaft. Der hat mich immer beobachtet, ich habe das bemerkt. Er hat zur Novizenmeisterin gesagt: ‚Wenn die zwei Wochen dableibt, ist das viel.' Und ich habe bei mir gedacht: ‚Wenn du glaubst, ich zeige dir, dass mir die Arbeit so schwerfällt, dass ich sie nicht kann, dann wirst du dich täuschen!' Ich habe mich an die Landwirtschaft gewöhnt mit der Zeit. Aber für meinen Weg im Orden habe ich gedacht, ich möchte gerne Theologie studieren. Dazu hätte ich die Matura nachmachen müssen. Damit habe ich in Wien begonnen, in der ‚Maturaschule Roland'. Dann bin ich aber krank geworden und habe das wieder unterbrochen. Ich war hier in Wernberg in der Verwaltung tätig und nebenbei in der Jungschararbeit. Dann kam eine Anfrage von den Franziskanern in Villach-St. Nikolai. Sie bräuchten zwei Schwestern für die Küche und eine für das Jugendzentrum und die Sakristei. Da war ich dann ein paar Jahre in der Jugendarbeit. Das war das Aus für das Studium. Ich habe dann aber gar nicht mehr wollen – ich hatte ja, was ich wollte: eine interessante Aufgabe."

Mit Theologie hat sich Sr. Gertrud allerdings in den folgenden Jahrzehnten laufend beschäftigt. Das begann gleich mit dem Zweiten Vatikanischen Konzil in den Jahren 1962 bis 1965. „Das war eine spannende Zeit! Ich wünschte, unsere Jungen könnten das noch einmal erleben! In der Zeit waren wir aufgefordert, zurückzugehen zu unseren Wurzeln. Ich habe mich dann sehr damit beschäftigt, wer unser Gründer war und was seine religiösen Wurzeln waren. Er war Trappist. Wie schaute der Trappistenorden aus? Und da entdeckte ich dann meine Liebe zum monastischen Leben, zum Choral, habe mich ganz stark mit den Benediktinern auseinandergesetzt. Trappisten sind reformierte Zisterzienser und Zisterzienser sind reformierte Benediktiner. Aber es ging mir alles zu laaangsam! Wir waren ein paar, die wollten immer vorpreschen. Das war schlimm für unsere Oberen. Da war ich eine junge Schwester, hatte ein oder zwei Jahre zuvor meine Gelübde abgelegt. Wir wollten damals halt alles umstürzen. Unsere Oberen haben uns, glaube ich, nicht immer verstanden. Aber es war für sie auch schwer, das Tempo zu finden. Die einen wollten langsamer gehen, die anderen schneller. Aber es war für mich eine ganz, ganz wichtige Zeit. Ich bin froh, dass ich sie erlebt habe. Und das war auch mit ein Grund, warum ich später in einen kontemplativen Orden gegangen bin."

Aber zunächst wechselte Sr. Gertrud noch vom franziskanischen Jugendzentrum in die Diözesanjugendstelle, koordinierte ein paar Jahre die Kinderarbeit für die ganze Diözese. „Dann wurde ich gefragt, ob ich nach Spittal an der Drau gehe. Da war eine Filialgemeinde ohne Priester. Ob ich das machen würde. Ich bin hingegangen, war aber nur ein Jahr dort. Weil ich gespürt habe, ich brauche jetzt etwas anderes nach der ganzen pastoralen Arbeit. Im Apostolat hat man oft nicht die Zeit gehabt zum Beten. Ich wollte einfach einmal eine Auszeit haben. Ich ging in ein kontemplatives Kloster, um zu erspüren, ob für mich das kontemplative Leben vielleicht das Richtigere wäre." Zwei Jahre lang lebte Sr. Gertrud in einem Klausurorden. „Da waren die vielen alten Schwestern und drei oder vier junge in einem riesigen Haus. Mit hängender Zunge sind wir zum Gebet gerannt. Das brauchte ich nicht. Dann bin ich wieder nach Wernberg zurückgegangen."

Sie kümmerte sich wieder um Kinder- und Jugendpastoral, zuerst in Pfarren in der Umgebung, dann wieder in der Zentrale, im Seelsorgeamt, als Geistliche Assistentin der Diözesanjugendstelle. „Da war ich dann nicht mehr für die Kinder, sondern für die Jugendlichen zuständig. Ich war schon fast 50 und habe gedacht: Jetzt ist es Zeit, weg von der Jugendarbeit!" Sie wurde in Heidelberg gebraucht, wo sie ihre Eltern pflegte. Ihr Vater starb, für die Mutter wurde ein Pflegeplatz gefunden. Das waren die ersten Jahre nach der Revolution in Osteuropa. Im Orden machte man sich Gedanken: Wo könnten wir hingehen? „Und als ich von Heidelberg kam, von der Pflege meines Vaters, hat mich die damalige Provinzoberin gefragt, ob ich mir vorstellen könnte, in ein ehemaliges Ostblockland zu gehen. Ich sagte, dann gehe ich nach Tschechien, da komme ich ja her. Sie aber meinte: ‚Wir haben eigentlich an Rumänien gedacht.' Deshalb haben wir die Diözesen angeschrieben in Rumänien, ob sie interessiert sind, dass Schwestern von Österreich kommen und da in die pastorale Arbeit einsteigen. Wir haben lange Zeit keine Antwort bekommen."

Tirol liegt in Rumänien

Langsam erhielten sie doch die eine oder andere Nachricht. Von Alba Iulia, dass die meisten Katholiken nach Deutschland ausgewandert waren und man genug ungarische Schwestern habe. Aus Oradea: „Wir können kommen, wir kriegen ein altes Franziskanerkloster. Ich habe gesagt, ich will kein altes Franziskanerkloster, das ist wie ein Klotz am Bein. Wenn schon, dann mitten unter den Leuten arbeiten." Etwa zu dieser Zeit erhielten die Wernberger Missionsschwestern eine Anfrage aus Tirol, ob sie nicht in ein rumänisches Dorf namens Tirol gehen wollten, man habe dorthin Beziehungen. „Das trifft sich gut", antwortete die verantwortliche Sr. Franziska, „wir planen sowieso eine Gründung im Osten Europas." Da der Bischof der zuständigen Diözese Temeswar nicht geantwortet hatte, fuhren die Schwestern kurzerhand hin, und zwar nach Beratung mit den Kontaktpersonen aus Dorf Tirol im September, um den Bischof dort bei der Firmung zu treffen. Der Bischof hieß Kräuter, „nicht Kräutler". Er meinte, die Schwestern sollten doch in den städtischen Bereich gehen, nicht in ein kleines Dorf namens Tirol. Der erste Eindruck in Tirol war wirklich nicht ermutigend. „Im Dorf Tirol hat es geregnet und es gab keine asphaltierten Straßen! Es war so schmutzig. Ich habe gedacht, ich werde verrückt, da kann ich nicht her. Hier sind lauter Bauersleute, da finde ich gar keinen Zugang." Die Missionsschwestern kehrten nach Wernberg zurück, ohne eine Entscheidung gefunden zu haben. „Ich hab mich noch nicht festgelegt. Zur Sr. Franziska habe ich gesagt: ‚Lass mir Zeit, ich muss mir das gut überlegen.' Sie konnte sich das für sich selber auch nicht vorstellen. Ich habe mir zwei Monate Zeit gelassen und überlegt. Soll ich ins Dorf Tirol gehen? Oder doch in die Stadt? Aber in der Stadt sind schon Schwestern. Die größere Not ist im Dorf Tirol! Dann kam eine österreichische Schwester, die in Afrika gearbeitet hatte. Sie gehörte zur deutschen Provinz, hatte aber von unserem Vorhaben gehört und sagte, sie will mit nach Rumänien gehen. Sie hat mit mir gesprochen. Die war so begeistert von dem, was ich ihr erzählt habe, was für mich schrecklich war. ‚Das ist wie in Afrika! Da gehe ich hin!' Na gut. Ich war nicht begeistert. Aber ja, ich gehe auch mit! Die Sr. Franziska war so baff. Die konnte sich gar nicht vorstellen, dass ich doch noch Ja sage." Sr. Gertrud sollte ihre halbherzig getroffene

Entscheidung nicht bereuen. „Wir sind dorthin gegangen und ich war zwanzig Jahre dort. Und es war eine meiner schönsten Zeiten!"
Sr. Gertrud hat den Weg zu den Menschen im Dorf Tirol gefunden. „Es war eigentlich gar nicht so schwer, wie ich gedacht hatte. Sie haben uns von Anfang an angenommen. Es war einfach schön. Die Leute hatten noch nie etwas gehört von einem Konzil. Sie hatten auch keine Vorstellung, was tut eine Ordensfrau bei uns. Und waren wirklich offen. Für sie war es kein Problem, dass da plötzlich eine Frau am Altar stand, am Ambo, und predigte und Kommunion austeilte. Das haben sie voll akzeptiert." Der Pfarrer kam nur ein- oder zweimal im Monat zu einer Eucharistiefeier ins Dorf. An den anderen Sonntagen hielt Sr. Gertrud Wortgottesdienste mit Kommunionfeier. Sie machte Kinder- und Jugendarbeit und unterrichtete Religion. „Die Gottesdienste waren in Deutsch. Die Erfahrungen, die ich in Kärnten gemacht hatte mit der slowenischen Sprachgruppe, sind mir sehr zugutegekommen. Da hatte ich viel gelernt, was mir dann im Dorf Tirol geholfen hat. Es gab einige Leute, vor allem die Kinder und Jugendlichen, die nicht mehr so gut Deutsch konnten. Da habe ich gedacht, warum soll ich das nicht machen wie in Kärnten: Gottesdienst zweisprachig. Ich fing damit an, dass ich die erste Lesung in Rumänisch vorlesen ließ. Das Vaterunser haben wir in Rumänisch gebetet. Ui! Da kam eine Frau und sagte: ‚Was ist jetzt da los! Wir sind Deutsche. Wird das so bleiben, was Sie da anfangen?' Sag' ich: ‚Schauen Sie mal, da sitzen doch die Ministranten. Ich möchte haben, dass die auch etwas vom Gottesdienst verstehen.' Naja, es rieb sich ein bisschen. Wir haben einfach weitergemacht." Mit der Zeit wurde auch die Zweisprachigkeit selbstverständlich. Sr. Gertrud gründete eine Musikgruppe, sie wollte moderne Lieder, deutsche und rumänische. „Mit der Zeit war es kein Problem mehr. Der Pfarrer hat gesagt: ‚Sie trauen sich was!' Und im Laufe der Zeit hat auch er rumänisch zu predigen begonnen, immer im Wechsel mit Deutsch." Der Pfarrer des Dorfs unterstützte Sr. Gertruds Seelsorge, ebenso der Bischof. „Der hat gesagt, Sie können auch predigen."
Was Sr. Gertrud mehr erstaunte, war, dass die Menschen im Dorf sie und ihre Mitschwestern so angenommen haben. Dass sie so mitgetan haben, auch in den Gottesdiensten. Nur die Volksfrömmigkeit war für Sr. Gertrud eine Herausforderung. „Die Segnungen. Das war ein bissl

schwierig für mich. Mit der Zeit habe ich es verstanden. Da ist zum Beispiel das Markusfest im April: Die Mesnerin bringt einen Korb voll noch grünem Weizen in die Kirche zur Segnung. Nach dem Segen nehmen die Leute eine Handvoll vom gesegneten Weizen mit nach Hause, schneiden ihn klein und füttern ihn den Tieren. Ich habe gesehen, dass das wahnsinnig wichtig ist für die Leute. Dann konnte ich auch mitziehen und segnen. Nur die Marienverehrung! Die liegt mir heute noch nicht." Die Bauern aus dem Dorf Tirol in Rumänien kannten hingegen kein Erntedankfest. So führte es Sr. Gertrud ein, mit Erfolg. Auch sonst suchte sie die passenden Formen zu den anstehenden Feiern.

„Die ersten Weihnachten hier werde ich nie vergessen. Ich habe lang überlegt. Was mache ich denn für einen Gottesdienst am Heiligen Abend? Eine Lichtfeier? Ja, ich richte Kerzen her! Kerzen waren unerschwinglich für die Leute damals. Ich habe Kerzen aus Österreich bekommen. Hundert Stück habe ich vorbereitet, Tropfenfänger draufgesteckt. Da kam die Mesnerin und fragte mich, was ich denn da richte. Ich erklärte ihr, was ich vorhatte, und sie meinte daraufhin, hundert Stück seien viel zu viel. ‚Wenn zehn kommen, haben Sie Glück gehabt!'" Sr. Gertrud richtete trotzdem hundert Kerzen. Am Ende waren es zu wenig. „Ich hatte eingeladen zur Lichterfeier. ‚Was ist das, was macht die Schwester da?', haben sich die Menschen gefragt. Und da kamen auch die orthodoxen Christen." In die Häuser, aus denen Deutsche abgewandert waren, waren inzwischen orthodoxe Christen zugezogen. „Das war so schön! Tirol hat eine riesengroße Kirche, viel zu groß für die Gemeinde, mit guter Akustik. Es war so eine schöne Atmosphäre!"

Als ein neuer Bischof nach Temeswar kam, war Sr. Gertrud neugierig, ob er ihr Wirken im Dorf Tirol weiter erlauben würde, und sie sprach mit ihm. Da sein Vorgänger, Bischof Kräuter, die Erlaubnis für ihre pastorale Tätigkeit zeitlich unbegrenzt ausgestellt hatte, hatte auch der neue Bischof nichts dagegen. Selbst die Begräbnisse im Dorf könne sie weiterhin halten. „Das hat mich echt erstaunt."

Sr. Gertrud wirkte in Tirol nicht alleine aus ihrer Gemeinschaft, sondern in Zusammenarbeit mit verschiedenen Mitschwestern. „Die Sr. Eduardis war Krankenpflegerin. Sie kümmerte sich um alte Menschen. Am Vormittag konnten die Leute zu ihr kommen. Am Nachmittag war sie unterwegs und machte Hausbesuche. Im Jahr 2000 kam Sr. Katharina. Sie arbeitete mehrheitlich außerhalb des Dorfs in einem Haus für Straßenkinder mit. Sr. Eduardis bekam im Jahr 2000 einen Herzinfarkt. In Rumänien ist es schrecklich, wenn man krank wird. Die Krankenhäuser! Die Ärztin in Resita sagte, sie dürfe so nicht mehr weiterarbeiten. Sr. Eduardis wollte sich absolut nicht einschränken lassen. Also kam sie zurück nach Wernberg. Als Vertretung für Sr. Eduardis kam Sr. Verena, die 25 Jahre Krankenschwester in Simbabwe gewesen war. Sie sollte drei Monate lang aushelfen, blieb aber beinahe fünf Jahre." Eine andere Mitschwester in Tirol war Sr. Paulis. „Sie war 47 Jahre in Mosambik gewesen, bekam dann starke Malaria und musste zurück nach Wernberg. Als sie genesen war, hat sie gefragt, ob sie zu uns kommen dürfte ins Dorf Tirol. Ich habe gesagt, ich bin sehr dafür. Ich bin ja auch dafür, dass die alten Menschen in der Familie leben. Warum sollen wir dann nicht eine ältere Schwester zu uns nehmen? Sie hat dann einige Zeit für uns gekocht."

Hingehen, wo andere nicht hingehen

Leider mussten die Wernberger Schwestern das Dorf Tirol mehr oder weniger Hals über Kopf verlassen. „Ich wurde krank, ich bekam Parkinson. Ab 2005 waren wir zu dritt gewesen. Sr. Hiltrud wollte zurück in die große Gemeinschaft nach Deutschland. Sr. Katharina, die eine Rumänien-Deutsche war, bekam einen Kopftumor. Kurz zuvor hatte ich der Generaloberin noch gesagt, dass wir in etwa zwei Jahren aufhören würden in Rumänien. Wir wollten das Aufhören langsam anfangen. Schauen, wer in der Gemeinde was übernehmen kann. Ich hatte gedacht langsam! Und dann mussten wir Tirol innerhalb von drei, vier Monaten verlassen. Das war schwer für mich! Es war auch schwierig, so einen Haushalt aufzulösen. Und der Schock für die Pfarre. Es gab ein paar Frauen, die die Lesungen übernommen hatten. Denen habe ich noch erklärt, wie ich einen Wortgottesdienst gestalte. Aber die Gemeinde hat sich leider später so zerstritten." Die katholische Gemeinde im Dorf Tirol wird es auch deshalb nicht mehr lang geben, nimmt Sr. Gertrud an, weil die Ehen gemischt sind und die Kinder zu Hause orthodox erzogen werden.

Seit 2013 ist Sr. Gertrud wieder in Wernberg. Ihr Herz ist aber in

Rumänien geblieben. Fast täglich telefoniert sie mit Bekannten und Projektpartnern, von Zeit zu Zeit fährt sie auch hin und schaut, wie es so läuft. „Eine Gemeinde, etwa 30 Kilometer südöstlich von Temeswar gelegen, gab uns eine alte Schule, die haben wir umbauen lassen. Seit zwei Jahren ist dort das Tageszentrum ‚Stern der Hoffnung'. 46 Kinder bekommen jeden Tag eine warme Mahlzeit und können in Ruhe Hausübung machen. Fast alle sind Kinder, die wir heutzutage EU-Waisen nennen. Nun brauchen wir ein größeres Haus. Im vergangenen Jahr haben Firmlinge aus Villach für die Kinder im Tageszentrum verschiedene Aktionen gestartet. Aufgrund vieler Erlebnisse ist mir klar geworden: Wir müssen finanziell unabhängig sein und uns von keiner politischen Partei vereinnahmen lassen, sonst können wir nicht frei arbeiten."

Für die Zukunft des Ordens insgesamt sieht Sr. Gertrud eine klare Aufgabe: wie der Gründer dorthin zu gehen, wo die anderen nicht hingehen. „Unsere Sr. Silke, die hier in Kärnten mit Prostituierten arbeitet, bei der Caritas. Solche Sachen müssen wir aufgreifen. Schauen, wo sind die Menschen, die unsere Hilfe brauchen. So wie auch der Papst sagt: ‚Geht an die Ränder!' Was den Abt Pfanner und die Mutter Paula bewogen hat, nach Afrika zu gehen und dort zu arbeiten, das soll wieder ganz stark in uns lebendig werden. Ich wünsche mir, dass die, die nach uns kommen, stark in Christus verwurzelt sind. Damit sie die Aufgaben schaffen, die immer schwieriger werden, und dass sie es mit Liebe tun." Die Beziehung zu Christus hat Sr. Gertrud ihr Leben lang entwickelt. Die Begegnung mit der Diaserie, damals 1960, hat sie nie vergessen. „Sie hat mir keine Ruhe gelassen. Ich musste hierher kommen. Und ich bin froh, dass ich gegangen bin. Ich habe eine Gemeinschaft gefunden, die ich liebe, und Sinn. Christus ist mir mit der Zeit doch zum Freund geworden. Aber ich frage mich auch heute immer wieder, wer ist Christus für mich? Man hat ihn ja nicht wie einen Gegenstand. Es gab für mich auch Zeiten, wo ich gedacht habe, Gott existiert ja gar nicht. Aber das ist normal. Er entzieht sich und kommt und ist wieder da."

Gespräch: Marlies Zuccato-Doutlik
Text: Monika Slouk

Der Orden

NAME	Missionsschwestern vom Kostbaren Blut, Kloster Wernberg (Kärnten)
KÜRZEL	CPS – congregatio pretiosi sanguinis (Kongregation vom Kostbaren Blut)
GRÜNDUNG	Die Missionsschwestern vom Kostbaren Blut sind ein internationaler, multikultureller, katholischer Frauenorden, der im Jahr 1885 vom österreichischen Trappistenabt Franz Pfanner in Südafrika gegründet wurde.
SENDUNG	Verbesserung der Situation von Frauen und Kindern weltweit, Engagement für Frieden und Gerechtigkeit sowie verantwortungsvoller Umgang mit der Schöpfung und allem Geschaffenen. Die Arbeitsfelder sind sehr vielfältig: Schulen, Internate und Jugendarbeit; Menschen, die von der Gesellschaft ausgegrenzt werden, die sich in Krisen befinden; Krankenhäuser, Praxen und Gesundheitsposten; Haushalt und Landwirtschaft; Pfarren, individuelle Begleitung, Exerzitien und Fortbildungen; Psychotherapie und psychosoziale Begleitung; künstlerisches und handwerkliches Gestalten.
WELTWEIT	Weltweit gibt es ungefähr 900 Missionsschwestern vom Kostbaren Blut, in Gemeinschaften in Afrika, Europa, Nordamerika, Südkorea und Papua Neuguinea. In den letzten Jahren verlagerte sich der Schwerpunkt der Berufungen nach Afrika. Dort sind junge, gut ausgebildete Ordensfrauen für den missionarischen Dienst weltweit bereit. Das Bestreben der Kongregation ist es, möglichst internationale Gemeinschaften zu bilden, um Zeugnis zu geben für die Liebe Christi, die alle Menschen umschließt und zu Geschwistern im Heiligen Geist formt.
ÖSTERREICH	Die größte Gemeinschaft befindet sich im Provinzhaus in Wernberg. Dort leben zurzeit über 60 Schwestern.

Man denkt heute einfach anders

Sr. Andrea Eberhart OSU
geboren am 8. Juli 1942
Taufname: Beate

Meistens kommt Sr. Andrea mit dem Fahrrad, in ihrem schwarzen, alltagstauglichen Ordenskleid. Unter dem Schleier blitzen die kurzen Haare hervor. Der 73-jährigen Oberin glaubt man sofort, dass sie einmal Sport unterrichtet hat. Auch wenn der Sport später zu kurz kam, denn es folgten Jahre als Schulleiterin, als Regionalvorsitzende der Frauenorden, als Konsistorialrätin und Vorstandsmitglied im Diözesanrat.

Begonnen hat alles am Hilmteich in Graz. In diesem kleinen Naherholungsgebiet in der Nähe der Grazer Medizin-Universität führten ihre Großeltern als Pächter das „Café Hilmteich". Die junge Familie Eberhart wohnte bei den Großeltern, bis der Vater nach dem Zweiten Weltkrieg Arzt in Deutschlandsberg wurde und die Familie übersiedelte. Dort besuchte Beate Eberhart alias Sr. Andrea die Volksschule. Außerdem bekam sie eine Schwester. Lange hielt es sie aber nicht in Deutschlandsberg, denn sie kam ans Gymnasium der Ursulinen in Graz. Anfangs wohnte sie im Internat, doch weil sie sich dort zu eingesperrt fühlte, zog sie wieder zur Oma an den Hilmteich. Da hatte sie mehr Freiheit. „Die Omi war im Kaffeehaus beschäftigt und war eine Liebe. Beide, Opa und Oma, waren ganz lieb. Und wenn ich mich eingesperrt habe ins Zimmer und gesagt habe, ich lerne, hat niemand nachgeschaut. Und ich bin inzwischen beim Fenster hinausgestiegen." Um einen Ausweg verlegen war Beate nicht. „Das war aber meinem Lernerfolg nicht sehr zuträglich. Und ich hab' später freiwillig gesagt, ich möchte ins Internat gehen, ich möchte ja maturieren! In der Oberstufe war ich dann im Internat." In der Schule und im Internat hat

sie die Ursulinen kennen- und schätzen gelernt. „Für mich waren sie Beheimatung. Ich habe auch den Vorteil gehabt, dass die Omi in Graz war und ich zu ihr gehen konnte. Da waren sicherlich andere weniger gut dran, die niemanden in Graz gehabt haben, denn einfach so Stadt gehen war damals nicht oder nur bedingt möglich."
Auch an Lehrer und Lehrerinnen mit Ecken und Kanten erinnert sie sich sowie an manche Ungerechtigkeit. So etwas hat sie aber nie sehr belastet. „Ich kann sagen: ‚Da hat sie mir Unrecht getan, aber was soll's?'" Nicht alle sind so leicht damit fertiggeworden. Eine Schulkollegin erschien nie zu Klassentreffen, bis sie Sr. Andrea nach einigen Jahrzehnten erklärte: „Weißt du, dieses Haus betrete ich nicht mehr, ich habe hier so gelitten." Sr. Andrea fiel aus allen Wolken. „Sie war mit mir im Internat. Wir waren fünf aus einer Klasse! Ich habe das Internat als Zuhause und sie hat es als Hölle empfunden. Und das ist uns anderen, wir haben miteinander gesprochen, nicht aufgefallen! Wir sind viel zusammengesessen, weil wir ja noch die Wochenenden im Heim waren. Wir haben miteinander Karten gespielt, getratscht – und nichts gemerkt! Und da denke ich mir oft, es ist so unterschiedlich, wie jemand sein Umfeld wahrnimmt. Bei uns waren viele unglücklich und haben gelitten, aber sie wollten Matura machen, das war am Land nicht möglich, also mussten sie sich durchbeißen. Aber dass das so tief gehen kann, habe ich nicht bemerkt."

Eintritt statt Basketball

Als Beate Eberhart 1960 maturierte, spielte sie bereits mit dem Gedanken, selber bei den Ursulinen einzutreten. So konkret, dass die Überlegungen auch in die Studienwahl einflossen: Geschichte und Sport? Oder doch lieber Deutsch und Sport? „Wenn ich ins Kloster eintrete, werde ich nicht Sport studieren können", war ihre Meinung. Aber eine Schwester – Professorin für Latein – meinte, es wäre gut, wenn eine Schwester durch ihr Unterrichtsfach ganz nahe an den Schülerinnen wäre, Leibeserziehung, so hieß es damals, wäre gerade wichtig! Also begann Beate mit dem Studium Germanistik und Leibeserziehung. Sie hielt Kontakt zu den Ursulinen, was bei ihren Eltern auf großen Widerstand stieß.

„Mein Vater war der Überzeugung, dass das nicht der richtige Weg für mich ist. Weil ich sportlich und freidenkend und reiselustig und ich weiß nicht was alles bin. Und deshalb hat er gemeint, diese Lebensform wäre nichts für mich.“ Doch so leicht ließ sich Beate ihre Sache nicht ausreden. Eines Tages, im zweiten Studienjahr, gab es wieder ein Wortgefecht im Hause Eberhart, Vater gegen Tochter. „Ich habe in Graz bei einem Basketballverein mitgespielt und bin dann zum Spiel gefahren, war aber so zornig, dass ich nicht zum Basketball gefahren bin, sondern ins Kloster. Ich hab’ gesagt, ich bin da! Jetzt bin ich da und bleibe. Als Erwachsene muss ich sagen, das war ein Blödsinn. Das war ein Kampf, den wir uns alle hätten ersparen können. Meine Eltern, die unglücklich waren, meine Mutter, die da vermitteln wollte. Mir selber ist es nicht gut gegangen. Man ist eben sturschädelig in dem Alter. Papa war auch ein Sturschädel. Und die Oberin damals war auch eine, die gesagt hat: ‚Ja, wenn du willst, dann werden wir das schon durchbringen.‘“ Und sie hat es durchgebracht, die Sr. Andrea. Anfangs wollte der Papa sie noch herausholen aus dem Kloster. Aber im Laufe der Jahre hat sich das Verhältnis zu den Eltern wieder eingerenkt und die Spannung in Wohlgefallen aufgelöst. Als schließlich auch die jüngere Schwester von zu Hause fortzog, um zu heiraten, besserte sich die Beziehung zwischen Eltern und Erstgeborener wieder.

Die Novizinnen haben Schweine gefüttert

Eine Schwester hatte Sr. Andrea also zum Sportstudium geraten. „Ich hatte eigentlich nicht angenommen, bei dem damaligen strengen Klosterleben, dass man mir zum Studium des Sports zuredet. Da war diese Ungleichzeitigkeit, die ich am Anfang meines Klosterlebens gespürt habe. Einerseits die alte Form des Klosterlebens mit strenger Regel, mit reglementiertem Ablauf des Tages, mit genau vorgeschriebenen Gebeten und Riten, und andererseits die Modernität und dieses Eingehen auf die Kinder, diese Weisheit in der Erziehung und diese Offenheit und dieses Wissen um die Probleme der Zeit. Das ist mir zu Beginn stark aufgefallen. Es war wirklich eine Diskrepanz, in der wir uns befunden haben. Wir waren damals relativ viele junge Schwestern, es war ein echtes Noviziat.“

Für das Noviziat unterbrach Sr. Andrea ihr Studium. (Auch das war den Eltern ein Dorn im Auge.) Das Noviziat war eben nicht zum Studieren da. „Da war man im Haus beschäftigt. Wir haben im Haus alle Bereiche kennengelernt. Ich war in der Küche, beim Bügeln ... Früher war das Kloster fast ein autarker Großbetrieb. Wir haben Schweine gefüttert, da unten im Garten. Ja, was tust du mit den Speiseresten sonst? Man hielt Schweine. Heute zahlen wir für die Abfuhr! Es hat übrigens auch meine Großmutter Schweine im Kaffeehaus gehabt. Im ‚Café Hilmteich', im Keller, in der sogenannten Waschkuchl, die man nicht gebraucht hat, da waren zwei Schweine. Samstag, Sonntag war draußen eine Bierausschank, die anscheinend sehr gut gegangen ist. Da gab es sehr viele Bierresterln, die haben die Sauen gekriegt. Ich kann mich erinnern, das hat mich als Kind ja so amüsiert, wenn die Sauen fröhlich herumg'hupft sind und dann – weg waren's. Dann haben sie geschlafen, im Bierrausch." Schweine waren der Novizin also halbwegs vertraut und diese Erfahrung kam ihr im Noviziat zugute.
Bemerkenswert waren im Noviziat auch viele sehr ausgefeilte Regeln. „Man ging oder saß nach Eintrittsalter, das entsprach der Rangordnung innerhalb des Hauses. Man durfte nicht über einen Gang oder die Stiegen rennen. Ich konnte zwar selbstverständlich Sport studieren, in Zivilkleidung natürlich, aber doch beileibe nicht im Trainingsanzug in den Speisesaal gehen. Dass du nicht damit in die Kirche zur Messe kommst, ist klar, aber schnell eine Jause holen ...
Da war auch die Abhängigkeit von Erlaubnissen, die man sich holen musste bei der Novizenmeisterin oder bei der Oberin. Man hat früher die Selbstständigkeit und Eigenverantwortung des Menschen entweder gering geschätzt oder man hat eben gedacht, man tut etwas Gutes, man hat dem Menschen nicht so viel Eigenverantwortung zugetraut, zugemutet. Es war auch das Verständnis der Gelübde ein ganz anderes. Armut hat sich in Dingen geäußert, wo wir heute sagen würden oder wo man auch damals schon gemeint hat, das wäre kleinlich. Sparen am falschen Fleck. Aber es waren die Verhältnisse anders, das ist immer mitzudenken: Es war ja auch zu Hause anders, obwohl wir letztlich wohlhabend waren – der Papa war Arzt. Aber viele Leute haben ja nichts gehabt, sie waren auch nicht alle krankenversichert. Ich weiß, dass wir Gemüse und Fleisch – Hendln und Haserln – bekom-

men haben, weil die Leute in Naturalien bezahlt haben. Es war eine andere Zeit und deswegen ist es so schwer zu sagen: ‚Im Ordensleben war es so anders'. Es war außen auch anders."

Innere Befindlichkeiten sind ein bisserl tabu

1975 haben die Ursulinen ein neues, einfacheres, zweckmäßiges Ordenskleid angelegt, auch als Folge des Zweiten Vatikanischen Konzils. „Einige Gemeinschaften haben auf die Tracht ganz verzichtet. Das wollten wir nicht, aber wir können, wenn es nötig oder praktischer ist – im Urlaub zum Beispiel – in Zivilkleidung gehen." Was sich im Ordensleben seit ihrem Eintritt weniger sichtbar, aber umso wesentlicher verändert habe, sagt Sr. Andrea, sei das Gottesbild. „Ich bin eingetreten mit einer Bibel. Altes und Neues Testament. Meine Novizenmeisterin, eine sehr alte Schwester, hat überlegt, ob das rechtens sei. Neues Testament schon. Aber Altes Testament, da stehen so Sachen drinnen! Da kannst du heute aber nicht sagen, na, diese Alte damals! Sondern das war die Zeit. Das Konzil war diese Wende, die schon längst fällig war und die in bestimmten Bereichen schon längst vollzogen war oder die teilweise heute noch nicht ganz vollzogen ist."
Das Zweite Vatikanische Konzil hat Sr. Andrea als Wendepunkt auf vielen Ebenen erlebt und sie ist froh, dass das Glaubensverständnis dadurch ein ganz anderes geworden ist. „Vorher galt eher ein Katechismuswissen. Man hat so genau gewusst, wer und wie Gott ist. Da hast du genau aufzählen können, was er alles ist! Diese Änderung im Gottesbild war für mich entscheidend. Dass Gott undenkbar und viel größer und anders ist und trotzdem nahe – das war schon etwas Befreiendes! Nur sind diese Dinge ja heute nicht ausgestanden. Denn es gibt immer wieder Gruppen und Strömungen und – ob das jetzt in der Kirche allgemein oder in bestimmten Ordensgemeinschaften ist – es gibt immer wieder die Versuchung, wohl auch die Sehnsucht, genau zu wissen, was der liebe Gott will und sagt und ist. Das geht aber nicht. Gott ist immer anders, unbegreifbar." Heute laufe da wieder manches in die falsche Richtung, meint Sr. Andrea Eberhart: „Ich bin skeptisch bei Gemeinschaften, die heute relativ viel Nachwuchs haben, aber mir sehr eng im Denken und Handeln erscheinen. Es steht mir ein Urteil

nicht zu und ich möchte niemanden bewerten. Für mich ist Gott immer der ganz Andere, der sich nicht instrumentalisieren lässt, von dessen liebender Nähe ich aber überzeugt bin. Auch wenn gerade dieses Immer-anders-Sein oft schmerzlich ist! Ich kenne ein Ordenshaus, in dem es eine Gebetsgruppe gibt, aus der immer wieder Frauen in die Gemeinschaft eintreten. Aber es ist schon eine eigene Form, eine sehr enge Form, Einzelne geben auch zu verstehen, dass sie eben wüssten, wie der liebe Gott ist und welche Gebete man sprechen muss. Ich aber lebe hier in Graz in einer tätigen Gemeinschaft, die die Balance versucht zwischen einem Leben auf Gott hin und einem Leben für die Menschen, für die man gerade Verantwortung trägt.
Wir Grazer Ursulinen sind eine Gemeinschaft, in der man wenig über innere Befindlichkeiten redet, wenig über die eigene Gotteserfahrung. Das ist bei uns immer ein bisserl tabu und reicht wohl zurück in die Zeit vor mehr als fünfzig Jahren, wo wir angehalten wurden, nur mit dem Beichtvater über das Innenleben zu sprechen. Das ist irgendwie in uns haften geblieben, und das ist schade, weil man sich schwertut mit dem Austausch, gerade über die wesentlichen Fragen des Lebens. Auch das Nachdenken darüber, was wohl Gott damit sagen will, wenn heute keine neuen Mitglieder zu uns kommen, wäre so wichtig. Dieses Nachdenken über unsere Zukunft, über Gemeinschaft allgemein und Leben in einem alternden Konvent sollte selbstverständlich sein. Aber die Ratlosigkeit oder das Tabu verhindern diese Auseinandersetzungen meistens."

Die Regionen wachsen zusammen

Die Grazer Ursulinen sind zwar als Kloster eigenständig, gehören aber seit 1974 zur Föderation der deutschsprachigen Ursulinen. Der Beitritt zur Föderation war auch eine Frucht des Zweiten Vatikanischen Konzils, das die Zusammenarbeit und Vereinigung von Ordensgemeinschaften zu größeren Einheiten empfahl. Sr. Andrea war in diesen Prozess aktiv eingebunden. „Wir wollten nicht zur Römischen Union gehen. Die Innsbrucker Schwestern sind schon früher zur Föderation der deutschsprachigen Ursulinen gekommen. Auf dieser deutschsprachigen Ebene, was sich da alles getan hat! Wie wir zu Versammlungen gekommen sind, waren wir die Exoten aus dem Süden, die schon am Balkan leben, wo man sich gewundert hat, dass man deren Sprache noch versteht. Als später in Bosnien Krieg herrschte, haben sie gemeint, wir wären mitten im Geschehen, so weit im Süden! Diese norddeutschen Klöster waren in den 1970er-Jahren große Häuser mit großen Schulen und wirklichen Führungspersönlichkeiten. Da waren starke Frauen, gebildet, redegewandt, ja, manchmal auch kompliziert. Für uns aus Österreich war es unverständlich, dass man alles so genau geregelt haben wollte. Bevor noch irgendetwas eintrat, hat man schon die letzten Details regeln wollen und sich kapitellang über die Fragen unterhalten, die es gar nicht gab."

Die Veränderungen in der Gesellschaft und im Ordensleben der letzten fünfzig Jahre haben sich in Deutschland und Österreich ähnlich abgespielt. In den 1990er-Jahren wurden viele Ursulinenschulen in Deutschland vom Orden abgegeben. Die Gemeinschaften bestehen häufig nur mehr aus einer Handvoll Schwestern. „Einige davon haben sogenannte Koordinatorinnen als Oberinnen. Da hat sich so viel geändert. So wie wir hier im Haus bei meinem Eintritt fünfzig Schwestern waren und jetzt sind wir vierzehn, hat es sich auch in anderen Konventen geändert. Es macht eine geringer werdende Zahl schon etwas aus. Es gibt mehr Probleme, aber auch ein größeres Zusammenstehen. Es sind nicht die Probleme von früher, dass man über ein Noviziat nachdenkt, sondern wie eine Gemeinschaft in Würde ihrer Vollendung entgegengehen kann und wie das Altwerden in der Realität gemeistert werden kann. Wie man das begleitet und ob Begleitung angenommen werden kann. Ja, und dann auch die positiven Überlegungen, was gibt es Neues neben uns, von dem man sagen kann, es geht eine Form zu Ende und es erwachsen oder entwachsen dieser ganzen Geschichte andere Formen." Sr. Andrea Eberhart hat nicht die Vorstellung, dass in den nächsten Jahren zehn Neue bei den Ursulinen in Graz eintreten werden. Sie glaubt aber auch nicht, dass das große Werk traurig zu Ende geht. „Es ist die Aufgabe der Leitung, die Zukunft offen zu halten. Entweder nimmt man in Frieden Abschied oder es wächst irgendetwas Neues. Bösartig ist Gott sicher nicht. Wir müssen tun, was jeder fürsorgliche oder vorausdenkende Mensch in der Familie tun muss. Du kannst nicht in den Tag hineinleben und die Augen vor allem verschließen."

Die großen Werke der Ursulinen, ihre Schulen, die sie in Graz seit 1686 auf hohem Niveau betreiben, waren über Jahrhunderte die Kernkompetenz, der „Unique Selling Point" des Ordens. Bereits im 17. Jahrhundert bekamen Mädchen Unterricht in Religion, Deutsch, Latein, Lesen und Schreiben, Handarbeiten, Reiten, Französisch und Musik. Selbst für die Töchter aus wohlhabenden Familien war es damals alles andere als selbstverständlich, zu einer gründlichen Allgemeinbildung zu kommen. Heute, im frühen 21. Jahrhundert, ist die Beziehung der Orden zu ihren großen Werken ambivalent. „Erziehung ist eine wirklich lohnenswerte und schöne Aufgabe, auch heute noch, gerade mit der Nachmittagsbetreuung und mit dem Bei-den-Kindern-Sein", sagt die ehemalige Schuldirektorin Sr. Andrea. „Aber man kann auch sagen, es wäre vielleicht zeitgemäßer, man ginge neue Wege – irgendwohin." Irgendwohin – zum Beispiel als Theologin in die Hochschulseelsorge oder zu „Frauen in Not", wo man „nicht so ein Haus mit 1.200 Schülerinnen und Schülern und 150 Mitarbeitenden als Bürde trägt. Wir sehen unsere Schulen aber eher als Aufgabe denn als Last."

In die Modernisierung und den Ausbau der Schule haben die Ordensfrauen stets den Großteil dessen fließen lassen, was sie erwirtschaftet haben. Auch heute leben sie bescheiden. Die älteren Schwestern würden etwa Nasszellen in ihren Räumen brauchen, das Gemeinschaftsleben wird beschwerlicher. Andererseits denken die Ursulinen weiter an die Zukunft ihrer Schule, die sie mit Unterstützung eines Schulvereins führen. Die Logik der Kontinuität geht über das eigene Wirken hinaus. „Schulräume werden immer gebraucht. Wenn wir in einigen Jahren weniger Schwestern sind, wäre ein Rückbau nötig, der unsinnig ist. Wenn, dann muss man einen Umbau gründlich machen und nicht irgendwo ein Eckerl verändern. Einige Gemeinschaften in Deutschland haben, immer mit ihrer deutschen Gründlichkeit, die an sich gute Idee gehabt, sich in Altenheime einzumieten. Das hat mir ganz gut gefallen. Nur, wenn du dann genau nachfragst: Zuerst schreckst du dich einmal über die Kosten. Jede der Schwestern braucht ein Zimmer. Dann ein Besuchszimmer, einen Meditationsraum, eine Teeküche und einen Gemeinschaftsraum und irgendein Kellerabteil – irgendwas muss man doch irgendwo lagern. Also so verlockend scheint mir diese Lösung nicht mehr, und was noch dazu kommt, mit 75 oder 85 suchst du dir nicht mehr leicht eine Aufgabe. Daheim, hier, werkt man noch im Garten oder betreut die Blumen oder die Bibliothek oder hilft irgendwo. So wirklich einen Ruhestand gibt es im Kloster kaum, was natürlich auch den großen Vorteil hat, dass du immer gebraucht wirst und dadurch auch nicht versumperst – oder weniger leicht. Wir haben auch offen darüber gesprochen, ob wir uns irgendwo einmieten, aber die einen sind zu jung, sie unterrichten oder leiten einen Teilbereich, die anderen wollen im Haus bleiben – wir holen uns Betreuung herein. Dennoch ist die Entscheidung, wie es mit Schule und Haus und den vierzehn Ursulinen weitergeht, alles andere als leicht."

Bischof Weber und die Ordensfrauen

Die Zusammenarbeit der Ordensgemeinschaften war ein Anliegen des Zweiten Vatikanischen Konzils und von Bischof Johann Weber, der in Graz Diözesanbischof war. Er galt als besonderer Förderer der Frauenorden und insbesondere der Vernetzung der Frauenorden in der Diözese. „Er hat uns geschätzt und hat von Beginn seiner Amtszeit an und dann vor allem in den 1970er- und 1980er-Jahren immer wieder Nachdenkkreise, Veranstaltungen, Treffen initiiert, wo wir Ordensleute zusammengekommen sind. Wo wir uns ausgetauscht haben und einerseits seine Sorgen und die Sorgen der Diözese, der Ortskirche, gehört haben und andererseits die Ortskirche uns und unsere Sorgen kennengelernt hat und auch wir uns untereinander näher gekommen sind. Er war ganz offen mit seinen Problemen und es sind auch von uns dann die Probleme sehr offen angesprochen worden.

Schloss Johnsdorf in der Oststeiermark war ein Schlagwort, weil wir uns eine Zeit lang immer in Johnsdorf getroffen haben. Ich kann mich an das erste Treffen erinnern, als die Benediktinerinnen, die damals noch in Pertlstein waren, auf ihre Flipchart mit den Sorgen geschrieben haben, dass die Arbeitsüberlastung groß ist. Wir als tätige Orden glaubten, wir sind zwischen Gebet und Arbeit hin und her gerissen. Es ist schwierig, die Ruhe zu finden, wenn du um die Kinder schauen musst, wenn Schulbetrieb ist. Aber dass ein beschaulicher Orden dieses Problem auch hat! So entwickelte sich ein Vertrauensverhältnis, das sehr gut war. Wir haben auch Wallfahrten unternommen und eine Romreise mit dem Bischof und ähnliche Dinge, die für die Gemeinschaft der Ordensfrauen in der Steiermark sehr bedeutungsvoll waren." Bischof Weber (im Amt von 1969 bis 2001) war der Meinung, dass die Anerkennung und Beheimatung der Ordensfrauen eine Verankerung in der Diözese brauche. „Dazu brauchst du aber auch eine Akzeptanz, und das muss augenscheinlich an Ämtern und Aufgaben werden. Er hätte wahrscheinlich noch viel mehr getan. Es war einmal die Rede davon, dass Ordensfrauen im Priesterseminar mitarbeiten, damit auch die Theologen, die jungen Priesterkandidaten, schon Ordensleben kennen- und schätzen lernen. Wir haben einfach zu wenige Theologinnen gehabt."

Ordensgemeinschaften, die keine eigenen großen Werke zu leiten haben, seien da flexibler, sagt Sr. Andrea. „Ab 1980 hat es sogenannte ‚Schwesternpfarren' gegeben. Also Pfarren ohne Priester am Ort, wo die Schwestern sozusagen alleine die Verantwortung getragen haben." Mit Bischof Weber war Sr. Andrea auch deshalb viel in Kontakt, weil sie bald Vorsitzende der Steirischen Regionalkonferenz der Vereinigung der Frauenorden wurde. „Das war damals schwierig, weil ich noch nicht Oberin war. Damals war man sehr streng. Es musste in Rom angefragt werden, ob ich Vorsitzende sein darf. Auch an solchen Kleinigkeiten merkt man, wie sich die Zeiten geändert haben. Man denkt heute einfach anders. Man ist froh über jeden, der Verantwortung für eine gemeinsame Sache übernimmt. Wir sind weniger geworden, die hier miteinander etwas fürs Gemeinwohl tun können."

Auch am Stil der österreichweiten Zusammenkünfte der Ordensoberinnen habe sich viel verändert, erinnert sie sich. „Ich war als Vorsitzende der Regionalkonferenz zum Beispiel auch bei Präsidiumssitzungen oder bei den Jahrestagungen in Vöcklabruck. Und ich weiß heute noch, wie kurios für mich der Eindruck dort war. In Graz sind wir alle irgendwie zusammengestanden, haben uns gut gekannt, und dann kommst du nach Vöcklabruck zur Tagung und da haben alle verschiedenfärbige Schilder, je nach ihrer Funktion, und die höheren Oberen, die waren weit oben! Wir nicht so Hohen haben auch unseren Spaß gehabt. Das ist nur eine Veränderung, die ich wirklich festgestellt habe. Wenn wir heute in Vöcklabruck sind, so sind wir wirklich in Freundschaft und im Großen und Ganzen auch im Vertrauen miteinander im Gespräch." Als Vorsitzende der Regionalkonferenz war Sr. Andrea auch in Leitungsgremien der Diözese eingebunden, zunächst im Vorstand des Diözesanrats, dann, als erste Frau, im sogenannten Konsistorium. Das entsprach dem Anliegen des Bischofs, die Ordensfrauen in die Verantwortung für die Diözese hineinzunehmen. Mit der Vereinigung der Frauenorden verbindet sie auch das „Alter", ordensmäßig.

Knapp vor der Vereinigung der Frauenorden Österreichs hat Sr. Andrea Eberhart 2015 ihr fünfzigjähriges Profess-Jubiläum gefeiert. Im weltweiten „Jahr der Orden" hat sie dieses Fest nicht im Kloster, sondern draußen in der Pfarre begangen. „Gerade in der Pfarrbevölkerung hat man sich sehr gefreut, dass das in der Öffentlichkeit passiert." Für Sr. Andrea Eberhart eine Ermutigung, auch öffentlich auf ihr Leben zurückzublicken.

Gespräch: Judith Fritz
Text: Monika Slouk

Der Orden

NAME	Ursulinen Graz
KÜRZEL	OSU – Ordo Sanctae Ursulae (Orden der heiligen Ursula)
GRÜNDUNG	Angela Merici gründete die Gesellschaft der hl. Ursula 1535 mit 28 Gefährtinnen in Brescia. Gemeinsam mit ihnen erarbeitete sie die erste Regel einer Frau für eine Frauengemeinschaft, die 1536 vom Bischof von Brescia bestätigt wurde. Die Frauen lebten nicht in Klausur zusammen, manche bildeten Gemeinschaften. Erst in der Folge des Konzils von Trient wurde den Frauen 1608 untersagt, eine Gemeinschaft ohne päpstliche Klausur zu bilden. Die Gesellschaft wurde in einen Orden umgewandelt. 1686 kamen die Ursulinen auf Wunsch der Bevölkerung von Wien nach Graz und begannen mit der Allgemeinbildung von Mädchen, die sie in den folgenden Jahrhunderten stets auf hohem Niveau weiterentwickelten.
SENDUNG	Ursprünglich handelte es sich um eine Art Säkularinstitut des 16. Jahrhunderts ohne konkrete gemeinschaftliche Aufgaben. Sehr bald gaben die Mitglieder Katechismusunterricht, später wurde die Mädchenbildung über Jahrhunderte zur zentralen Aufgabe des Ordens.
WELTWEIT	Heute gibt es Ursulinen in fast allen Teilen der Welt. Sie leben sowohl in Klöstern als auch in Wohnungen. Insgesamt gehören dem Orden mehr als 10.000 Schwestern an.
ÖSTERREICH	Der Föderation deutschsprachiger Ursulinen gehören die Konvente in Graz und Innsbruck an, zur Römischen Union des Ordens der hl. Ursula gehören die Konvente in Wien, Salzburg und Klagenfurt.

Ferner als sieben Meere

Sr. M. Hilda Correia S.R.A.
geboren am 13. August 1946
Taufname: Louiza

Nach 21 Jahren als Kindergärtnerin in Deutschland bittet Sr. Hilda ihren Orden um ein Jahr in Indien. Indien ist zwar ihre Heimat, aber da sie mit nur siebzehn Jahren, noch vor dem Noviziat, nach Europa geschickt wurde, kannte sie die Arbeit ihres Ordens in Indien nicht gut. Immer wieder wurde sie von Menschen in Europa nach dem Wirken des Ordens in Indien gefragt, hielt sogar Vorträge und Präsentationen über den Einsatz in Indien, um Geld für die Arbeit dort zu sammeln. Doch erlebt hatte sie diesen Einsatz nie. Zumindest nicht als Ordensfrau. Als Kind hatte sie die Schwestern schon erlebt. „Ich habe die Schwestern in der Kirche gesehen. Ich habe gesehen, wie sie beten. Es waren Schwestern aus Kerala oder aus Goa dabei, die unsere Muttersprache nicht kannten. Und so konnten sie auch in der Kirche nicht mitbeten oder mitsingen. Das fiel mir auf. Ich habe mich gewundert. Warum tun die das nicht? Die Schwestern sind auch in die Dörfer gegangen und haben die Kranken besucht, ihnen Medizin gebracht. Ihr Haus hatte zwei Räume für Schwerkranke. Das war es, was ich gesehen habe. Und ich wollte Schwester sein wie sie."
Mit siebzehn Jahren tritt Louiza Correia in Benares in den Orden der Missionsschwestern „Königin der Apostel" ein. Viel mehr als das, was sie in ihrem Dorf gesehen hat, weiß sie zu dieser Zeit nicht über den Orden. „Ich habe damals nicht gewusst, dass es einen Ordensgründer gibt, das hat mir niemand erklärt. Dass es sehr viele Orden gibt, das wusste ich auch nicht." Nur sieben Monate dauert ihr Postulat in Indien, dann fragt ihre Oberin sie, ob sie bereit wäre, nach Europa zu gehen. Noch nie in der Geschichte ihres Ordens ist das vorgekommen. Bisher kamen immer Ordensfrauen aus Europa nach Indien. Im Februar 1965 machen sich zehn Inderinnen auf den langen und beschwerlichen Weg nach Europa, unter ihnen Sr. Hilda. Den Anstoß dazu gab eine Oberösterreicherin. „Eine oberösterreichische Schwester, die 26 Jahre in Indien gearbeitet hatte, wurde zur Generaloberin unseres Ordens gewählt. Also musste sie nach Wien, weil hier der Sitz der Ordensleitung ist. Sie konnte Englisch und Hindi, hatte eine starke Bindung zu Indien und besaß auch die indische Staatsbürgerschaft. Sie war es, die bei ihrer Rückkehr nach Europa nach ihrer Wahl die erste Gruppe Inderinnen mitgebracht hat."
Es sind junge Frauen am Beginn ihres Ordenslebens, acht Novizin-

nen und zwei fertig ausgebildete junge Krankenschwestern nach der einfachen Profess. „Für mich stand das Anliegen des Ordens an oberster Stelle. Daher habe ich Ja gesagt zur Fahrt nach Europa. Damals sind wir noch mit einem Dampfer durch den Suez-Kanal gefahren. Elf Tage hat das gedauert. Wir sind dann in Neapel ausgestiegen und mit dem Zug eine Nacht und einen ganzen Tag nach Wien weitergefahren. In Wien angekommen sind wir am 26. Februar 1965." Dadurch, dass sie im Februar nach Österreich kommt, fallen Sr. Hilda die Unterschiede zu ihrer Heimat besonders stark auf. „Die Natur war ganz ohne Leben. Es lag Schnee. Das war alles fremd. Und dazu die Sprache, die Mentalität, die Lebensweise. Unsere Mitschwestern hier, es waren damals noch viele europäische Schwestern, haben sich sehr bemüht, uns alles beizubringen. Sie waren sehr genau mit der Sprache. Obwohl wir immer wieder Schweigezeiten hatten, war es ihnen wichtig, dass sie uns während der Arbeit erklärt haben: ‚Du, das heißt so, das heißt so. Das heißt jetzt Teller, das heißt Tasse.' Den Sprachkurs hatten wir damals nicht an der Uni, sondern am Afro-Asiatischen Institut. Wir hatten eine sehr gute Lehrerin. Wie soll ich sagen, sie wusste, wie man einem Deutsch beibringt. Sie war kompetent. Aber bereits davor waren meine Mitschwestern die kompetenten Lehrerinnen für uns gewesen, auch in anderen Bereichen. Wie man mit Besteck isst und so."

Der Tropfen auf dem heißen Stein

Zwei Jahre ist Sr. Hilda als Novizin im Wiener Mutterhaus. Auch die Generaloberin, die sie nach Österreich gebracht hat, ist ihr in der ersten Zeit der Eingewöhnung eine Stütze. „Mit ihr konnten wir viel besprechen. Sie hatte viel Verständnis." Das ist auch nötig. Denn für die Achtzehnjährige aus einem Dorf in Westindien ist nicht nur die Entfernung von ihrer Heimat weit, sondern auch die Umstellung gewaltig. Es ist ihre erste große Reise, die sie aus der behüteten Umgebung der Großfamilie holt. „Wir sind acht Geschwister. Fünf Brüder, die alle älter sind, und wir drei Schwestern, wir sind die jüngeren. Und waren dementsprechend behütet. Ohne diese Kraft, ohne diese starken Wurzeln wüsste ich nicht, ob mein Leben so gelungen wäre."

Die Eltern hatten eine kleine Landwirtschaft, Milchwirtschaft. Ein Vers aus dem Zweiten Buch Samuel ist Sr. Hilda ans Herz gewachsen, er begleitet sie bereits ihr Leben lang: „So spricht der Herr der Heere: Ich habe dich von der Weide und von der Herde weggeholt. Ich bin überall mit dir gewesen, wohin du auch gegangen bist." Von der Herde wurde Sr. Hilda weggeholt und viele Stationen warteten in ihrem Leben auf sie. Damals, bei Louiza zu Hause, sagten die Leute, wenn jemand ganz weit weg war, er oder sie sei ferner als sieben Meere. Auf Sr. Hilda trifft das zu. Wenn jemand sie in Europa fragt, ob es einen Sinn hat, für Länder des Südens zu spenden – das sei doch nur ein Tropfen auf den heißen Stein, dann sagt sie: „Ich bin der Tropfen." Denn ohne die Ordensfrauen, die mithilfe der Spenden aus Europa in ihrem Dorf gelebt und gewirkt haben, hätte Louiza nicht zur Schule gehen können, es hätte keine Schule für Mädchen gegeben. Und dann stünde sie nicht hier, wo sie heute steht.
Ihr Ausbildungsweg in Europa beginnt im Wiener Noviziat. Dort hat man noch keine Erfahrung mit indischen Novizinnen. Die Sprachbarriere ist am Anfang eine große Herausforderung. Es ist auch niemand für die Noviziatsleitung pädagogisch-theologisch ausgebildet. Die Möglichkeiten und das Verständnis dafür entwickeln sich erst in der Folge des Zweiten Vatikanischen Konzils, das während Sr. Hildas Noviziatszeit zu Ende geht. Was Sr. Hilda im Noviziat am meisten beeindruckt, ist ihre Begegnung mit älteren Schwestern, die die Ordenspioniere und den Ordensgründer noch selbst erlebt haben. „Von deren Geist habe ich sehr viel mitbekommen." Ihre Sendung war den Menschen der ersten Stunde glasklar: „Dass wir als Ordensfrauen Christus nachfolgen und mit den drei Gelübden leben, und wenn was schwer wird, dann sagte man: ‚Alles für Indien!' Alle Schwierigkeiten bestehe ich, damit es Indien zugutekommt.'"

Montessori-Kindergärtnerin

Nach dem Noviziat in Wien kommt Sr. Hilda 1967 nach Deutschland, in die Nähe von Frankfurt, wo sie im Kindergarten arbeitet. „Ich wollte Lehrerin werden. Aber wir hatten keine Schulen hier in Europa, daher hat meine Oberin mich gefragt, ob ich damit einverstanden bin, wenn ich im Kindergarten arbeite." Neben der Arbeit absolviert Sr. Hilda in Frankfurt die Ausbildung zur Montessori-Pädagogin. „Im selben Haus, in dem unser Kloster war, war ein Kindergarten der Diözese Mainz. Die für den Kindergarten verantwortliche Schwester stammte aus Wien und hatte großes Interesse an Maria Montessori. Sie hat die ganze Einrichtung auf Montessori umgestellt. Eine indische Mitschwester und ich haben zusammen die Ausbildung in Frankfurt gemacht."

Erst danach macht Sr. Hilda noch eine Ausbildung für den Regelkindergarten nach Pestalozzi und Fröbel. Zehn Jahre arbeitet sie in der Nähe von Frankfurt, kommt dann für neun Jahre in einen Kindergarten nach Recklinghausen in der Diözese Münster und schließlich ins Sauerland, Diözese Paderborn. Maria Montessoris Zugang und Menschenverständnis prägten Sr. Hilda auch in späteren Lebensphasen. „Die Montessori-Pädagogik ist für meine jetzige Arbeit in der Schule und auch mit Erwachsenen sehr hilfreich. Im Umgang mit Menschen überhaupt, auch mit meinen Mitschwestern. Das Mitfühlende ist wichtig. Wenn zum Beispiel ein Kind einen Fehler gemacht hat, sagt man nicht einfach: ‚Das ist ein Fehler!', sondern: ‚Schau hier noch einmal hin!' Montessori hat ihre Pädagogik auf dem christlichen Glauben aufgebaut. Liebe, Rücksichtnahme, soziales Verhalten, freie Wahl. Oder die Güte. Das sind lauter Werte, die Montessori hochhielt. So wie das Christentum." Das Mitfühlende, das Wissen, wie es dem anderen geht, das sei die höchste Bildung, zitiert Sr. Hilda einen Meditationslehrer. „Für die geistliche Begleitung ist es das A und O – das Mitfühlende. Nicht urteilen. Hundertprozentig gelingt es mir nicht. Ich rufe es immer wieder wach."

Meditieren im Ashram

Nach 21 Jahren im Kindergarten spürt sie einen „zweiten Ruf", wie sie es nennt. „Dass ich auch für Erwachsene etwas tun sollte. Aber was, das wusste ich nicht. Ich hatte ja keine andere Ausbildung als für den Kindergarten als Erzieherin. Ich habe meinen Orden gebeten, mich nach Indien zurückzuschicken. Aber die Not in meinem Orden war hier groß, weil wir das hier als unsere Missionsaufgabe verstehen. Ich habe lange um eine Zusage gerungen, weil ich meinen Orden in Indien kennenlernen wollte und die Aufgaben, die meine Mitschwestern dort haben. Ich hatte meinen Oberinnen gesagt: ‚Ich werde oft über unsere Missionstätigkeit gefragt und kenne die Mission nicht!' Ich habe auch oft neben meiner Kindergartentätigkeit Diavorträge gehalten, um Geld für unsere Projekte zu bekommen. Da haben die Oberen doch eigesehen, dass ich Erfahrungen in der Mission haben sollte. Schließlich hat mein Orden mir erlaubt, ein Jahr in Indien zu sein."

In Indien schaut Sr. Hilda nicht nur ihren Ordenskolleginnen bei der Arbeit zu. Sie macht daraus ein Jahr der Stille. „Ich habe Gott gefragt: ‚Was willst du von mir?' Ich habe die Möglichkeit bekommen, am Ashram-Leben teilzuhaben. Ashram, das ist ein Gebetszentrum in der Tradition eines hinduistischen Klosters. Auch Mahatma Gandhi hat viele Jahre in einem Ashram gelebt. Die wörtliche Übersetzung von Ashram ist ‚Ort der Anstrengung' – ‚Shram' ist der Schweiß meines Körpers. Ich habe den Ashram wie eine Eremitage erlebt, so würde ich es beschreiben. Da gibt es einen Leiter und die Teilnehmer sind in kleineren Hütten untergebracht. Manchmal hat jeder seine eigene Hütte. Das ist meine Erfahrung. Ob das in ganz Indien so ist, weiß ich nicht. Zu den Vorträgen kamen wir im Saal zusammen sowie zum Gebet und zur Messfeier. Und wie der heilige Benedikt sagte: ‚Bete und arbeite' – beides muss zusammen sein, sonst ist das kein Ashram mehr.

Der Ashram, in dem ich mitleben konnte, ist katholisch geführt. Die Priester, die ihn leiten, haben selber bei Hindu-Gurus gelernt. Die echte indische Tradition ist ihnen wichtig. So habe ich die Möglichkeit bekommen, auch etwas von Yoga zu lernen, Atem-Yogaübungen. Und wie ich das Jesusgebet kennenlernte, war die Antwort da für mich, dass ich das den Menschen hier in Europa beibringen sollte. Der heilige Paulus sagt: ‚Betet ohne Unterlass.' Das Jesusgebet ist nicht schwer und kein langes Gebet. Und der Atem ist automatisch mit uns, Tag und Nacht. Auch der erste Psalm sagt: ‚Derjenige, der Tag und Nacht an den Herrn denkt, sei gepriesen.'" Das Jesusgebet ist ein immerwährendes Herzensgebet aus der Tradition der Ostkirchen. Der Name Jesu Christi wird dabei im Rhythmus von Atmung und Herzschlag angerufen, hörbar oder still.

Kursleiterin und Provinzleiterin

Sr. Hilda kehrt also mit einer Idee davon aus Indien zurück, wie sie zukünftig Erwachsene begleiten könnte. Wie das konkret aussehen soll, ist ihr zunächst aber noch ein Rätsel. Ihr Orden stellt sie vom Kindergarten frei. „Ich wusste nicht, wie ich den Menschen das beibringen sollte, was ich im Ashram erfahren und erlebt hatte. Mein Orden hat mich nach Recklinghausen geschickt. Sie haben gesagt: ‚Da ist für dich die beste Möglichkeit. Der Pfarrer wird dich unterstützen.' Er war offen. Er wusste nicht, was ich machen und wie ich das machen werde, und ich wusste das selber auch nicht. Dann habe ich mit einem Ehepaar gesprochen, deren Kind früher bei mir im Kindergarten war. Inzwischen war die Tochter schon 13 Jahre alt. Mit diesem Ehepaar und ihrer Tochter, also sozusagen mit zweieinhalb Erwachsenen, habe ich angefangen. Fünf Abende habe ich für sie gehalten. Sie haben immer wieder Feedback gegeben und gesagt: ‚Das ist der Weg, Schwester! So fortsetzen.' Immer wieder habe ich mit dem Pfarrer gesprochen. Er hat mir auch Bücher, Materialien, Kopiergerät, alles zur Verfügung gestellt, was ich für meine Arbeit damals brauchte. Der Pfarrer hat mein Angebot dann durch das Pfarrblatt und durch die Kirchenzeitung bekannt gemacht. Bei Dekanatstreffen hat er den anderen Schwestern davon erzählt.

Ich fing an, im Raum Recklinghausen Kurse mit kleineren Gruppen zu halten. Ich habe sie genannt: ‚Atem und Meditation in indisch-christlicher Spiritualität'. Immer wieder habe ich Berichte an die Generaloberin im Mutterhaus abgegeben, die offen war für meine Arbeit. Sie hat dann gesagt, wenn das den Menschen guttut dort im Raum Recklinghausen, dann möchte sie das gerne auch hier haben. Und so haben sie mich hierher nach Wien eingeladen und auch mit verschiedenen Pfarreien Kontakte geknüpft. Meine Mitschwestern mussten die Kontakte knüpfen, ich war ja noch in Deutschland. Besonders in der Fastenzeit habe ich in manchen Pfarren Kurse gehalten. Dann hat unsere Generaloberin, Sr. Theresia Sessing, gesagt, sie suchen jemanden für die Schwestern, die in der Karwoche mit Pater Ségur Exerzitien in Vöcklabruck machen. Ab dann habe ich in der Karwoche zehn Jahre lang für die Exerzitienwoche in Vöcklabruck

diese Übungen, Entspannungen und geistliche Begleitung gemacht. Dazu kam ich immer aus Deutschland.
Im Jahr 1992/93 hat mein Orden mich für ein Jahr nach England geschickt, zu einem psycho-spirituellen Kurs, wo wir auch die geistliche Begleitung lernen konnten. 1997 bis 2001 war ich in Deutschland Provinzoberin. Während dieser Zeit, 1998 bis 2000, habe ich in Deutschland den Kurs zur Meditationsleiterin gemacht. Nun habe ich auch einen Nachweis, dass ich Kurse halten kann. Und nach dem Ablauf meines Amtes als Provinzoberin kam ich nach Österreich. Weil da der Heilige Geist gesagt hat: ‚In Österreich wirst du deine Arbeit fortsetzen.' Dann habe ich Kontakt aufgenommen mit Pfarreien, bei denen ich früher Kurse gehalten hatte. Eine Mitschwester in Recklinghausen hatte mir gesagt: ‚Die Übungen, die du mit Erwachsenen machst, warum bietest du sie nicht auch Schulkindern an?' Und so habe ich in den Sommerferien damit begonnen. Als ich nach Österreich kam, habe ich den Lehrerinnen, die zu meinen Kursen kamen, davon erzählt. Einen Abend lang wollten die Eltern wissen, was ich mit den Kindern machen werde, das hat ihnen gefallen, also habe ich damit an Schulen begonnen. Seitdem ich in Österreich bin, seit 2001, gehe ich in verschiedene Schulen, halte Kinderkurse in den Schulstunden und Kurse für Erwachsene."
„Quellentag" steht zum Beispiel auf der Einladung zu einem Meditationstag mit Sr. Hilda Correia in der Pfarre Kirchanschöring, „Oase der Stille" auf einer anderen. Ruhiger zu werden und mit den Alltagsanforderungen besser umzugehen, ist das Ziel. Atemtechnik, Musik, Stille, Körperübungen nach christlich-indischer Spiritualität bietet Sr. Hilda als Hilfe am Weg zu diesem Ziel. Bequeme Kleidung brauchen die Teilnehmenden dafür. Sogar bei den Kindern kommen ihre Anleitungen gut an. Besonders gefallen hat ihr und den Schulkindern von Poysdorf die Indien-Projektwoche, die Lehrerinnen angeregt haben. Die Volksschulkinder durften unter Sr. Hildas Anleitung selber Fladenbrot herstellen – und natürlich essen. Sie haben indische Kleidung und Schmuck anprobiert. Sie haben meditiert, Mandalas aus bunten Steinen in den Sand gelegt, aber auch ihre Schulstunden in dieser Woche am Boden sitzend mitgemacht. Denn so verbringen die meisten Kinder in Indien ihre Schulzeit. Sr. Hilda

zieht sich für so eine Gelegenheit auch einmal einen Salvar Kurta an, eine traditionelle indische Kleidung. Sonst geht sie in Europa fast immer im blauen Ordenskleid.

Leben als Gast

Durch die Einsätze in Weinviertler Schulen ist es zu einer Neuheit im Orden gekommen. Sr. Hilda wohnt immer wieder einige Tage oder eine ganze Woche in Familien. Die Entfernung vom Mutterhaus in Wien-Neuwaldegg zu den einzelnen Schulen wäre mit öffentlichen Verkehrsmitteln unmöglich schnell genug zu schaffen, dass sie in der Früh rechtzeitig im Klassenzimmer oder im Turnsaal steht. Diese Lebensweise in der Gastfreundschaft ist für beide Seiten eine Bereicherung, erzählt Sr. Hilda. „Seit 1990 haben meine Oberen Kontakt mit Familien aufgenommen, wo sie gewusst haben, diese Leute werden mich in meinem Ordensleben verstehen. Und sie haben gefragt, ob ich bei ihnen wohnen dürfte, wenn ich Kurse in der Umgebung halte. So sind diese festen Punkte entstanden, wo ich dann wohne, wenn ich Schule habe oder für Erwachsene Kurse halte. In den Familien sehe und erfahre ich, was in der Welt los ist. Welche Anliegen Familien haben, welche Probleme.

Welche Erfolge haben sie, was für Sorgen heute? Auch die Bücher, die sie haben, ja, Literatur. Eine Familie hat gesagt: ‚Wenn du da bist, ist das für uns wie Exerzitien.' Eine Frau, bei der ich immer wieder wohnen darf, hat gesagt: ‚Ich hatte mir immer eine Schwester gewünscht. Ich habe keine bekommen, aber jetzt bist du meine Schwester.' Das erinnert mich an meine Zeit im Ashram. Da hat der indische Priester gesagt: ‚Die Menschen rufen euch Schwester – werden Sie ihnen Schwester!'"

Gebet und Meditation im Kloster und in der Familie

Sr. Hilda schöpft die Kraft für ihre Arbeit aus der Bibel und aus den Gebetszeiten. „Wir haben hier im Haus zwei Kapellen. In der alten haben wir jeden Tag von 8 Uhr bis 12 Uhr Anbetung. Wir haben uns einteilen lassen, jede halbe Stunde wechseln wir uns ab. Wir beten für unseren Orden, für unsere Missionsarbeit, egal wo wir wirken, für alle unsere Wirkungsbereiche, denn ich zum Beispiel gehe dorthin, eine andere Schwester ist Pastoralassistentin, die dritte ist Krankenschwester, wir haben auch einige indische Schwestern hier Medizin studieren lassen, die arbeiten in Indien. Einige haben Jus studiert in Indien oder auf den Philippinen wieder andere Bereiche. So beten wir für alle unsere Arbeitsbereiche und für die Kirche und die Welt. Jeden Morgen haben wir außerdem eine halbe Stunde Meditation, eine weitere halbe Stunde das kirchliche Morgengebet, die Laudes, und dann die Messe. Am Vormittag die erwähnte halbe Stunde Anbetung. Und um zwölf Uhr haben wir Mittagsgebet, etwa eine Viertelstunde. Um drei Uhr gehen einige Mitschwestern den Barmherzigkeitsrosenkranz beten. Da ist aber die Gemeinschaft nicht verpflichtet, es ist freiwillig, wer kann und möchte. Um 17 Uhr haben wir den gemeinsamen Rosenkranz und um 17.30 Uhr die Vesper, dann etwa eine Viertelstunde geistliche Lesung. Jede kann sich die Schriftstellen für den nächsten Tag durchlesen und vorbereiten. Dann haben wir schließlich Abendessen und um 20 Uhr das Nachtgebet. Wenn ich unterwegs bin, kann ich das nicht alles einhalten. Deshalb versuche ich, wenn ich einmal keine Auswärtstermine habe, möglichst im Haus zu bleiben. Und wenn ich freiwilligen Dienst im ‚Quo Vadis' in der Wiener Innenstadt

mache, nehme ich den Dienst nur bis 15 Uhr an, weil ich um 17 Uhr hier beim Gebet sein möchte.
Was mir auch sehr geholfen hat in den letzten Jahren, waren die Fahrten nach Medjugorje, die Beziehung zur Muttergottes. Meine Beziehung zur Muttergottes kommt noch aus den Wurzeln meiner Familie in Indien. Abends, wenn alle von der Feldarbeit zurückkamen, haben wir täglich gemeinsam den Rosenkranz gebetet. Die ältesten Brüder waren schon verheiratet, als ich in der Schule war. Deren Familien mit Kindern – wir waren alle zusammen. Das verbindet uns so stark. Ein Bruder ist inzwischen Priester, das heißt, er war Seminarist, als ich ins Kloster ging. Und er hat mich mein ganzes Ordensleben spirituell begleitet. Die Familie hat jeden Abend nach dem Rosenkranz noch ein Gebet dazugesetzt, für mich extra eines und für meinen Priesterbruder eines. Und das ist bis heute so." Neben den E-Mails, die Sr. Hilda mit ihrer Familie zu Hause austauscht, ist ihr auch das Telefonieren wichtig geworden, hin und wieder. „Immer wieder anrufen, ist wichtig, damit meine Angehörigen meine Stimme hören und wissen, ich bin gesund. Ich rufe nicht überall an, sondern nur beim ältesten Bruder. Die ältesten drei Brüder leben nicht mehr, aber in seiner Familie gebe ich Bescheid. Der Neffe steht an der Stelle des ältesten Bruders und er gibt den anderen die Nachricht weiter. Auch mit dem Priesterbruder telefoniere ich ab und zu. Nur zu Weihnachten und zu Ostern spreche ich mit allen Geschwistern. Die Verbindung aus dem Orden nach Hause kam nach und nach. Zu Beginn war das nicht so. Da wurde unser Orden offener, wie alle anderen Orden. Dann durften unsere europäischen Schwestern zu ihren Angehörigen fahren und wir konnten uns mehr öffnen."
Seit gut fünfzig Jahren ist Sr. Hilda nun schon im Orden. In diesen fünfzig Jahren hat sich nicht nur die Welt und nicht nur der Orden weiterentwickelt, Sr. Hilda selbst ist gereift. „Ich war zu Beginn unsicher, ängstlich. Ich habe bei der Arbeit immer gedacht, ja, die anderen stammen von hier, die wissen über alles besser Bescheid. Heutzutage denke ich, wenn ich nicht alles weiß, ist es auch o. k. Das eine Jahr in England hat mein Selbstwertgefühl sehr gestärkt. Durch den Input: Du bist wertvoll. Du bist von Gott geliebt. Du bist einmalig. Du hast Gaben. Und arbeite daran. Nicht den einen Denar, den du hast,

in die Erde vergraben. Ich fühle mich akzeptiert, respektiert, geliebt. Was ich tun kann für die Kirche und Gesellschaft, das kann kaum ein Priester tun. Er hat heutzutage hier in Europa so viel zu erledigen, so viele Termine. Und ich kann mir Zeit lassen für Menschen, da ich nicht unter Druck stehe von meinem Orden ‚Du musst so viel Geld bringen', ‚Du darfst nur so viele Stunden auswärts arbeiten', sondern: Die Menschen sind wichtig, für die ich arbeite."

Gespräch und Text: Monika Slouk

Der Orden

NAME	Missionsschwestern Königin der Apostel
KÜRZEL	S.R.A. – Societas Missionalis Sororum Reginae Apolostolorum (Missionsgesellschaft der Schwestern der Königin der Apostel)
GRÜNDUNG	Die Kongregation geht auf den deutschen ehemaligen Jesuiten, Pater Antonius Maria Bodewig, zurück, der von 1872 bis 1876 in Indien tätig war. Erst nachdem er 1915 verstorben war, wurde seine Gründung 1923 in Wien anerkannt. Erster Generaloberer war der damalige Universitätsprofessor und spätere Kardinal Theodor Innitzer. 1925 erfolgte die Trennung in den weiblichen und den männlichen Zweig (der männliche Zweig wurde 1954 aufgelöst). 1927 wurden die ersten Ordensfrauen aus Wien nach Indien entsandt. 1965 kam die erste Gruppe indischer Ordensfrauen nach Europa, darunter Sr. Hilda.
SENDUNG	Der Einsatz der Ordensfrauen in Indien ist ganzheitlich: Verkündigung in Wort und Tanz, Basisgemeinden, geistliche Begleitung, Arbeit mit Frauen in Not, Bewusstseinsbildung zu Rechten und Pflichten der Menschen, Einsatz für die Menschenrechte, Erwachsenenbildung, Haushaltsschulen, Dorfarbeit, Sozialarbeit, Kranken- und Altenpflege, Unterricht und Erziehung, Kindergärten, Sonderschulen für Kinder mit Behinderungen. In Europa arbeiten die Schwestern hauptsächlich in der Krankenpflege und in Kindergärten. Daneben entstehen neue Betätigungsfelder, je nach Begabung der Ordensfrauen.
WELTWEIT	Das Mutterhaus, die Zentrale, befindet sich in Wien. Die meisten Niederlassungen gibt es in Indien, einige in Deutschland und Italien. Seit 1983 gibt es Standorte auf den Philippinen, seit 1992 in der Slowakei und seit 2007 in Uganda. Weltweit gehören über 900 Schwestern zu dieser Gemeinschaft.
ÖSTERREICH	Zusätzlich zum Mutterhaus gibt es in Österreich Niederlassungen im Krankenhaus der Barmherzigen Brüder in Wien, in Hollabrunn und Kritzendorf/Niederösterreich sowie in Lieseregg/Kärnten.

Früher war früher.
Jetzt ist jetzt

Sr. M. Manuela Huber SDR
geboren am 11. Juli 1947
Taufname: Hedwig

Jetzt kommen sie zurück, eine nach der anderen: Lehrerinnen, Krankenpflegerinnen, aus mehreren Orten im Burgenland, aus Graz und aus Salzburg. Wenn sie ihre Aufgabe erfüllt haben und einen Rückzugsort oder Betreuung brauchen, übersiedeln sie wieder ins Provinzhaus nach Eisenstadt, wo sie ihr Ordensleben als Novizinnen begonnen haben. Keine geht mit sechzig in Pension. Solange sie können, bleiben sie an ihrem Wirkungsort und übernehmen nach ihrem Hauptberuf alle möglichen Dienste. Kranke besuchen, Zeitungen austragen, die Krankenhauskapelle in Ordnung halten. Im Provinzhaus sind daher fast alle über achtzig oder neunzig Jahre alt.

Es sei nicht leicht für die Rückkehrerinnen, sich hier einzugewöhnen, erzählt Sr. Manuela, die mit bald siebzig eine der zwei Jüngsten im Haus ist. Das Haus der Provinz sei nach Jahrzehnten im Dienst fremd für die Heimkehrenden. „Sie haben ihr ganzes Leben lang viel gearbeitet und dann kommen sie hierher. Sie kennen sich gegenseitig kaum. Sie kommen aus sehr verschiedenen Berufen und sind schon alt, da fällt es ihnen schwerer, Freundschaften zu schließen." Sr. Manuela hilft nach. „Für mich ist hier ein Stück Heimat. Und ich wünsche mir, wenn eine weitere Schwester herkommt, dass sie sich auch bald zu Hause fühlt. Ich habe es gern, wenn sich einige zusammensetzen und miteinander plaudern und einander erzählen. Die Gefahr besteht, dass sich alle in ihr Zimmer zurückziehen. Jede hat ein Zimmer und sie verkriechen sich dann darin. Das finde ich nicht so gut. Ich bin auch nicht dafür, dass immer alle alles gemeinsam machen. Es braucht schon jede ihren Freiraum. Aber ich wünsche mir, dass wir mehr miteinander und füreinander machen, dass wir unsere Freuden und Leiden teilen."

Die vielen Flüchtlinge, die nach Österreich kommen, haben sie auf eine Idee gebracht. Sie hat einen Zettel im Kloster aufgehängt und zu einer Strickrunde eingeladen. Warme Sachen für die Flüchtlinge sollten dabei entstehen und nebenbei mehr Gemeinsamkeit im Haus. „Dass die Schwestern herauskommen aus ihren Zimmern und ein bisschen Gemeinschaft erleben. Ich war mir nicht sicher, wie viele kommen. Wie ich die große Gruppe gesehen habe, war ich freudig überrascht. Auch wenn sie nicht stricken können, egal, schauen sie halt zu, aber sie sind da. Es geht um das Kontaktaufnehmen miteinander. Sie machen das gern, das freut mich. Es ist schön, dass sie miteinander etwas tun wollen.“ Den Flüchtlingen gegenüber hat Sr. Manuela ein bissel ein schlechtes Gewissen: „Wir spüren nichts von der jetzigen Notsituation in der Welt. Unsere Stifterin hat sich damals der Armen und Schwachen, der Kranken und Kinder angenommen. Wir müssen uns fragen, wo heute die Armen sind. Wo können wir helfen? Wenn wir junge Schwestern hätten, dann wäre das einfacher. Die Provinzleitung hilft durch finanzielle Beiträge, das ist keine Frage. Wir Schwestern versuchen halt, durch unser Gebet die Not der Welt, der Menschen von Heute vor Gott zu tragen.

Als ich jung war, sind so viele Flüchtlinge über die Grenze aus Ungarn gekommen, besonders über die dadurch berühmt gewordene Brücke von Andau. Ich bin in Andau im Seewinkel aufgewachsen. Meine Eltern haben Tag und Nacht geholfen. In einem Gasthaussaal wurden Betten aufgestellt, da wurde auch gekocht und Essen ausgeteilt. Mein Vater hat ein wenig Ungarisch gekonnt, er war aus einer deutschen Gemeinde drüben in Ungarn. Da haben alle geholfen. Vieles wurde von zu Hause mitgenommen, obwohl die Menschen zu der Zeit auch nicht besonders viel hatten. Aber sie haben die Not der anderen gesehen und waren bereit zu helfen, zu teilen. Während wir heute die Notsituation der Menschen durch die Medien hören und sehen – doch spüren wir auch etwas davon? Macht uns das Schicksal dieser Menschen sensibler und bereit zu teilen? Das gibt mir schon sehr zu denken. Durch unser Leben soll ja die befreiende und heilende Botschaft Jesu spürbar werden.“

Kleine Oasen müsste es geben

Dass die Gemeinschaft wieder Weitblick bekommt für die Menschen, das wünscht sich Sr. Manuela Huber. Und dass es wieder junge Mitglieder gäbe. Und mehr Gemeinschaftsgeist. „Und dass wir etwas wagen.“ Zum Beispiel kann sie sich gut vorstellen, dass sich die Form des Ordenslebens ändern wird. „Ich denke, Ordensleben wird es immer geben. Ich hätte keine Angst, wenn es bei uns plötzlich heißen würde, so können wir nicht, wir müssen neue Schritte setzen. Ich meine, unser Ordenscharisma in anderer Form leben. Das wäre sicher möglich." Wie das aussehen könnte, weiß Sr. Manuela auch nicht ganz genau. Jedenfalls weiß sie, dass es nicht mehr so wäre wie jetzt. „Dass wir uns zum Beispiel woanders einbringen, während wir zu dritt oder zu viert als Gemeinschaft leben. Dass wir nicht alle im Ordenshaus leben. Wir haben viele kleine Häuser und Gemeinschaften gehabt. Die wurden im Lauf der Zeit aufgelassen und die Ordensfrauen in größeren Häusern konzentriert. Heute sehe ich das nicht mehr so positiv. So kleine Häuser wären Oasen draußen in den Gemeinden. Wenn man Schwestern hätte, könnte man das sicher wieder machen. Damit wir das, was unsere Stifterin wollte, verwirklichen können. Sie wollte für die Menschen da sein, egal in welcher Notsituation sie waren und was sie gebraucht haben. Wenn wo Cholera war, hat sie die Schwestern hingeschickt. Sicher sind welche gestorben daran, das war damals vorauszusehen. Sie hatte keine Angst, die Schwestern zu den Verwundeten in den Krimkrieg zu senden. Mit Mut und Vertrauen sind sie dorthin gegangen, wo sie gebraucht wurden. Man muss immer wieder Neues wagen. Wenn es danebengeht, macht es auch nichts, man kann woanders wieder neu anfangen. Aus den Erfahrungen lernen wir."

Hedwig Huber hatte als Jugendliche davon geträumt, in einen Missionsorden zu gehen. Sie hatte eine Verwandte in der Mission. „Ich habe wahnsinnig viel gelesen. Immer. Auch diese vielen Missionsberichte – was die dort alles erlebt haben! Das war für mich spannend. Ich wollte auch so leben." Die Schwestern vom Göttlichen Erlöser wiederum waren von klein auf Teil ihres Lebens, auch in diesem Orden hatte sie eine Verwandte. Ihr Lebenslauf hat Hedwig nach Eisenstadt ins Noviziat gebracht. „Wahrscheinlich bin ich hier gebraucht worden." Fünf bis sechs Schwestern vom Göttlichen Erlöser gehörten in ihrer Heimatgemeinde Andau ganz selbstverständlich zum Ortsbild, erinnert sie sich. „So weit ich zurückdenken kann, gab es immer Schwestern in der Gemeinde. Sie waren im Kindergarten, in der Schule und in der Pfarre tätig. Wenn Menschen in Not waren, sind sie zu den Schwestern gegangen und haben sich ausgeklagt. Wenn jemand krank war im Ort, haben die Schwestern diese Menschen besucht. Es hat, glaube ich, im Ort niemanden gegeben, der kein gutes Verhältnis zu den Schwestern gehabt hat. Mir hat das imponiert. Obwohl ich damals nicht gleich vorhatte, in den Orden einzutreten. Aber ich hab' einen guten Bezug zu den Schwestern gehabt. Ich kann mich erinnern, wenn zu Hause die Enten zum Abstechen waren, hat meine Großmutter die erste Ente geputzt und zu mir gesagt: ‚Die trägst du zu den lieben Schwestern.'"

Nur ja keine Schande

Mit vierzehn ging Hedwig Huber als Kandidatin nach Eisenstadt. Ein Jahr arbeitete sie als Praktikantin im Kindergarten in Steinberg mit, bevor sie mit fünfzehn die dreijährige Kindergärtnerinnenausbildung begann. Vom Kloster in Eisenstadt pendelte sie dazu nach Laxenburg. Ihre Eltern hatten große Sorge, dass sie die Entscheidung nicht bis zum Ordenseintritt durchhalten würde und ihnen Schande machen könnte. Wer eine Klosterausbildung oder das Priesterseminar begann und dann wieder nach Hause zurückkehrte, hatte in den Augen der Leute versagt. Aus Angst vor der Schande waren Familie und Bekannte gegen Hedis Kandidatur in Eisenstadt. „Du hältst es im Kloster nicht aus! Du nicht!", hieß es von allen Seiten. „Auch mein Vater hat nicht geglaubt, dass ich bleiben würde. Ich kann mich erinnern, im Margaretinum hinter der Bergkirche, wo das Kloster damals war, wo wir gewohnt haben, da war eine Grotte im Hof. Einmal komme ich nach Hause, da steht mein Vater dort mit der für uns verantwortlichen Schwester. Ich habe mir gedacht, wie kommt der da her, was macht er da? Nachher hat mir die Schwester gesagt, der Vater ist gekommen und hat gesagt, er möchte mit ihr reden, weil ich bleib' da sicher nicht. Und nicht, dass ich da irgendwas verspreche, was

ich dann nicht halte. Die behalten mich auch nicht, hat er gesagt. ‚Sie muss immer das letzte Wort haben.‘
Ich bin aber trotzdem geblieben. Das heißt zunächst eingetreten, denn vorher waren wir ja noch in der Ausbildung. Es haben mir's viele im Ort nicht geglaubt. Wahrscheinlich, weil ich sehr impulsiv war und bei allem Schabernack, den es damals gab, mitgetan habe." Später war der Vater stolz auf seine älteste Tochter, als er merkte, dass sie bei ihrer Entscheidung blieb. Die Eltern sind mittlerweile verstorben, aber mit Bruder und Schwester pflegt Sr. Manuela guten Kontakt. Auch wenn diese ganz anders sind. „Meine Schwester geht ein bisschen einen anderen Weg. Der ist immer schon schlecht geworden in der Kirche, bevor noch der Pfarrer aus der Sakristei gekommen ist. Die ist nicht so fromm wie ich. Fromm unter Anführungszeichen."

Neuerungen kommen nicht von selbst

Sr. Manuela arbeitete nicht lange als Kindergärtnerin. Bald wurde sie vom Orden in eine weitere Ausbildung geschickt, in jene zur Religionslehrerin. „Die Ausbildung war damals in der Wiener Burggasse, noch nicht in Strebersdorf draußen." Als Religionslehrerin wirkte sie viele Jahre in verschiedenen Ordensschulen ebenso wie an öffentlichen Schulen. Nun lebt Sr. Manuela schon seit Langem im Provinzhaus, das ist eher ungewöhnlich. Sie war zuerst Novizenmeisterin für die bislang letzte Novizin, Sr. Maria, und später etwa zwölf Jahre lang Hausoberin. Das war keine einfache Aufgabe für Sr. Manuela. „Ich wollte ein bisschen was anders machen, einige Neuerungen einführen. Und wenn es nur die Neuerung war, dass wir einmal anders aufdecken, das klingt jetzt vielleicht primitiv. Aber wir haben alle immer aus einem einfachen Teller gegessen, jede hat ihr eigenes Besteck in der Lade gehabt, das dann nach dem Essen in einem Küberl am Tisch abgewaschen wurde. Das war früher wahrscheinlich in vielen Ordensgemeinschaften so. Ich habe gekämpft, dass sich in der Tischkultur etwas ändert, dass schön aufgedeckt wird und das Geschirr danach in der Küche mit der Maschine gewaschen wird. Es war für manche Schwestern nicht einfach, da es angeblich schon zu Mutter Stifterins Zeiten mit dem Küberl so gehalten wurde. Ob es stimmt? Ich hab' gesagt: ‚Ja, es war damals sicher gut so, doch wir leben heute.‘ Mit Unterstützung anderer habe ich es schließlich durchgebracht. Und so gab es noch einiges, was wir eingeführt haben, das vorher nicht war.“

Zugutegekommen ist Sr. Manuela als Oberin ihre kontaktfreudige Art. Das Gemeinschaftsleben zu fördern, lag ihr bereits damals am Herzen. „Ich bin gerne in der Gemeinschaft. Und ich möchte, dass die anderen sich auch wohl fühlen. Ich versuchte die Wünsche der Einzelnen ein bisschen zu berücksichtigen, mehr Gemeinschaftsgefühl hineinzubringen. Dass wir Feste feiern, wie sie fallen, war mir immer ein großes Anliegen. Ein Fest gehört gefeiert. Es muss sich vom Alltag ein bisschen unterscheiden, finde ich. Ich habe dabei immer die vorhergehenden Oberinnen eingebunden, mich mit ihnen besprochen. Nicht dass sie das Gefühl haben: ‚Jetzt führt sie schon wieder etwas Neues ein!‘ Nein, sondern: ‚Ich hätte einen Vorschlag, ich würde gerne das machen. Seid ihr auch dafür?‘ ‚Ja, probieren wir das!‘ So ist es eigentlich immer ganz gut gegangen. Sicher, es wird immer Einzelne geben, die anderer Meinung sind. Auch das muss man akzeptieren.“

Gehorchen fällt schwer

So einfach scheint das mit dem Gehorsam nicht zu sein in einer Ordensgemeinschaft. Auch Sr. Manuela wurde Gehorsam nicht in die Wiege gelegt. „Ich war nicht das brave Kind. Das Gehorchen ist mir immer schon schwergefallen.“ Allerdings ging es im Orden auch nie um blinden Gehorsam, jedenfalls nicht in der Zeit, die Sr. Manuela erlebt hat. „Früher, haben sie erzählt, haben sie einfach den Versetzungsbrief bekommen. Da ist drinnen gestanden, du gehst ab morgen in diese und diese Gemeinschaft. So etwas gibt es längst nicht mehr. So einen blinden Gehorsam hat es zu unserer Zeit nicht gegeben, dass sie gesagt haben: ‚Das machst du jetzt und fertig.‘ Man hat schon immer versucht, miteinander zu reden und der anderen bewusst zu machen, dass diese Versetzung für etwas gut ist. ‚Was soll ich denn dort tun?‘ ‚Na, probiere es einmal! Du wirst sehen, du passt dorthin.‘ Und so. ‚Das wird gut gehen!‘ Und es ist dann wirklich gut gegangen.

Wie sie mich damals von Eisenstadt nach Rechnitz geschickt haben! Ich habe gar nicht gewusst, wo Rechnitz ist, muss ich sagen. Für mich war das so weit im südlichen Burgenland. Wir sind damals hinuntergefahren durch den Wald, über den Geschriebenstein. Damals hat es ja die Schnellstraße noch nicht gegeben und dadurch hat die Fahrt sehr lange gedauert. Ich hab' mir gedacht, wir kommen irgendwo in Ungarn an. Nach Rechnitz, ins letzte Winkerl der Welt schicken sie mich! Also, ich habe geweint, als wir hinuntergefahren sind. Und dann war ich nach zwei Jahren wirklich gerne dort, muss ich sagen. Und das ist, das war Gehorsam. Da ist eine andere weggekommen, also hat man mich gebraucht. Im Grunde meines Herzens war ich bereit, dorthin zu gehen, wo man mich braucht – auch, wenn es manchmal schwergefallen ist. ‚Nicht ihr habt mich erwählt, sondern ich habe euch erwählt und dazu bestimmt, dass ihr euch aufmacht und Frucht bringt', sagt Jesus im Johannesevangelium. Das hat mir immer wieder Mut zum Aufbruch gegeben."

Das Muster des Abschiednehmens und Aufbrechens hat sich in Sr. Manuelas Leben wiederholt. Sollte sie versetzt werden, spürte sie zuerst eine innere Ablehnung. Wenn sie diese überwand, war sie schließlich gerne dort, wo sie gebraucht wurde. Von Rechnitz wurde sie nach Neusiedl versetzt. „Ich habe mir gedacht, dort will ich nicht hin. Überall hin, nur nicht nach Neusiedl. Und dann bin ich nach Neusiedl in unsere Volks- und Hauptschule gekommen. Ich war in diesen neun Jahren so gerne in Neusiedl, auch in der Pfarre. Ich habe so gute Kolleginnen gehabt, wo wir miteinander die Erstkommunionvorbereitung und alles gemacht haben. Und dann hat mich wieder die damalige Provinzoberin gerufen. Ich kann mich noch gut erinnern. Sie hat mich angerufen und gesagt, sie möchte mit mir reden, ob ich nicht Zeit hätte, nach Eisenstadt zu kommen. Freitagnachmittag war das. Wir haben Kindergottesdienst gehabt in der Kirche und ich habe mir gedacht was will denn die? Hab' ich irgendwas angestellt? Da denkt man immer gleich, was könnte sein, was hab' ich falsch gemacht, oder was war denn? Ich bin bei strömendem Regen nach Eisenstadt gefahren, bin ins Provinzhaus hineingegangen und mit den nassen Schuhen ausgerutscht und bin gerade unter dem Kreuz in der Pforte gelandet. Da habe ich mir gedacht, na, das ist ein schlechtes Zeichen, ich falle da schon herein durch die Tür.

Dann hat mir die Provinzoberin mitgeteilt, dass eine junge Frau in den Orden eintreten möchte und ich als erfahrene Ordensfrau soll sie auf diesem Weg begleiten. Da dachte ich mir, das darf nicht wahr sein. Ich kann das nicht. Diese junge Frau hatte schon ein abgeschlossenes Universitätsstudium hinter sich – und ich? Ich habe mir gedacht, da bin ich überfordert, ich bin nicht so gescheit und was weiß ich alles. Also ich habe mich wirklich innerlich gewehrt. Dann hat die Oberin gesagt: ‚Aber ich denke mir, du wärst doch die Richtige.' ‚Naja, ich werde es mir überlegen, ich werde nachdenken', hab' ich gesagt. Und bin heimgefahren. Sicher sagt man nicht Nein, wenn man gebraucht wird, das ist selbstverständlich. Ich bin also heimgefahren und habe die Provinzoberin angerufen. Ja, wenn sie mich braucht, bin ich bereit. Wenn sie glaubt, dass ich die Richtige bin. Und dann, muss ich sagen, war ich so gerne da! Ich glaube, dieses Noviziat mit Sr. Maria, das war für mich, wie kann ich jetzt sagen, mein eigenes zweites Noviziat. Es hat mir sicher gutgetan. Als ich damals eingetreten bin, war alles noch ein wenig vorkonziliär. Vielleicht hab' ich das zweite Noviziat gebraucht."

Der Gehorsam zwar nicht als blindes Befolgen einer Anweisung, aber doch als Zustimmung zu etwas, dem man (noch) keinen Sinn abgewinnen kann: So könnte man die Praxis der letzten Jahrzehnte zusammenfassen, wie Sr. Manuela sie beschreibt. Es gab aber auch Situationen, in denen sie Nein gesagt hat. „In meinem Alter hinterfragt man schon vieles und man hat auch mehr Mut, Bedenken zu äußern. Als meine Oberinnenzeit hier aus war, hat die Provinzoberin angedeutet: ‚Möchtest du nicht ins Krankenhaus gehen? Dort könntest du pastoral etwas tun.' Ich hab' gesagt: ‚Ich ins Krankenhaus, nein. Ich kann im Krankenhaus gar nicht schlafen, wenn ich weiß, da unterhalb ist vielleicht die Leichenhalle. Nein, ich gehe sicher nicht ins Krankenhaus!' Es war ohnehin nur eine Überlegung. Was soll ich im Krankenhaus? Nein. Ich bin keine Krankenpflegerin und ich habe große Scheu vor dem Sterben und Tod und so. Ich habe Mitleid mit den Kranken und Leidenden und ich bin auch bereit, in der Pflege der alten und kranken Mitschwestern mitzuhelfen, soweit ich das kann.

Aber ich habe vor dem Tod so eine Scheu. Ich war ein Kind, vielleicht war ich sieben oder acht Jahre alt, da ist im zweiten Haus neben uns einer der jungen Burschen verunglückt. Ich weiß nicht, wo die Burschen in der Nacht waren, der eine hat sich unter einen stehenden Bus gelegt, vielleicht getrunken gehabt oder so etwas, und der Buschauffeur dürfte das nicht gemerkt haben und ist in der Früh losgefahren. Der Bursch war dann tot. Wir haben den sehr gut gekannt. Und ich bin mit meiner Mutter hingegangen. Der war zu Hause aufgebahrt, damals gab es ja keine Leichenhallen, der ist dort gelegen, zwar verbunden und so, aber für mich war das der Schock meines Lebens. Und ich bin seit der Zeit zu keinem Toten gegangen. Das hat meine Mutter gewusst und sie hat mich auch nicht gezwungen. Dann bin ich ins Noviziat gekommen. Wenn Schwestern gestorben sind, sind die offen im Sarg gelegen, da war damals noch nichts zugemacht. Und dann haben wir als Novizinnen mit einer Schwester mitgehen müssen und alles richten. Ich habe Angst gehabt, wirklich Angst, das konnte kein Mensch verstehen. ‚Die tut dir ja nichts mehr!' Sicher tut mir die nichts mehr. Aber ich hab' da irgendwas gehabt. Daher wundert es mich, dass ich jetzt beim Sterben von Schwestern dabei sein kann. Sie zu berühren, fällt mir aber schwer."

Das Schwierigste

„Wir haben alles. Unter Armut braucht, glaube ich, im Orden niemand zu leiden", sagt Sr. Manuela, wenn sie über den evangelischen Rat der Armut spricht. Die persönliche Besitzlosigkeit stört nicht, solange man alles hat. „Ja sicher, ich tät' mir auch gern einmal ein Buch kaufen. Wir kriegen im Moment eh ein bissel Taschengeld. Und dann kriegt man auch wieder einmal etwas geschenkt, von zu Hause oder so. Ich sage auch hie und da der Oberin: ‚Ich möchte mir das Buch jetzt kaufen.' Ich glaube, dass unter der Besitzlosigkeit nicht viele Schwestern leiden. Weil wir im Grunde haben, was wir brauchen, auch bei den Medikamenten. Wir haben ein Zimmer, wir haben eine Heizung, wir brauchen uns nicht zu kümmern, ob Öl oder Strom ausgehen. Dafür wird gesorgt. Dankbarkeit und Zufriedenheit sind hier angebracht. Armut bedeutet für mich den Mut, mit anderen das Leben, die Freude, die Gaben, die Gott mir geschenkt hat, zu teilen."

Die Keuschheit, Ehelosigkeit war da schon ein größeres Thema, erinnert sich Sr. Manuela. „Da hab' ich Probleme gehabt, dadurch, dass ich mich mit vielen Menschen gut verstanden habe, viele Freunde gehabt habe. Das ist ja nicht so, wenn man jetzt mit einem Menschen gut ist, dass man mit dem auch eine intime Beziehung eingeht. Aber das verstehen manche nicht. Ich habe Kollegen aus der Schule, von den ersten Jahren der Hauptschule Rosental, mit denen ich heute noch gut bin und die heute noch kommen und mich besuchen. Echte Freundinnen und Freunde! Natürlich haben so manche da Gefahren gesehen. Aber ich glaube, auch wenn ich mit Menschen ein gutes Verhältnis habe, muss ich um meine Grenzen wissen. Was so manche Menschen draußen nicht so sehr verstehen. Sie müssen es auch nicht, denn es ist eine andere Lebensform, die ich gewählt habe." Zu wissen, es gibt auch die Möglichkeit, anders zu leben als im Orden, warf existenzielle Fragen auf. „Ich würde sagen, das kommt vielleicht in jedem Leben in einem gewissen Alter, wo man auch das andere in Erwägung zieht. Man könnte auch in einer Beziehung leben, Mann und Kinder haben, also, eine sexuelle Beziehung leben. Vielleicht tritt diese Sehnsucht auch hie und da auf, besonders dann, wenn man in Schwierigkeiten steckt und sich alleingelassen fühlt. Also für mich war das sicher eines der schwersten von den drei Gelübden. Sicher ist eine eheliche Beziehung, eine Familie, die man sich aufbaut, etwas Großes und Schönes. Das habe ich doch auch in der eigenen Familie erfahren. Das ist sicher eine gute Möglichkeit, das Leben zu gestalten. Aber nachdem ich den anderen Weg gewählt habe und mir sicher bin, dass es der richtige war, ist das nicht drin."

Auch die Vorgesetzten haben sich ein wenig um Sr. Manuela gesorgt. „Wir waren ein sehr großer Lehrkörper und fast alles junge Leute. Es wurden Feste wie Geburtstage oder Ähnliches immer am Abend gefeiert, das ist so bei den Lehrern. Da haben meine Vorgesetzten schon vorher gefragt: ‚Was machst du da, wann kommst du denn heim und wie kommst du denn heim?' ‚Es wird mich schon wer heimführen!' Die waren da wahrscheinlich ein bisserl zu ängstlich. Aber sie haben eben gedacht, ich kann da leicht schwach werden, nicht. Ein junger Lehrer, heute auch schon in Pension, hat immer gesagt: ‚Ich pass' auf dich auf und ich werde dich gut heimbringen.' Wir waren sehr gute Freunde und sind es heute noch. Er kommt auch ins Haus, kennt alle Schwestern und ist mit allen gut. Aber ich muss sagen, ich habe es nie bereut, dass ich in den Orden eingetreten bin. Trotz aller ‚Versuchungen' sozusagen oder wie man das nennt."

Während das Schwierige früher war, die Beziehungen außen zu gestalten, die richtige Nähe und Distanz zu finden, haben die Herausforderungen mit den Jahren im Gemeinschaftsleben zugenommen. Je weniger Schwestern es werden, desto größer sind die Anforderungen an das Zusammenleben. Außerdem ist Sr. Manuela eine der wenigen im Haus, die unter achtzig sind. „Man kann sich mit niemandem so direkt austauschen. Natürlich höre ich mir die Probleme der älteren Schwestern an. Na, ich bin auch nicht mehr ganz jung. Aber wo lade ich ab? Da gehen mir öfters die Nerven durch. Dann sagen sie: ‚Du bist so impulsiv!' Sag' ich: ‚Ja, irgendwo muss ich es ja loswerden, das gehört dazu.' Schon meine Mutter hat immer gesagt: ‚Sei gut zu den alten Schwestern und schrei nicht so viel!' Naja, ich schreie trotzdem, das ist mein Temperament oder was weiß ich was. Die Schwestern wissen schon, wenn ich schreie, geht eben ein bisserl das Häferl über. Niemand ist fehlerlos und ich muss auch nicht vollkommen sein. Ich darf mit meinen Schwächen leben. Paulus schreibt im zweiten Korintherbrief: Der Herr antwortete mir: ‚Meine Gnade genügt dir, denn sie erweist ihre Kraft in der Schwachheit.' Die Schriftworte bedeuten mir viel für mein Leben."

Die Kleiderfrage

Eine Entwicklung im Orden hat Sr. Manuela das Leben wirklich sehr erleichtert. Sie hatte nämlich große Probleme mit dem gestärkten Ordensschleier. Den hat ihre Haut nicht vertragen. „Mir sind die Ohren offen geworden. Ich habe auf beiden Ohren geblutet und musste mit der damaligen Novizenmeisterin nach Wiener Neustadt zu Bestrahlungen fahren. Übrigens habe ich da meine ersten Erfahrungen gemacht, dass ich nicht überall im Bus die Leute anreden darf. Denn die Novizenmeisterin hat gesagt: ‚Du bist im Noviziat, du brauchst nicht alle anzureden.' Im Lauf der Zeit wurde die Ordenstracht reformiert, die Kleidung ist einfacher geworden und darüber war ich sehr froh. Aber ich möchte ordentlich gekleidet sein, und ich weiß, wenn man ganz zivil geht, braucht man mehr Gewand. Das Ordenskleid hat früher einfach dazugehört. Aber das Ordenskleid ist nicht das Wichtigste und das war es für mich nie. Es soll ordentlich sein, sag' ich, und praktisch. Viel später ist die Frage aufgetaucht, ob man nicht auch ohne Schleier gehen könnte. Bei dem Ordenskapitel war ich selber dabei, das war nicht einfach. Aber wir haben uns dann doch durchgesetzt. Wer will, darf nun ohne Schleier gehen. Damals hab' ich noch mehr Haare gehabt. Wenn ich gewusst hätte, dass mir die Haare ausgehen, wäre ich vielleicht auch nicht dafür gewesen, oder doch – im Hinblick auf jene, die es auch wollten? Aber ich muss sagen, ich bin jetzt wirklich dankbar, dass wir das durchgebracht haben. Wir sind nicht viele, wir waren eine ganz kleine Gruppe, die gesagt hat, wir möchten es ohne Schleier probieren. Wir hatten den Mut. Wir haben früher ein Kleid gehabt und manche haben das Kleid behalten. Andere sind auf Rock und Bluse umgestiegen. Die Pflegerinnen waren anfangs dagegen. Sie haben immer Weiß getragen und die Probleme des Kreidestaubs auf dem schwarzen Kleid in der Schule nie gekannt. Zivilkleidung ist beim Sport, Wandern, Urlaub und bei verschiedenen Anlässen auch möglich. Obwohl ich mein Ordenskleid gerne trage, habe ich kein Problem mit dem Zivilgehen. Ich möchte nur nicht zivil gehen und dann daherkommen wie eine aus dem vorigen Jahrhundert. Wenn, dann der Zeit entsprechend, sag' ich."

Schwester Manuela freut sich in der Pension über die Früchte, die in ihrem Klostergarten reifen. Sie blickt auf freudvolle und leidvolle Erfahrungen zurück, auf Jahre, die reich an Begegnungen und reich an Segen waren. „Was mir Kraft gibt sind meine Mitschwestern, Freunde, die mir viel bedeuten, und Jesus Christus, der die Quelle ist, aus der ich täglich schöpfe." Und sie freut sich, wenn sie – was auch nicht selten ist – die Früchte ihrer Arbeit als Lehrerin sieht. „Ich bin einmal in ein Geschäft gekommen, dort ist so ein Bursch herumgelaufen. ‚Ha, kennen Sie mich noch?' Da denke ich mir: ‚Bist du g'scheit, das war ein Schüler in der Volksschule, mit dem ich meine Probleme hatte. Der hat immer etwas anderes getan, als ich wollen hab'.' Und jetzt ist er Verkäufer, und jedes Mal, wenn er mich sieht, freut er sich. Das ist doch ein gutes Zeichen, oder?"

Gespräch: Marlies Zuccato-Doutlik
Text: Monika Slouk

Der Orden

NAME	Schwestern vom Göttlichen Erlöser
KÜRZEL	SDR – Congregatio Sororum a Divino Redemptore (Kongregation der Schwestern vom Göttlichen Erlöser)
GRÜNDUNG	Die Kongregation der Schwestern vom Göttlichen Erlöser wurde von Mutter Alfons Maria (Elisabeth Eppinger) in Bad Niederbronn im Elsass 1849 gegründet. Aus dieser Gründung entwickelte sich neben drei weiteren Kongregationen die Kongregation der Schwestern vom Göttlichen Erlöser mit dem Mutterhaus in Sopron, Ungarn, die seit 1867 selbstständig besteht. Erste Niederlassungen im heutigen Burgenland entstanden in Neusiedl am See, Eisenstadt/Oberberg, Steinberg und Rechnitz.
SENDUNG	Die erlösende Liebe Gottes zu den Menschen zu bringen. Die Schwestern vom Göttlichen Erlöser sind gegenwärtig in folgenden Bereichen tätig: Erziehung und Bildung Jugendlicher in den Schulen des Ordens (Eisenstadt und Steinberg, Neusiedl/See), Pflege und Betreuung kranker und alter Menschen in Krankenhäusern und Altenheimen (Krankenhaus der Barmherzigen Brüder in Salzburg, Graz-Eggenberg und Eisenstadt, Haus St. Elisabeth in Rechnitz), Mitarbeit in pastoralen Diensten (in Pfarren)
WELTWEIT	Das Generalat hat derzeit seinen Sitz in Rom. Die Kongregation gliedert sich in drei Provinzen (Österreich, Slowakei und Ungarn) und in eine Region (USA).
ÖSTERREICH	Mehr als fünfzig Niederlassungen führten die Schwestern vom Göttlichen Erlöser von 1874 bis heute teils abwechselnd, teils gleichzeitig, vor allem im Burgenland. Heute wirken sie in der österreichischen Provinz an zwölf Standorten (hauptsächlich Burgenland). Das Provinzhaus steht in Eisenstadt.

Als „U-Boot“ im Orden begonnen

Sr. Katharina Laner
geboren am 4. Juni 1957
Taufname: Rosa

„Der liebe Gott hat gezogen. Und das halt sehr früh." Mit fünfzehn entschließt sich Rosa Laner, in Salzburg dem Orden der „Töchter der christlichen Liebe" beizutreten. „Barmherzige Schwestern" werden sie auch genannt und sie haben Rosas Schulzeit in Bramberg im Oberpinzgau geprägt. „Ich habe immer Schwestern als Lehrerinnen gehabt, außer der Handarbeitslehrerin." Die ersten Jahre ist sie noch mit genagelten Schuhen in die Schule gegangen, erinnert sich Sr. Katharina heute. Eine Stunde Schulweg hin, eine Stunde wieder retour. „Das hat uns nicht geschadet. Interessanterweise war der Weg nach Hause immer länger als der Weg in die Schule. Man hatte halt nicht den Druck." Acht Jahre Volksschule und ein Jahr Hauswirtschaftsschule waren es insgesamt. „Die Sr. Lucilla, die habe ich die ersten vier Jahre gehabt, die war sehr streng mit mir. Die Sr. Edeltraud die nächsten zwei Jahre, die war auch meine Jungscharführerin, das schwingt natürlich mit. Die letzten zwei Jahre Volksschule war die Sr. Remigia, die mich immer schon versucht hat zu überreden, ich soll Schwester werden, der ich aber davongesprungen bin und gesagt habe, das interessiert mich überhaupt nicht. Und in der Hauswirtschaftsschule war die Sr. Hedwig." Sr. Hedwig ist es, die Rosa einmal fragt, was sie denn werden möchte. „Schwester, wie Sie!", hört sich Rosa sagen und ist selbst ein wenig überrascht davon.

Ursprünglich, so erzählt Sr. Katharina, hat nichts darauf hingedeutet, dass sie einmal geistliche Schwester werden würde. Sie war das vierte von elf Kindern einer Bergbauernfamilie und ein Wildfang. „Ich bin außen aufs Hausdach geklettert, war mehr auf den Bäumen als auf der Erde herunten." Mit Puppen hat sie nicht gespielt, wenn, war es interessant, sie zu zerlegen. Dem Vater ist sie gern bei Arbeiten im Wald oder am Feld zur Hand gegangen. In der Macherkammer hat sie sich wohl gefühlt, das war die Werkstatt am Bauernhof. Dass die Kinder bei allen möglichen Arbeiten am Hof mitgeholfen haben, war selbstverständlich. „Sonst wäre der Hof nicht zu bewirtschaften gewesen. Es war alles noch mehr oder weniger handbewirtschaftet, bis auf den Motormäher. Mit dem Pferdefuhrwerk waren wir vertraut."

Die Bibliothek am Bergbauernhof

Als Rosa dreizehn war, tauchte der Gedanke auf, dass sie Ordensfrau werden könnte. „Ich habe mich gewehrt dagegen. Ich habe ja Schwestern gekannt, bin bei ihnen in die Schule gegangen und habe gewusst, wie sie ihr Leben ungefähr führen. Ich habe mir gedacht, das ist nicht Meines. Ich brauche die Freiheit!“ Außerdem hatte sie die Vorstellung, einmal so viele Kinder zu haben wie die Mama und am Bauernhof fest anzupacken. In ihrem Inneren tauchten aber andere Bilder auf. Der Gedanke an das Ordensleben ließ ihr keine Ruhe. Sie begann, täglich in die Kirche zu gehen. „Aus mir heraus, es hat mich niemand gezwungen.“ Gleichzeitig begann sie, ihren Glauben infrage zu stellen, an Gott zu zweifeln. „Warum gibt es das Leid? Warum ist unser Onkel überfahren worden? Wenn es den Herrgott gibt, kann er das verhindern.“

Da hinein mischte sich ein inneres Sehnen. Rosa Laner begann, in der Bibel zu lesen. Ohne sie zu verstehen, wie sie heute sagt. Das Alte Testament war wie ein Krimi für sie. Die Psalmen sagten ihr besonders zu: „Mit dem Herrgott reden können, wie der Schnabel gewachsen ist!“ Eine große Bibel lag daheim am Bergbauernhof. Und nicht nur die. „Wir haben daheim generell eine große Bibliothek gehabt, eigentlich unüblich für einen Bauernhof. Meine Eltern haben beide gern und viel gelesen. Zu Weihnachten haben wir nicht viel bekommen, aber für ein Buch hatten sie immer etwas übrig. Mein Vater hat bis ins hohe Alter gelesen, nicht nur Romane oder religiöse Romane, sondern Literatur, wo sich mancher denken würde, warum liest ein Bauer so etwas? Große Frauengestalten des 19. oder 20. Jahrhunderts, da hatte er eine ganze Serie von Büchern.“ Die jährliche Bücherausstellung der Schule im Advent haben die Eltern Laner gemeinsam mit den Kindern besucht. Es gab auch eine Schulbibliothek zum Ausleihen der Bücher. Und Ordenszeitschriften wie die *Stadt Gottes* der Steyler Missionare haben Fortsetzungsromane abgedruckt, auch die hat man gern gelesen.

Die Nächstenliebe der Eltern

Im letzten Pflichtschuljahr kommt es zu dem Gespräch zwischen Rosa Laner und ihrer Hauswirtschaftslehrerin Sr. Hedwig, bei dem Rosa erkennt, dass sie es ernst meint mit dem Wunsch, Ordensschwester zu werden. „Hast du das daheim schon gesagt?“, fragt die Lehrerin. Nein, aber Rosa wird klar: Wenn ich den Weg gehen will, werde ich das den Eltern sagen müssen. Der Stein ist ins Rollen gekommen. Die Antwort der Eltern ist klar und einfach. „Wenn es dein Weg ist, dann geh ihn. Wenn du draufkommst, dass es nicht dein Weg ist, dann komm zurück und schäm dich nicht.“

Die Freiheit, in der sie ihr viertes Kind entlassen, sei typisch für ihre Eltern gewesen, sagt Sr. Katharina. „Sie haben keines ihrer Kinder in einen Beruf gedrängt.“ Was sie von den Eltern für das Leben lernt, ist der Glaube, den sie vorleben, in Riten und in Taten. „Bei uns war das Morgengebet üblich, das Abendgebet, das Beten vor dem Tisch und ganz besonders der Segen. Wir sind nie aus dem Haus gegangen, ohne dass die Mama uns ein Kreuzl gemacht hat. Zur Schule, egal wohin. Da hat es den Segen gegeben. Und dann, dass sich der Glaube nicht erschöpft im Beten, sondern auch der praktische Glaube. Den Begriff ‚Einleger‘ wird heute niemand mehr kennen. Das

waren Personen, die sind von Hof zu Hof gezogen und sind dort halt vierzehn Tage, drei Wochen, fünf Wochen, je nachdem, geblieben. Und solche Einleger haben wir regelmäßig gehabt, einen sogar zu Weihnachten einmal. Das war für mich ein sehr großes Erlebnis, wie die Person genau am Heiligen Abend kommt und aufgenommen wird und so wie ein Familienmitglied in die Bescherung eingeschlossen wird, wie wenn er zum Hof gehören würde. Oder auch wenn jemand um ein Wasser gefragt hat oder um ein Glas Milch oder um ein Stück Brot – es ist niemand vorbeigegangen, ohne dass er das bekommen hat.
Und dann die Wertschätzung den Menschen gegenüber: Was die Eltern nicht vertragen haben, war, jemanden auszuspotten, negativ zu reden. Oder die Wertschätzung der Schöpfung: Tiere zu quälen oder unachtsam zu sein mit Blumen – da haben sie uns beigebracht, dass man da aufpasst. Und der Sonntag ist geheiligt worden, da mag noch so viel Arbeit gewesen sein. Bei vielen Kindern war viel Arbeit für die Mutter. Aber der Sonntag! Wir haben ja das Schöne gehabt, die Familie ist immer beisammen gewesen durch den Bauernhof. Aber am Sonntag haben sie sich noch einmal besonders Zeit genommen für uns. Sind ein Stück mit uns gegangen oder wir haben sonst etwas miteinander getan.“ Zu ihren Eltern hatte Sr. Katharina immer eine gute Beziehung. Die Mutter ist 2011 verstorben, der Vater 2012. „Wenn ich so altere wie meine Eltern, so zufrieden und ohne zu jammern, dann bin ich dankbar.“ Mit ihren zehn Geschwistern trifft sie sich bis heute jährlich. „Wir sind ein verschworener Haufen. Einmal im Jahr kommen alle Geschwister zusammen. Aber nur die Geschwister, denn sonst sind wir zu viele. Alle außer einer Schwester sind verheiratet.“

Das Geschenk der Freundschaft

1972 schließt sich Rosa Laner der Gemeinschaft der Barmherzigen Schwestern in Salzburg an. Dafür ist sie mit fünfzehn eigentlich noch zu jung. „Die erste Zeit bis zum offiziellen Postulat war eigentlich ein bissl eine illegale Zeit. Ich sage immer, ich war ein U-Boot in der Gemeinschaft.“ Die Zeit als „U-Boot“ prägt Rosa sehr. Sie war eigentlich noch kein Ordensmitglied, wurde aber schon ernst genommen wie eine Mitschwester. Andere Kandidatinnen gab es nicht. „Das war ein Kennzeichen meines Weges, auch später im Noviziat. Dass ich in der Gemeinschaft nie jemanden hatte, der auf der gleichen Ausbildungsstufe im Orden war wie ich. So wie es heute viele trifft.“ Dafür begegnet sie Sr. Maria Goretti, die sie in ihrer geistlichen Entwicklung stark beeinflusst. Es entwickelt sich eine Freundschaft, die damals noch misstrauisch als Partikularfreundschaft definiert wird. Doch da gibt es Sr. Augustina, die Oberin, eine sehr weise und kluge Frau, wie Sr. Katharina sie beschreibt. „Sie hat gesagt, lasst sie. Das hat mir so imponiert. Diese Frau hat sich nie eingemischt. Sie hat sich auch nicht eingemischt in die Beziehung zwischen der Sr. Maria Goretti und mir. Die hat das einfach akzeptiert. Sie hat auch akzeptiert, dass ich Dinge mit der Mitschwester besprochen habe und nicht mit ihr, obwohl sie die Oberin war. Das war eine sehr kluge, weise Frau. Das hat mich geprägt. Vertrauen, das dir entgegengebracht wird, missbrauchst du ja nicht. Da würde ich mich vor mir selber schämen, wenn ich so ein Vertrauen missbrauchen würde. Da kommst du gar nicht auf den Gedanken.“ Sr. Maria Goretti ist jung, aber unheilbar krank. „Wir haben uns gegenseitig gebraucht. Ich habe sie dort unterstützt, wo ihre körperlichen Kräfte abgenommen haben, und sie hat mich im Geistlichen geprägt. Wenn ich zurückschaue, muss ich sagen, dass diese Zeit prägender für mich war als das offizielle Seminar.“ Seminar – so heißt bei den Barmherzigen Schwestern das Noviziat. Sr. Maria Goretti verstirbt mit 45 Jahren an ihrer unheilbaren Krankheit.

Doch die Frage nach dem Platz für Freundschaften innerhalb einer Ordensgemeinschaft bleibt. Sr. Katharina lebt jetzt schon lang in der Gemeinschaft und beschreibt ihre Lebenserfahrung. „Es ist ganz normal, dass es dich zu einer Mitschwester mehr hinzieht, dass du dich mit ihr mehr verstehst und mit einer anderen weniger. Für mich ist der erste Grundsatz, es sind meine Mitschwestern, ich habe mir keine ausgesucht. Sie müssen mich ertragen, ich muss sie ertragen. Es ist nicht immer alles konfliktfrei. Aber das wäre abnormal, wenn das alles konfliktfrei wäre. Wir sind beauftragt, dass wir miteinander ein gutes gemeinschaftliches Leben führen, und das heißt halt auch, sich einmal reiben. Wie hat das jemand gesagt? Das sind die Trainingspartner der Heiligkeit. Aber ich habe Mitschwestern, mit denen teile ich mehr Gedanken. Da kann ich mich mehr öffnen, weil ich einfach weiß, die stehen mir sehr nahe. Es ist ein Geschenk, wenn du solche Menschen hast. Ich sage immer, solange ich nicht beginne, die anderen auszuschließen, ist das kein Problem. Wenn es sich nur mehr um mich und die andere dreht, dann wird es schwierig. Aber das kenne ich persönlich nicht. Dass ich mich nur mehr zu dieser Mitschwester hinsetze oder nur mehr mit der rede, das gibt es für mich nicht. Eine Gemeinschaft lebt nur von dem, was jede von uns einbringt. Einbringen musst du dich, sonst lebt es nicht. Es ist ja in der Familie auch so. Es muss ja auch jeder seinen Beitrag bringen. So lebt eine Gemeinschaft. Für mich persönlich sind das gemeinsame Beten und Feiern, das gemeinsame Leben, das sind schon Kraftquellen."

Ordensleben ohne lebenslange Bindung

Die Zeit als U-Boot, als Interessentin, Anwärterin oder wie auch immer man das bezeichnen möchte, die Zeit vor dem Postulat, beginnt im Conradinum in Salzburg. Rosa arbeitet dort wie drei Mitschwestern mit schwerstbehinderten Kindern. Sie sieht ihre Arbeit als Prüfung ihrer Berufung und gleichzeitig als Bestätigung. „Ich habe mir gedacht, wenn ich das aushalte, dann ist das mein Weg." Im Sommer 1973 arbeitet sie noch einmal zu Hause, am Bauernhof wird ihre Arbeitskraft gebraucht. Ab Herbst besucht sie in Salzburg die Krankenpflegeschule und lebt mit den Barmherzigen Schwestern im Haus St. Luise, bis sie im Frühjahr 1976 offiziell ins Postulat und im Herbst dann ins Noviziat, also ins Seminar, eintritt.

„Dort habe ich die Erfahrung gemacht, dass du auch einmal eine Vorgesetzte hast, mit der du nicht so gut zusammenkommst. Und das im Noviziat. Aber genau das hatte mir vorher schon die Sr. Maria Goretti gesagt. Ganz wichtig, nicht am Menschen hängen. Also nicht an den Vorgesetzten. Denn es könnte einmal sein, dass du dich mit einer nicht verstehst und dass das nicht gut geht, und dann bricht die Welt zusammen. Und für mich ist nie eine Welt zusammengebrochen.

Auch wenn ich mich einmal nicht so gut verstanden habe. Ich muss auch sagen, ich habe das Glück gehabt, dass ich mir mit meinen Vorgesetzten auf jeden Fall alles habe gut ausreden können." Die Ewige Profess legt Sr. Katharina nie ab. Denn die gibt es bei den Barmherzigen Schwestern nicht. „Das geht auf unsere Ordensgründer Vinzenz und Luise zurück. Unsere Gelübde sind kirchenrechtlich immer nur auf ein Jahr. Am 25. März in der Früh bin ich kirchenrechtlich frei, am Abend nach dem Gottesdienst wieder gebunden. Also wir legen jährlich unsere Gelübde neu ab."

Geistliche Geschäftsführung?

Als junge Schwester kommt Sr. Katharina Laner ins Krankenhaus Schwarzach, in dem sie mittlerweile seit 36 Jahren wirkt und Geschäftsführerin ist. Zu Beginn arbeitet sie als Diplomkrankenschwester auf den verschiedensten Stationen mit, macht dafür Zusatzausbildungen. Die ersten Leitungserfahrungen sammelt sie als Stationsschwester. Neun Jahre lang leitet sie ihre Station, bevor sie Pflegedienstleiterin des Krankenhauses wird. „Nach weltlichem Geschmack gesprochen bin ich eine Karriereleiter hochgeklettert. Meine Einstellung war: Ich habe mich der Gemeinschaft zur Verfügung gestellt. Die Gemeinschaft hat mich ausgebildet. Sie hat mir die Ausbildung ermöglicht. Ich habe Fähigkeiten mitgebracht. Und es wäre unfair, das nicht den Menschen oder der Gemeinschaft dort zur Verfügung zu stellen, wo sie mich hinstellt. Meine Fähigkeiten sind Geschenke von Gott. Wenn ich sie nicht ausübe, verkümmern sie. Dann stirbt etwas. Gaben sind Aufgaben, die werden uns dazu gegeben, dass wir sie weitergeben."
Noch als Pflegedienstleiterin und Geschäftsführerin des Krankenhauses absolviert sie nebenberuflich ein Sozialmanagement-Studium. „Ganz bewusst Sozialmanagement und nicht etwas Krankenhaus-Spezifisches. Das war ein 7-Semester-Studium an der WU Wien. Es war ein sozialer Zweig dabei: Sozialpolitik, Gemeinwesenarbeit – das hat mich einfach interessiert. Ich durfte auf meinen Wunsch hin dieses Studium machen. Das war sehr herausfordernd. Du machst eine Ausbildung über sieben Semester, hast aber neben-

Sr. Katharina Laner

Abschied von Indien
und von meinen
Vater in 1965 Feb.

Sr. M. Hilda Correia S.R.A.

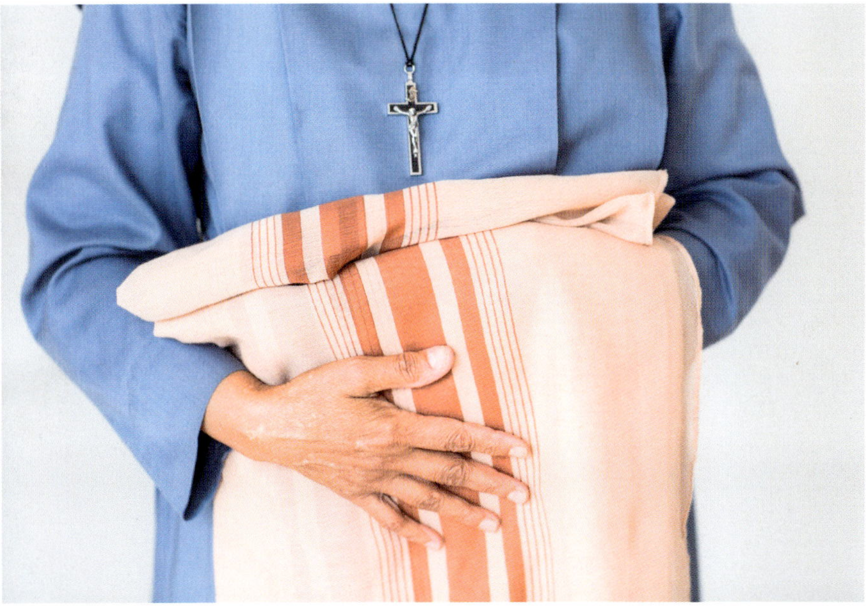

Sr. M. Carmen vom heiligsten Herzen Jesu

J·M·J·T
Hier ruht in Gott
unsere liebe
Sr. Maria
vom hlgst. Herzen Jesu
Anna Metzler
geb. 29. Juli 1916 Schwarzenberg
Profess 16. Mai 1947
gest. 14. Dezember 2012
R.i.P.

Sr. M. Immaculata Ebner

Sr. Katharina Laner

bei immer hundertprozentige Arbeit. Die Ausbildung war blockweise. Dazwischen viel Eigenstudium, dann die Arbeiten zu schreiben. Zum Glück waren die Blöcke in Salzburg, nur einer war in Zürich. So war das für mich ideal."

Die Arbeit als Geschäftsführerin teilt sie sich mit einem Kollegen, der keinem Orden angehört. „Wir haben unsere Arbeitsfelder geteilt. Er hat die *Hard Facts*, also das Kaufmännische und diese Dinge, die mir nicht fremd sind, die ich verstehen muss und die ich mitverantworte. Und ich habe die *Soft Facts*, ich habe das ganze Personal und die Unternehmenskultur und diese Themen. In der Geschäftsführung muss sich meistens eine Person um beides kümmern. Bei uns ist das Geschäftsfeld getrennt, wobei wir beide alles verantworten. Wir stehen gemeinsam in der Gesamtverantwortung." Sr. Katharina erlebt es als Spannungsfeld, als Ordensfrau sowohl der geistlichen und menschlichen Verantwortung gerecht zu werden als auch der betriebswirtschaftlichen. „Das ist eine verflixt große Herausforderung. Ich muss natürlich den Betrieb führen im Sinne der Prinzipien der Betriebswirtschaft. Ich verwalte öffentliches Geld! Und andererseits habe ich die menschlichen Anforderungen. Nicht nur der Patienten, sondern auch der Mitarbeiter."

Personalfragen seien immer die schwierigsten, meint Sr. Katharina. Es geht um Personen, um Kündigungen oder Verwarnungen. Sie nehme die Situation mit ins Gebet. Daraus entstehe keine unmittelbare Lösung, aber sie bekomme eine andere Sichtweise. Im Allgemeinen erhielten schwierige Mitarbeiter mehr Chancen sich zu integrieren als anderswo. Aber endlos ginge das auch nicht. Es müssten schließlich andere Mitarbeiter dafür mehr Arbeit machen und auch denen gegenüber trage die Geschäftsführerin Verantwortung. Der religiöse Anspruch in der Führungsposition fordere sie heraus, sagt Sr. Katharina: „Wenn ein Mitarbeiter kommt und etwas fordert und vielleicht ungerechte Forderungen stellt: Wenn ich es genau nehme, ist Christus in ihm. Aber er ist auch in mir. Wie gehe ich jetzt damit um? Dem Mitarbeiter wertschätzend zu begegnen und trotzdem Nein zu sagen?" Dass Christus sich mit den Menschen identifiziert, dass er sagt: „Was ihr für einen meiner geringsten Brüder getan habt, das habt ihr mir getan", das hat bereits Vinzenz von

Paul betont. Egal, wie abstoßend ein Mensch erscheint, in ihm ist das Bild Christi zu erkennen. „Wenn ihr den Menschen dient, dient ihr Gott“, hat daher der heilige Vinzenz seinen Mitarbeiterinnen mitgegeben.

Am schwersten fällt Sr. Katharina, zu akzeptieren, wie groß die Einkommensunterschiede in einem Krankenhaus sind. „Bei uns im Krankenhaus arbeiten Leute mit einem minimalen Verdienst ebenso wie Leute der oberen Einkommensliga. Und meine Erfahrung ist, dass die in der oberen Liga schneller jammern, wenn es einmal ein Cent weniger ist, als die mit dem Minimum. Das ist ein Spannungsfeld, das für mich persönlich am schwierigsten auszuhalten ist. Diese Ungleichheit und dieses Nicht-genug-haben-Können. Dadurch, dass ich selbst aus einfachen Verhältnissen komme. Mir ist nichts abgegangen! Überhaupt nichts. Ich habe Bescheidenheit gelernt und gelernt, dass ich nicht viel brauche, um glücklich zu sein. Die Lebensfreude daheim war sprudelnd. Ich weiß genau, dass meine Geschwister nicht zu viel haben. Aber sie sind alle zufrieden. Da spürst du Leben. Wenn es dann nur mehr darum geht: Das brauche ich noch, und das ist mir zu wenig, und da ist mir vielleicht irgendetwas nicht angerechnet worden bei den Sonderklassegeldern ... Da tue ich mir schwer.“ Für das Krankenhaus der Zukunft sieht Sr. Katharina einen großen Trend: Zuwendung wird unfinanzierbar. Menschlichkeit hat immer weniger Raum im Sozial- und Gesundheitswesen. Aber, so zitiert sie Papst Franziskus, Arme und Kranke wird es immer geben. Da stellt sich die Frage, wo Ordensleute ihren Platz in der Zukunft sehen. Eher in der Seelsorge, schätzt Sr. Katharina.

Stabiles und Neues

Gebet und Stille sind für die Ordensfrau in der Leitungsposition sehr wichtig. Es gibt Zeiten, da dürfen ihre Sekretärinnen keinen Termin vereinbaren. „Es gibt normalerweise keine Mittagstermine bei mir, weil wir uns zu Mittag in der Gemeinschaft treffen.“ Die zwölf Barmherzigen Schwestern, die im Krankenhaus Schwarzach arbeiten – davon sieben hauptamtlich und fünf ehrenamtlich –, pflegen ihren geregelten Tagesablauf, wie ihn Sr. Katharina beschreibt: „Wir haben

das Morgengebet gemeinsam. Wir frühstücken im Schweigen, außer zu bestimmten Zeiten. Mir persönlich taugt das sehr, denn da klingt das Gebet nach. Dann geht jede von uns arbeiten an ihre Arbeitsstelle. Mittags treffen wir uns kurz zum Gebet in der Kapelle, gehen gemeinsam zum Mittagessen. Da haben wir natürlich Gespräch und treffen uns nachher in der Mittagszeit zur sogenannten Rekreation, also zu einer gemeinsamen Erholungszeit, die eine ungezwungene Zeit ist. Die einen tun Rosenkranz knüpfen, die anderen etwas basteln, da gibt es eher lockere Gespräche. Dann haben wir die geistliche Lesung, dann die Betrachtung, also stilles Gebet, und nach drei gehen wir wieder arbeiten."

Das Leben in Gemeinschaft gebe ihr Kraft, betont Sr. Katharina immer wieder. Im Vergleich zu früheren Jahrzehnten seien im Rahmen des Gemeinschaftslebens Dinge möglich geworden, die früher undenkbar gewesen wären. Eine Gebetsecke im eigenen Zimmer zum Beispiel, in der man die Betrachtung auch einmal ganz alleine, außerhalb der Kapelle halten kann. Die Freiheit sei größer, gleichzeitig seien die Schwestern mehr aufeinander angewiesen. „Als ich 1979 nach Schwarzach gekommen bin, waren hier an die 70 Barmherzige Schwestern. Unter 70 Schwestern fallen zwei oder drei nicht auf, wenn sie einmal fehlen. Heute fehlt jede, wenn sie fehlt. Die Charaktere kommen in einer kleineren Gemeinschaft stärker heraus. Du kannst nicht ausweichen."

Die sinkende Zahl an Ordensfrauen hat sich auch auf die großen Strukturen des Ordens ausgewirkt. Bis 2004 war Salzburg eine eigene Ordensprovinz. Dann wurden Salzburg und Graz zur Provinz Österreich zusammengelegt. Und da 2011 auch noch Ungarn und Rumänien angegliedert wurden, heißt die Provinz nun „Graz–Mitteleuropa", denn in Graz steht das Provinzhaus. Sr. Katharina hat die Umstrukturierung mitgetragen, sie ist seit 1998 als Provinzrätin in der Provinzleitung und hat das Zusammenwachsen begleitet. Noch etwas hat sich 2004 geändert: Die Gemeinschaft hat neue Konstitutionen bekommen. „Man hat gelernt, mehr auf den Sinn zu schauen und nicht nur auf den Buchstaben des Gesetzes. Die Regel, wie sie früher hieß, die hat ganz strikt vorgegeben. Wenn ich bis Vinzenz zurückgehe: Da gab es richtige Direktiven. Die neu formulierten Konstitutionen, die wir seit 2004 haben, sind mehr als Einladung geschrieben. Sie stecken den Rahmen ab, sie zeigen mir mehr den großen Rahmen auf, den ich habe, innerhalb dessen ich mich bewegen kann. Die Regeln haben mehr das Kleine aufgezeigt. Die Konstitutionen zeigen die Größe des Gesetzes auf. Da bin ich mehr gefordert. Dass ich sie lese, mich frage, was ist der Sinn dessen, was da drinnen steht."

Mehr Freiheit und mehr Eigenverantwortung sind die Grundpfeiler der Entwicklung der letzten Jahrzehnte. Anders betrachtet: Mehr Vertrauen in die Einzelne. Es sind Werte, mit denen Rosa Laner großgeworden ist, die sie als Sr. Katharina auch bei den Barmherzigen Schwestern immer wieder erlebt hat: Freiheit und Eigenverantwortung, weil ihr Vertrauen entgegengebracht wurde. Ihr Ausbildungsprogramm war gut, erinnert sie sich. Aber die Art und Weise der Ordensausbildung heute fördert noch viel stärker das Selbstbewusstsein, auch die Selbstdisziplin, die durch die Freiheit notwendiger ist. Zur größeren Freiheit zählt Sr. Katharina auch die Möglichkeit längerer Heimatbesuche. „Früher war es üblich, einen Tag Heimatbesuch zu machen. Der erste Tag, an dem ich nach dem Eintritt heimgefahren bin, war, als die Eltern 25-jähriges Hochzeitsjubiläum gehabt haben. Da war ich einen Tag zu Hause. Und heute mache ich eine Woche bis vierzehn Tage Heimaturlaub. Also das hat sich geändert, die Zeiten, die man zu Hause verbringt."

Und noch etwas hat sich geändert: die Hobbys. Abgesehen davon, dass sie als Krankenhaus-Geschäftsführerin bei Weitem nicht zu allen Hobbys kommt, die sie gerne pflegen würde, ist ihr der Sport ein guter Ausgleich zum Beruf. Sie spaziert gerne durch die Wälder um Schwarzach, geht Walken, Bergwandern, Radfahren. „Ich bin mit dem Ordenskleid unterwegs, also bin ich als Schwester erkennbar. Früher war es unüblich, dass man Sportbekleidung trägt. Heutzutage wäre es erlaubt. Ich sage, ich bin, wie es noch nicht erlaubt war, auf die Dreitausender hinaufgegangen und bin hinaufgekommen. Warum soll ich mich da jetzt ändern? Da sehe ich keine Notwendigkeit. Ich habe auch kein Problem, wenn eine Mitschwester sich dafür entscheidet und sagt, ich möchte, wenn wir auf den Berg gehen, mit einer Hose gehen. Dann sag ich, ja, geh so! Entscheide dich und steh dazu. So wie ich dazu stehe, dass ersichtlich ist, dass ich als Schwester oben stehe. Seit

Kurzem habe ich einen Fahrradhelm. Der kommt über den Schleier. Damit bin ich das Problem los, dass ich den Schleier verliere!“ Veränderungen sollen nicht um ihrer selbst willen geschehen, sondern einen Sinn haben.

Dass sich viel geändert hat in den letzten Jahrzehnten und dass es sich weiter ändern wird, hat für Sr. Katharina Laner Sinn: „Denn wenn die Jungen so täten wie die Alten, wären wir heute noch in der Steinzeit.“ Das hat schon Sr. Katharinas Vater immer gesagt.

Gespräch und Text: Monika Slouk

Der Orden

Name	Genossenschaft der Töchter der christlichen Liebe vom heiligen Vinzenz von Paul, Dienerinnen der Armen. In den deutschsprachigen Ländern wurde den Schwestern vom Volk der Name Barmherzige Schwestern gegeben.
Kürzel	FdlC – Filles de la Charité (Töchter der {christlichen} Liebe)
Gründung	Die „Filles de la Charité“ wurden im 17. Jahrhundert in Frankreich vom hl. Vinzenz von Paul und von der hl. Luise von Marillac gegründet. Vinzenz von Paul gilt auch als Vater der modernen Caritas. 1844 begann Sr. Ambrosia Preisinger mit fünf jungen Schwestern und einer von München „geliehenen“ Oberin das Werk christlicher Nächstenliebe in Schwarzach, im Auftrag von Fürsterzbischof Kardinal Friedrich von Schwarzenberg.
Sendung	Motto: Liebe sei Tat. Die Barmherzigen Schwestern gründen Schulen, Kindergärten, Kinderheime, Behinderteneinrichtungen, Altenheime und Krankenhäuser.
weltweit	16.000 Töchter der christlichen Liebe vom heiligen Vinzenz von Paul leben und wirken in 1.900 Gemeinschaften in 94 Ländern auf allen Kontinenten. Der „verwandte“ Männerorden ist nicht der der Barmherzigen Brüder, sondern jener der Lazaristen. Dazu kommen noch zahlreiche eigenständige Kongregationen von Barmherzigen Schwestern vom hl. Vinzenz von Paul in aller Welt.
Österreich	In Österreich wirken vier voneinander unabhängige Zweige der Barmherzigen Schwestern des hl. Vinzenz von Paul. Die Provinz Graz-Mitteleuropa (zu der Schwarzach gehört), die zur Gesellschaft der Töchter der christlichen Liebe mit Mutterhaus in Paris gehört. Die Kongregation der Barmherzigen Schwestern vom hl. Vinzenz von Paul in Innsbruck. Die Kongregation der Barmherzigen Schwestern vom heiligen Vinzenz von Paul in Wien-Gumpendorf und die Barmherzigen Schwestern des hl. Vinzenz von Paul in Zams/Tirol.

Welche Rolle der Snoopy gespielt hat

Sr. Martina Holzer FDC
geboren am 2. Jänner 1964
Taufname: Martina

„Ich habe meinen Beruf als Schneiderin geliebt, war erfolgreich in einem Betrieb, der erfolgreich war.“ Martina Holzer ist eine kreative junge Frau. Sie liebt es, Mode zu machen und freut sich, wenn sie am Ende des Tages sieht, was durch ihre Arbeit entstanden ist. Lebenslustig ist sie auch. Durch ihr Engagement in der Katholischen Jugend hat sie einen großen Freundeskreis, geht oft tanzen, Skifahren, Radfahren, Mofafahren. „Perfekte Jugendzeit“, ist ihre Kurzformel, wenn sie sich heute daran erinnert. Was sie in dieser Zeit längst begleitete, war der Gedanke, „ins Kloster zu gehen“. Aber jetzt gleich? Oder doch später? Und wohin? So ganz sicher war sie sich als Neunzehnjährige noch nicht.

Martina wuchs in einer Schneider-Dynastie auf. „Unsere Schneiderwerkstatt war das Zentrum des Hauses“, erinnert sie sich an ihre Kindheit. „Sie war unser Wohnzimmer und Arbeitszimmer und Spielzimmer und Probierzimmer.“ Sie hat einen Zwillingsbruder. „Ich war die Erste! Das war immer wichtig in der Kinderzeit.“ Mit Begeisterung besucht sie den Kindergarten der Kreuzschwestern in Böheimkirchen in der Nähe von St. Pölten. Der Bruder verlässt sich auf das Urteil seiner Schwester. Wenn ihr etwas gefällt, passt es auch für ihn. „Die Schwester Theresia haben wir recht gern gehabt“, erinnert sich Sr. Martina. Sie weiß von klein auf, was Ordensfrauen sind. In der Familie erlebt sie die Selbstverständlichkeit von Abendgebet, Kreuzzeichen vor dem Essen und auf dem Brotlaib, Sonntagsgottesdienstbesuch und Maiandachten. „Da haben sie uns immer mitgenommen, die Eltern.“ Neben dem geschwisterlichen Verhältnis zu ihrem Bruder, mit vielen Kinderstreitereien und ebenso großem Zusammenhalt, sind ihr die Kinder in der Nachbarschaft wichtig. „Es hat sich alles in den Gärten oder auf der nicht stark befahrenen Straße zwischen den Gärten abgespielt. Ältere Kinder, jüngere Kinder, es war recht lustig, ein großes Hallo. Und weil wir Zwillinge, eben Bub und Mädchen, waren, waren auch in unserem Garten Buben und Mädchen da, und zwar viele.“ Ein erstes intensives Gemeinschaftserlebnis außerhalb der Familie. Gemeinschaft wird Martina Holzer ihr Leben lang wichtig sein.

Eines Sonntags unternimmt Familie Holzer eine kleine Wanderung in der Gegend. Ziel ist der Hegerberg, ein beliebtes Ausflugsziel im Wienerwald. Am Weg liegt die Landwirtschaftliche Fachschule der Töchter

der Göttlichen Liebe in Hochstraß. Die Familie lässt sich von Sr. Norberta, der Direktorin, die Schule und das Internat zeigen. Und weil die Internatsschülerinnen nur vierzehntägig nach Hause fahren, ist das Haus voller Mädchen. „Die Mädchen waren lustig! Ich habe erfahren, dass praktische Fächer dort eine große Rolle spielen. Und wie wir weggegangen sind, habe ich gewusst: In diese Schule will ich gehen! Wir hatten mit Landwirtschaft überhaupt nichts am Hut, es war mir egal, die landwirtschaftlichen Fächer waren mir auch egal, aber: In diese Schule will ich gehen!" Martina überzeugt einige ihrer Schulkolleginnen, sich auch in dieser Schule anzumelden. „Internatsschule – am Ende der Welt! Dort ist wirklich die Straße zu Ende, der nächste Ort ist vier Kilometer entfernt." Schule und Internat liegen auf einem Hügel, umgeben von Wald und Wiesen. Und dort: „Sechzig pubertierende Mädchen mit allem, was denen so einfällt in dieser Zeit, zwischen vierzehn und sechzehn. Ich war so gern dort, ich war wirklich gerne dort!" Bis heute ist Sr. Martina in regelmäßigem Kontakt mit dem zusammengeschweißten Grüppchen aus dem Internat.
Elf Freundinnen von damals haben sie unlängst in Rom besucht, wo sie heute im Generalat ihres Ordens arbeitet. „Rom hat dann einige Zeit gebraucht, sich wieder zu erholen." Wenn sie daran zurückdenkt, erinnert sich Sr. Martina auch, dass nicht alle Kolleginnen immer gern im Internat waren. Für sie jedoch sei es eine prägende Zeit gewesen. „Die Schwestern, die dort in der Schule gearbeitet haben und uns unterrichtet haben, die hatten ein Herz, das war so groß, dass alles Platz hatte. Die Schule war streng, aber dennoch, Verständnis war für alles da." Mitten im Trubel gönnt sich Martina Holzer hin und wieder ein Weilchen Stille. „Es gab im Zentrum dieser Schule eine große Kapelle. Ich war zwar nicht besonders religiös, aber doch war es so, wenn es schon spät abends war und in manchen Zimmern laut und fröhlich, dann hab' ich manchmal die Kapellentür einen Spalt aufgemacht. Drinnen war es dunkel, ich bin hineingeschlüpft und habe die Stille und die Dunkelheit und die Atmosphäre der Kapelle genutzt und genossen. Das hat niemand mitgekriegt, weder die Schwestern noch die Schülerinnen. Es war mir auch recht so. Aber das war's auch schon."

Ich glaube, ich soll ins Kloster gehen

Die Landwirtschaftliche Fachschule dauerte zwei Jahre. Und so kam es, dass sich für Martina schon bald die Frage stellte, wie es nun weitergehen sollte. Sie wollte etwas Kreatives machen, vielleicht Damenkleidermacherin. Vom Elternhaus kam zunächst Widerstand. Der Vater hatte seinen Betrieb als Herrenschneider schon aufgelöst. Er wusste, dass man mit diesem Handwerk nicht mehr sein Brot verdienen konnte, und hatte sich beizeiten eine Anstellung mit regelmäßigem Einkommen gesucht. Schließlich halfen die Eltern aber mit, eine gute Lehrstelle zu finden. Kontakte hatten sie ja noch. „Im niedrigsten Kollektivvertrag, den es überhaupt gab, habe ich mit 290 Schilling brutto in der Woche die Lehre begonnen. Mir war das egal." So kam es, dass Martina Holzer in einem exklusiven Familienbetrieb mit prominenter Kundschaft ihr Handwerk erlernte. Sie war nicht nur ein erfolgreicher Lehrling, sondern auch glücklich mit der Arbeit.

Was sie allerdings schmerzlich vermisste, war die Internatsgemeinschaft. Mit großer Freude schloss sie sich einer Jugendgruppe an, die gerade in der Pfarre entstand. Das Zweite Vatikanische Konzil lag nur wenige Jahre zurück und für Jugendliche war einiges am Entstehen. „Ich wollte mich engagieren. Ich habe das so schön gefunden und so wichtig empfunden, Gemeinschaft zu haben und in Gemeinschaft Glauben zu leben, Glauben zu entwickeln." Die Jugendgruppe traf sich vierzehntägig, Martina wollte auch etwas für Kinder auf die Beine stellen, fuhr zu einer Gruppenleiterschulung. Das war wieder eine ganz neue Erfahrung. „Ganz anders miteinander Gottesdienst zu feiern als in einer Pfarrkirche! Die Kapelle war auch außerhalb der Gottesdienste besucht von Jugendlichen. Teppichboden, keine Kirchenbänke, sondern da sitzt man auf dem Boden, es ist nicht viel anderes da als der Tabernakel. Ich habe nicht gewusst, dass das lebensgefährlich ist, mich da hinzusetzen und einfach still zu sein und da zu sein." Je länger sie sich Zeit nimmt zum stillen Dasein, desto mehr Gewicht spürt sie auf ihren Schultern lasten. Sie will herausfinden, was los ist mit ihr, und sucht einen Ansprechpartner. Der Jugendseelsorger nimmt sich sofort Zeit. Was sie denn am Herzen habe? Sie weiß es selbst nicht. „Dann habe ich mich sagen gehört: ‚Ich glaube, ich soll ins Kloster gehen.'" Der weitere Gesprächsverlauf ist nicht mehr wichtig. „Nach dem Gespräch hatte ich irgendetwas kapiert." Dieser Satz wurde zu ihrem ganz eigenen, der sie von nun an begleitete. Martina war knapp siebzehn.

Von der Jugendleiterschulung fuhr sie verändert weg. „Ich habe mit niemandem darüber gesprochen." Die nächste eindrucksvolle Station war ein Pfingsttreffen der Diözese St. Pölten im Stift Herzogenburg. „Wieder viele Jugendliche, wieder Gemeinschaft, wieder gemeinsam Glauben leben und feiern. Das war für mich wie Firmung. Ich war ja schon gefirmt, aber das war eigentlich übersehbar gewesen. Das hat sich dann erst herausgebildet, dieses Begeistert-Sein. Nicht nur so ‚Hallo, hallo!' und es ist gleich wieder weg, sondern im wirklichen Sinn." Danach setzt sich Martina aufs Mofa und fährt nach Hochstraß, zur Direktorin von damals. „Das war die mit dem großen Herzen." Die hört sich die ganze Begeisterung an, in aller Ruhe. So etwas kann ja auch schnell verfliegen, wenn der Alltag wieder anfängt.

„Und irgendwann, nachdem ich vom Pfingsttreffen erzählt hatte, habe ich dann erzählt, was vor einem halben Jahr geschehen ist. Also, ich habe erzählt, ich möchte ins Kloster gehen. Und sie hat gesagt: ‚Ja, das denkt bald einmal wer, das ist auch gut, wenn man es nicht ausklammert. Man soll immer mehrere Alternativen für sein Leben haben.' Aha. Ja, o. k. Aber ich trage das schon ein halbes Jahr mit mir herum! Es ist wirklich stark da, es ist nicht vergangen inzwischen. Dann hat sie gemeint: ‚Na, vielleicht wird ja was draus.' Wir waren uns einig: Die Lehre mache ich auf jeden Fall fertig." Martina ist erst im ersten Lehrjahr. Den Kontakt zum Kloster Hochstraß hält sie aufrecht. Mit dem Mofa fährt sie immer wieder hin, ans „Ende der Welt". Manchmal bleibt sie über Nacht. „Wenn ich wollte, konnte ich Fragen stellen oder über meine Erfahrungen, über meine Vorstellungen sprechen. Es war sehr wichtig für mich."

Gegen Ende des dritten Lehrjahres stellt sie Sr. Norberta die Frage: „Jetzt habe ich dann bald Lehrabschlussprüfung. Soll ich dann ins Kloster gehen?" Die Direktorin schaut sie an und fragt zurück: „Na, was denkst du?" „Ich weiß es jetzt nicht." „Wenn du es nicht weißt, dann bleib, wo du bist." Und Martina Holzer bleibt. Die Jugendarbeit und die Jungschararbeit sind ihr sehr wichtig. Sie engagiert sich über die Pfarre hinaus in der Diözese. „Irgendwann habe ich die Alternative ‚Familie' wieder einmal ganz, ganz groß da gehabt. So mit Liebeskummer und allem Drum und Dran. Denn wenn ich die Alternative ‚Familie' jetzt da hab', heißt das natürlich totale Verunsicherung. Alles wackelt, ich selber am meisten. Ich hab' das wirklich offen gelassen. Aber auch gespürt, was siegen wird." Nach wenigen Wochen ist sie sich sicher, nun will sie aufbrechen. Sie will ihren geliebten Beruf aufgeben und sich eine Ordensgemeinschaft suchen.

„Das war auch der Zeitpunkt, wo ich es meinen Eltern erzählt habe. Es war nicht einfach. Oh, es war nicht einfach. Für meine Eltern nicht und dann auch für mich nicht. Ich war froh, dass ich es nicht früher erzählt hatte." Die Zeit ist anstrengend für die 21-Jährige. Schließlich erzählt sie es ihrem Zwillingsbruder, beim Skifahren. „Wir wollten mit der Jugendgruppe Skifahren gehen. Es war schon fast im Frühling. Am Samstag hatten wir uns verabredet, am Sonntag in der Früh hat es geregnet, geregnet, geregnet. Mein Bruder und ich sind früh aufgestanden, haben uns gerichtet und wollten wegfahren, haben zum Glück vorher noch einige unserer Freunde angerufen und die waren alle noch im Bett. Es regnet ja und es ist nass, sie fahren nicht mehr. Also ist dann niemand gefahren, mein Bruder und ich haben uns angeschaut: ‚Und was machen wir jetzt?' Dann haben wir am Hochkar angerufen, wie dort das Wetter ist. Es schneit, aber es wird dann scheinbar aufhören und der Schnee ist in Ordnung und es passt eh alles. Na, wir fahren!" Die Geschwister genießen herrliches Skifahrwetter. Am Doppelsessellift fasst sich Martina ein Herz. „Ich hab' gesagt: ‚Wer weiß, vielleicht bin ich das letzte Mal in meinem Leben Skifahren.' Er schaut mich an und denkt sich, was hat sie? ‚Du wirst noch oft Skifahren. Du meinst für heuer, oder?' ‚Vielleicht für überhaupt? Ich werde ins Kloster gehen.' Daraufhin war es kurz still. Stille! Dann hat er mich von der Seite angeschaut und gefragt: ‚Wenn das nicht passt, kannst du dann wieder gehen?' Ich sage: ‚Ja', darauf er: ‚O.K.' Das war die einzige Reaktion von ihm und die war für mich angenehm." Kurz darauf kündigt Martina im Betrieb. Bis August bleibt sie noch in der Schneiderei, aber nach dem Urlaub kommt sie nicht zurück.

Snoopy und die Provinzoberin

Noch stand nicht fest, welchem Orden sie sich anschließen wollte. Um in dieser Frage Gewissheit zu bekommen, begab sich Martina im Sommer auf Österreichreise. Mit einem „Austriaticket" fuhr sie zu Salvatorianerinnen, Barmherzigen Schwestern, Dominikanerinnen. Wo sie persönlich oder über einige Ecken jemanden kannte. Doch auch in den Klöstern war Urlaubszeit und sie war nirgends angemeldet. Teils kam sie ungelegen, überall jedoch wurde sie freundlich aufgenommen. Wenn sie keinen Schlafplatz in einem Kloster nahm, übernachtete sie in Jugendherbergen oder im Zug, rastete auf Bahnhöfen. Von Böheimkirchen über Tirol und die Steiermark nach Wien und wieder zurück nach Niederösterreich.

Auch das Mutterhaus der Töchter der Göttlichen Liebe in Wien besuchte sie. Unangemeldet, wie überall. Und überall mit der Klarheit: „Ich möchte ins Kloster gehen und weiß noch nicht wohin und schaue mich um." Informationsreise nennt sie das. „Dann bin ich wieder zurück nach Hause gefahren und habe noch weniger gewusst, wo mein Platz ist." Sie fährt auf Jungscharlager. „Ich habe es dann auch den Jungscharkindern erzählt und den Gruppenleitern. Vielleicht hatten die schon ein bisschen eine Idee. Und dann, eines Tages, während dieser Woche, habe ich gewusst, ich will jetzt einen Brief schreiben. Ich habe beschlossen, bei den Töchtern der Göttlichen Liebe eintreten zu wollen. Aber ich hatte kein Briefpapier. Daher habe ich meine Freundin und Gruppenleiterkollegin gefragt: ‚Hast du ein Briefpapier?' Sagt sie: ‚Ja, mit dem Snoopy drauf. Er sitzt da mit Angel und Fisch.' ‚Naja, hast du kein anderes?' ‚Nein.' Jetzt gab es zwei Möglichkeiten: dieses Briefpapier zu nehmen oder von der großen Packpapierrolle etwas herunterzuschneiden. Wir waren dort ja auch am Ende der Welt, nur an einem anderen Ende, da gab es nichts zu kaufen. Packpapierrolle oder Snoopy-Briefpapier. Ich hab' dann das Snoopy-Briefpapier genommen und hab' der Provinzoberin der Töchter der Göttlichen Liebe geschrieben, ich will kommen. Nicht: Ich würde gerne bei Ihnen eintreten, darf ich und ob, wie man das damals gemacht hat. Ich hatte auch keine Ahnung, wie man das macht. Ich habe geschrieben: Ich habe entschieden, ich will kommen. So in der Art. Auf einem Snoopy-Briefpapier. Meine Mitschwestern amüsieren sich bis heute darüber und angeblich gibt es den Brief im Archiv. Die haben den Brief als meine Anfrage um Aufnahme gewertet. Es war ja keine Anfrage. Es war ein Beschluss! Ich habe den Brief seither nie wieder gesehen, aber aufgrund der Meldungen meiner Mitschwestern weiß ich erstens noch, was drinnen steht, in etwa, und zweitens, dass es ein Snoopy-Briefpapier war. Somit war das beschlossene Sache."

Als Martina Holzer im September 1985 in die Kongregation der Töchter der Göttlichen Liebe eintrat, war es längst nicht mehr modern, Ordensfrau zu werden. „Es war mir bewusst, dass ich vieles allein durchwandern werde in der Formation, also in meiner Ausbildungszeit. Und generell." Die Blütezeit der Kongregation war in Österreich bereits Geschichte, das war ihr klar. Die Struktur des Ordens, die Anzahl der Mitglieder, die Zahl der Werke und Häuser veränderte sich in den folgenden Jahrzehnten stark. Das war bei Martina Holzers Ordenseintritt bereits absehbar. Der Wandel überraschte sie nicht. Auch die handelnden Personen haben sich geändert: „Heute sind alle, die damals aktiv waren, längst in Pension – logischerweise. Das ist nicht immer einfach zu sehen. Auch, wie die Kräfte nachlassen."

Martina Holzer mit Patenkind Kathrin

Zunächst aber begann sie ihre Kandidatur im Mutterhaus des Ordens im dritten Wiener Gemeindebezirk. Während der drei Jahre Kandidatur, der Zeit des Mitlebens im Kloster ohne ein Versprechen, absolvierte Martina Holzer die Meisterklasse für Mode und Bekleidungstechnik in der Herbststraße in Wien XVI, anschließend die Berufspädagogische Akademie für Mode und Bekleidungstechnik. Nach dem Schulpraktikum in der Modeschule wurde sie gefragt, ob sie nicht gleich nach Abschluss ihrer Ausbildung dort zu unterrichten beginnen möchte. Freudestrahlend lehnte sie ab: „Das geht nicht, denn ich fange im Sommer mit dem Noviziat bei den Töchtern der Göttlichen Liebe an.“ Über das Jobangebot war sie froh. Aber mit ebenso großer Freude lehnte sie ab. Mit 24 wird sie also Novizin.

Gleichzeitig warten die nächsten Herausforderungen: theologische Kurse und Studienberechtigungsprüfung für die Universität, Religionslehrerausbildung an der Religionspädagogischen Akademie in Strebersdorf. Parallel dazu die ersten eigenen Unterrichtsjahre. An drei Schulen gleichzeitig unterrichtet sie Religion: an der damals noch ordenseigenen Handelsschule und Handelsakademie in der Wiener Fasangasse, in der Kooperativen Mittelschule der Erzdiözese, die im selben Haus untergebracht ist, und, einmal pro Woche, in der Landwirtschaftlichen Schule im Kloster Hochstraß, wo sie auch Internatsdienste macht. „Das war viel, ich habe es selbst deutlich gespürt.“ Zusätzlich wird sie vom Orden mit der Berufungspastoral beauftragt, mit der Sorge um Nachwuchs. Schritt für Schritt unterrichtet sie immer weniger. Sie gibt zunächst die Stunden in der Handelsschule und Handelsakademie ab, kurz darauf gibt der Orden die Landwirtschaftliche Schule auf. So bleibt ihr nur mehr eine der drei Schulen, mit einer halben Lehrverpflichtung. Daneben baut sie den seelsorglichen Kontakt zu jungen Menschen aus, besucht einen Lehrgang für geistliche Begleitung. In Zusammenarbeit mit anderen Ordensgemeinschaften widmet sie sich dem Thema Beruf und Berufung, auch im Ordenszentrum „Quo Vadis“ in der Wiener Innenstadt. Sie arbeitet vor allem mit Firmgruppen und Schulklassen, ehrenamtlich. Bis sie 2013 zum internationalen Generalkapitel ihres Ordens nach Rom entsandt wird.

Internationaler Papierkram

Im Rahmen des Kapitels wird entschieden, dass Sr. Martina in die Nähe von Rom übersiedeln soll. Als Generalrätin und Generalsekretärin ins Zentrum des Ordens in Grottaferrata zwischen Frascati und Castel Gandolfo. Dort steht jetzt ihr Schreibtisch. „Mit viel Papier, Metallschränken, Computerarbeit. Meine Mutter hält mir das gerne vor: ‚Als du dir deinen Beruf gewählt hast, Damenkleidermacherin, da hast du gesagt, du möchtest etwas machen, wo man am Ende des Tages sieht, was entstanden ist.' Also etwas Handwerklich-Kreatives. Büro ist für mich überhaupt nicht infrage gekommen. Und jetzt sitze ich im Büro. Aber es ist interessant, das passt! Es ist schon wahr, viel Papierkram. Aber auf jedem Blatt Papier steht der Name einer Mitschwester oder die Adresse einer Gemeinschaft, wo unsere Mitschwestern leben. Probleme, die es irgendwo auf der Welt gibt und die unsere Mitschwestern betreffen. Oder die Namen neuer Novizinnen, die eingetreten sind und registriert werden wollen. Manche E-Mails oder Blätter tragen den Namen von Schwestern, die eben verstorben sind. Und das ist für mich ein ganz, ganz schönes, wichtiges Element. Das schafft Verbindung. Wir sind das weltweite Zentrum unserer Kongregation und diese Internationalität war mir von Anfang an sehr, sehr wichtig."

Am Anfang war das Ziegelschleppen

Wie international ihre Ordensgemeinschaft ist, hat Sr. Martina Holzer bereits in Wien immer wieder erlebt. Denn gegründet wurde der Orden 1868 in Wien, und so kommt es, dass Ordensfrauen aus den zwanzig Ländern der Erde, in denen die Töchter der Göttlichen Liebe wirken, Wien besuchen. Sie wollen die Wirkungsstätten ihrer Gründerin Franziska Lechner sehen. Hier hat Mutter Franziska Lechner höchstpersönlich Ziegel geschleppt und beim Aufbau der Häuser tatkräftig mitgeholfen. Begonnen hat alles wegen der vielen jungen Mädchen, die in großer Hoffnung auf ein besseres Leben vom Land in die Großstadt gekommen sind. Wirtschaftsflüchtlinge im eigenen Land. „Und dann standen sie am Bahnhof mit ihrem Rucksackl oder Koffer und hatten keine Möglichkeiten. Mit dem, was sie hatten, oder mit dem, was sie konnten oder nicht konnten. Der Traum war vielleicht, in einer bürgerlichen Familie den Haushalt zu führen oder, noch besser, in einer Familie Kindermädchen zu sein. Aber was konnten die? Die wussten nicht Bescheid, wie man Steinböden oder Holzböden pflegt oder wie man Gardinen wäscht. In einer Familie war das aber wichtig. Oder wie man Kinder begleitet oder ihnen bei der Aufgabe hilft oder was auch immer. Also, die standen wirklich am Bahnhof ohne

Perspektive! Sie wurden auf irgendeine Baustelle geschickt zum Ziegelschleppen oder in eine Fabrik, wenn sie Glück hatten. Oder wurden sonst irgendwo ausgenutzt und unterdrückt. Oder mussten in Baracken schlafen, wo das Bett dreimal am Tag vergeben war, jeweils für acht Stunden. Und genau diesen Mädchen hat Mutter Franziska Ausbildung und ein Dach über dem Kopf gegeben. Und Perspektiven geschaffen. Da war dann auch ganz schnell die Stellenvermittlung da, um eben die Mädchen, die dann eine Ausbildung hatten, an gute Familien weiterzuvermitteln. Wenn es nicht gepasst hat, durften sie zurückkommen, und wenn sie krank waren – es gab ja keine Krankenversicherung –, konnten sie auch zurückkommen." Franziska Lechners Kongregation breitete sich blitzschnell in alle Richtungen der Habsburgermonarchie aus, in viele Städte: nach Brünn, Prag, Budapest, Sarajevo, aber auch in polnische Städte.

Und heute?

Sr. Martina Holzer fragt sich manchmal, was Franziska Lechner heute ins Leben rufen würde. „Was sind die Nöte der Zeit, und geben wir Antwort? Das zeigt uns die Gesellschaft ja auch – die Bildung hat längst der Staat übernommen. Wo können wir uns dann einbringen mit dem, wer wir sind und was wir haben? Was sind die Nöte der Zeit? Wie kommen Menschen in der Gesellschaft zurecht mit ihrem geistlichen Leben, mit ihrem Suchen, mit ihrem Ringen? Was erwarten Menschen von Ordensfrauen? Wo haben wir kompetent zu sein – und sind wir's?" Seelsorge wird einen hohen Stellenwert haben, ist Sr. Martinas Überzeugung. „Aber es hängt immer auch vom konkreten Menschen ab, von der konkreten Ordensfrau, mit ihren Begabungen und Möglichkeiten." Nicht zu vergessen ist der Blick darauf, wer die „wandernden Mädchen" von heute sind.

Die Parallelen zu den Menschen, die heute auf der Suche nach Lebensmöglichkeiten ihre Heimat verlassen, in europäischen Großstädten ankommen und hier bei Null anfangen, drängen sich auf. Sr. Martina sieht „wandernde Mädchen" aber auch an anderen Orten. „Ich kann mich an Lehrerkonferenzen erinnern, wo es darum ging, dass sich ein Schüler ständig so weit aus dem Fenster lehnt und andere Eltern und andere Kinder leiden darunter. Wie lang ist unser Atem, diesem Kind, das sich so danebenbenimmt – ja warum? –, die Chance zu geben. Was macht uns als katholische Schule aus? Geben wir diesem Kind den Raum und die Chance, es noch einmal zu probieren? Wem gebe ich die Chance, wer braucht sie? Oder schmeißen wir diesen Schüler raus? Ich denke jetzt an einen, wo das wirklich vier Jahre ein Kampf war. Mich freut das ja immer wahnsinnig, wenn wir dann gewonnen haben. Ich bin überzeugt davon."

Ihrem Orden wünscht die 51-jährige Generalrätin vier Dinge: dass er sich in Entscheidungen nicht von der Angst, sondern vom Mut leiten lässt. Dass die Mitglieder im Respekt voreinander und in der Liebe zueinander leben. Dass sie sich, auch wenn sie eigentlich gar keine Zeit dazu haben, auf die Stille der Kapelle freuen, wo sie mit Gott in einen lebendigen Austausch treten. Und wenn sie still in der Kapelle sind, dass sie sich wieder auf ihre Arbeit freuen.

Gespräch und Text: Monika Slouk

Der Orden

NAME	Kongregation der Töchter der Göttlichen Liebe
KÜRZEL	FDC – Congregatio Filiae Divinae Caritatis (Kongregation der Töchter der Göttlichen Liebe)
GRÜNDUNG	Gegründet 1868 durch Mutter Franziska Lechner in Wien. Motto: „Gutes tun, Freude schenken, glücklich machen und zum Himmel führen." Sie gab obdachlosen jungen Frauen Unterkunft, Verpflegung und Ausbildung. Die Aufgaben und die Niederlassungen weiteten sich rasant aus.
SENDUNG	Töchter der Göttlichen Liebe arbeiten in Kinderkrippen und Kindergärten, sie unterrichten in der Volksschule oder an der Universität. Sie arbeiten als Pastoralassistentinnen in vielen Pfarren auf drei Kontinenten. Sie pflegen Alte und Kranke, sei es im modernen Pflegeheim in der europäischen Großstadt, sei es im ärztelosen, entlegenen Dorf in Uganda, in Bolivien, in Ecuador.
WELTWEIT	1.035 Ordensmitglieder leben in 20 Ländern der Erde, aufgeteilt auf zehn Ordensprovinzen. Grundlage sind die Heilige Schrift, die Regel des heiligen Augustinus und die ordenseigenen Konstitutionen, die nach den Weisungen des Zweiten Vatikanums erneuert wurden.
ÖSTERREICH	Die österreichische Provinz umfasst drei Niederlassungen in Wien, je eine in Breitenfurt bei Wien und in St. Andrä im Lavanttal sowie zwei in Deutschland: Greifswald und Edling/Bayern.

Eine schüchterne Antwort ist zu wenig

Sr. M. Carmen vom heiligsten Herzen Jesu, OCD
geboren am 16. September 1970
Taufname: Nada
Familienname: Gračner

Sogar die Nachbarn haben aufgehört zu spotten. Zwei Wochen nachdem Sr. M. Carmen[1] ihr Ordenskleid im Karmel zum ersten Mal angezogen hatte. Am Fest der Aufnahme Mariens in den Himmel wurde Sr. M. Carmen als Novizin in den Karmel aufgenommen, das war am 15. August. Vierzehn Tage später klingelte das Telefon. Sr. M. Carmens Mutter teilte ihr mit, dass sie eine Entziehungskur machen würde. Nach den vielen Jahren, in denen die ganze Familie gelitten hatte. Vater und Mutter, beide alkoholkrank. Und nun der Anruf. Zum ersten Mal im Leben hatte die älteste Tochter keinen inneren Stress, dass sie heimeilen muss, um für die drei Geschwister und den Vater und den großen Bauernhof zu sorgen, während die Mutter auf Kur ist. Sie spürte: Äußerlich bin ich schon Karmelitin, nun will ich nach innen Karmelitin werden. „Ich habe gewusst, ich muss für sie beten, auf diese Weise kann ich meiner Familie am besten helfen.“

Das Leben der Familie Gračner war seit Langem so verfahren, dass es menschlich gesehen keinen Ausweg gab. Der Vater war mit der Schwiegermutter zerstritten, die Eltern untereinander, die Kinder wurden geschimpft und geschlagen. Durch die Alkoholkrankheit der Eltern ging es auch wirtschaftlich bergab mit dem Bauernhof im slowenischen Hügelland. Mit ganzem Herzen anzunehmen, dass Gott der gute Vater ist, verlangt der 45-jährigen Ordensfrau bis heute eine gewisse Anstrengung ab. „Mein Leben hat nicht angedeutet, dass wirklich ein liebender Gott besteht.“ Die Eltern beeinflussten das Gottesbild der Heranwachsenden. So einen Gott wollte sie nicht. „Meine Hauptbezugsperson ist der Heilige Geist“, sagt sie heute, und Jesus als Bruder und Freund, das passt auch.

Das war aber nicht immer so. Die kleine Nada, so hieß Sr. M. Carmen bis zu ihrem Eintritt in den Karmel, geht nur widerwillig in den Religionsunterricht. Im kommunistisch regierten Jugoslawien findet dieser nicht in der Schule, sondern in der Pfarre statt. Den Pfarrer schätzt niemand im Dorf. Die Eltern schicken die Kinder zur Erstkommunion, später zur Firmung. Doch Nada kann sich für Glaubensdinge nicht begeistern. Vor der Firmung soll sie, wie die anderen

1 Sr. M. Carmen liest man als „Schwester Carmen“. Das M. für Maria wird immer geschrieben, aber meist nicht gesprochen.

Jugendlichen auch, sonntags die heilige Messe besuchen. „Das war mir so zuwider!“, erinnert sie sich Jahrzehnte später. Oben auf der Burgruine sitzt sie und wartet, bis sie die Menschen aus der Kirche kommen sieht. Dann geht sie nach Hause. Nach der Firmung muss sie nicht mehr in den Religionsunterricht. Ab nun ändert sich etwas in ihrem Leben. „Es ist mir ein Rätsel“, meint sie rückblickend. „Aber seither ist der Heilige Geist mein Begleiter.“ Erst viel später erfährt sie, dass eine Frau aus dem Dorf besonders für sie gebetet hat. Weil diese das Gefühl hatte, wenn da niemand hülfe, dann würde die junge Frau keinen guten Weg gehen.
Nadas Sehnsucht nach Frieden war groß, die Fragen über den Lebenssinn wuchsen ebenso wie die Krankheit ihrer Eltern. Behütet sein, geliebt sein, danach sehnt sich die Jugendliche. Doch mit sechzehn muss sie ihr Elternhaus nach einem Streit mit dem alkoholisierten Vater verlassen, während die Mutter im Krankenhaus liegt. Bei ihrer Firmpatin findet Nada Unterschlupf. Dort lebt sie zwei Jahre, weitgehend auf sich selbst gestellt. Sie macht eine Ausbildung im Gastgewerbe. „Ich habe mich bewusst gegen Gott entschieden“, sagt sie viele Jahre später. „Ich war überzeugt, dass sich die Leute Gott als Trost ausgedacht haben.“ Davon will sie auch ihre Mitschülerinnen überzeugen. Ihr Traum von einem zufriedenen Leben rückt währenddessen langsam näher. Nada beginnt zu arbeiten, verdient ihr eigenes Geld, hat einen Freund, eine Eigentumswohnung ist in Aussicht. Jetzt würde sie bald glücklich sein, hofft sie. „Doch es war kein innerer Friede in mir.“ Ein kleines Plakat fällt ihr nach einem Orgelkonzert auf, beim Kirchenausgang von St. Daniel in der Stadt Celje. Es lädt zu einer Jugendgruppe ein, der sie sich anschließt. Sie beginnt, regelmäßig die Messe zu besuchen. Und findet dort, wonach sie sucht: inneren Frieden. „Ich hatte eine Ahnung, dass das für mein Leben ernst, ja gefährlich werden könnte. ‚Bitte nicht, lieber Gott‘, sagte ich mir.“

Leben ohne Streit: Ist das echt?

Im Lauf der Zeit verändert sich Nadas Freundeskreis. Sie lernt Familien kennen, die einen positiven Umgangston pflegen. Sie erlebt Fragen, Gespräche, Angenommen-Sein. Und hält das für unmöglich.

Für sie ist Streit das Normale. „Ich habe gedacht, sie spielen mir etwas vor. Ich habe nicht geglaubt, dass so etwas möglich ist.“ Dass Gott bei denen, die ihn lieben, alles zum Guten führt: Diese Überzeugung wächst in ihr, als sie diesen Satz in Paulus' Brief an die Römer liest. Je öfter sie in der Kirche Gottes Wort aus der Bibel hört, desto mehr möchte sie für andere da sein. Gemeinsam mit einer guten Freundin engagiert sie sich in der „Arche“, setzt sich für Kinder mit schweren Behinderungen ein. Und staunt über das, was ihr die Eltern der Kinder erzählen. „Diese Eltern, total herausgefordert mit diesem Kind, die sagten, ohne dieses Kind wäre unser Leben nicht so glücklich, wie es ist. Das hat mir viel zu denken gegeben!“ Es hat etwas mit vorbehaltloser Hingabe zu tun, mit einem offenen Herzen, fühlt sie.
Je länger Nada auf der Suche nach dem inneren Frieden war, desto klarer wurde ihr: Sie möchte eine Familie haben, die über die Grenzen einer Kleinfamilie hinausgeht. Sie möchte nicht eng, nicht begrenzt leben. Doch wie das aussehen könnte, in dieser Frage tappt sie im Dunkeln. In der Messe sitzen immer wieder zwei Schulschwestern vor ihr. „Ich habe sie nie angesprochen! Gott hat meinen Blick verdunkelt.“ Im Urlaub in den Bergen lernt sie ein Säkularinstitut kennen. Sie hat bereits davon gehört. Nun erinnert sie sich daran, weil eine kroatische Jugendgruppe nach einem Raum sucht, um Messe zu feiern. Sie begleitet die Gruppe und ihren Priester zum Säkularinstitut. Das Haus ist voll mit Jugendlichen! Eine Schwester lädt sie ein, am nächsten Tag wieder vorbeizukommen. Es geht unter anderem um Ordensberufe. „Da interessiere ich mich auch dafür!“, hört sich Nada Gračner sagen. Und denkt sich gleichzeitig: „Du spinnst! Sei lieber ruhig, solange du keine Ahnung hast, was du willst.“ Dennoch besucht sie das Institut später wieder. Im Breviergebet und in den Gesprächen, die die Schwestern miteinander führen, erkennt sie den Blick, mit dem Gott auf die Welt schaut. „Ja, das ist es! Das ist, was ich nicht benennen konnte. Wonach ich gesucht habe.“ Je mehr sie darüber nachdenkt, desto deutlicher wird ihr: Sie will alles aufgeben, um alles zu haben.
Am Hochfest Herz Jesu (das sie damals nicht kennt), am 2. Juni 1989, beginnt sie eine Kennenlernzeit im Säkularinstitut. Hier wird mit Jugendgruppen gearbeitet. Doch bereits nach einem Monat wird Nada

klar: Nein, das ist noch nicht das, wonach ich mich sehne. Also fährt sie wieder zurück in ihr altes Leben, macht den Führerschein. Und wieder sitzt sie bei der Messe hinter den zwei Schulschwestern. Nun traut sie sich, die beiden anzusprechen. Sie erhält ein Buch über Sloweniens Ordensgemeinschaften und beginnt, darin zu blättern. Beim Karmel bleibt sie hängen. Ja, das ist es! „Das ist es! Alles verlassen. In Klausur leben. Je mehr ich darüber gelesen habe, desto mehr Zustimmung war da. Aber ich? Als halbe Heidin?! Die werden mich nicht nehmen, dachte ich."

Bei den Schulschwestern holt sie die Pubertät nach

Am 17. August 1989 tritt Nada als Kandidatin bei den Schulschwestern ein. „Es war für mich, als ob ich in den Himmel gekommen wäre!" Sie ist die Jüngste von 30 Schwestern. „Da war so eine Liebe zu spüren!" Die Schwestern leben wirklich in Armut, teilen alles. Doch das Gemeinschaftsleben ist nicht leicht für Nada. Sie hat zu Hause ja nicht gelernt, wie man konstruktiv und liebevoll miteinander umgeht. „Ich durfte mich von sehr unangenehmen Seiten kennenlernen", wird sie sich später eingestehen. Sich mit Ellbogen durchzusetzen, das kann sie. Wenn nicht gestritten wird, fehlt ihr etwas. Sie merkt: Von dem, was ich mitbringe, kann ich nicht viel brauchen. Das ganze Fundament steht auf Sand, nicht auf Felsen. „Doch die Liebe und Annahme dieser Schwestern hat mich gemeinschaftsfähig gemacht. Ich werde selbst nie so viel Geduld mit mir haben, wie ich dort erfahren habe. Im Kindesalter musste ich reifer sein, als es mir entsprach. Bei den Schwestern konnte ich ab und zu kindisch sein, meine Pubertät nachholen." Eine der Schwestern ist für Nada

wie eine gute Mutter, eine andere verkörpert für sie das Bild des Vaters – zärtlich-mütterlich, entschlossen und fest. Zwei Jahre lebt Nada als Kandidatin, noch ohne Ordenskleid, bei den Schulschwestern. Es ist eine Zeit der Reifung und Offenheit. „Ich bekam bei den Schulschwestern, was ich in der Familie nicht bekommen hatte.“ Doch je näher das Noviziat bei den Schulschwestern rückt, desto häufiger denkt sie wieder an den Karmel. Sie vertraut sich der Schwester an, die die Kandidatinnen begleitet. Sie sagt dieser, was sie beschäftigt, und bekommt eine hilfreiche Antwort. Die Begleiterin verspricht ihr ihre volle Unterstützung bei der gemeinsamen Suche. „Es war für mich ein Beispiel selbstloser Liebe. Bei den Schulschwestern sind in dieser Zeit sehr wenige Frauen eingetreten. Es ist wirklich das Größte, was man jemandem auf der Suche geben kann. Herauszufinden helfen, wohin Christus mich führt. Nicht eigene Interessen zu vertreten. Man kann Leute, die auf der Suche sind, sehr schmerzlich manipulieren. Das ist eine Sünde, die nicht zu vergeben ist.“

Nach Weihnachten 1991 macht sich Nada auf den Weg in den Karmel Sora, unweit von Ljubljana, um dort ein paar Tage mitzuleben. Doch wegen der Feiertage sind die Busverbindungen schlecht, sie muss den ganzen Weg zu Fuß gehen. Den ganzen Weg kämpft sie einen inneren Kampf. „Soll ich wirklich weitergehen? Will ich weitergehen? Oder drehe ich jetzt um und kehre zurück auf den sicheren Weg, den ich kenne? Es wird ernst. Ich kann mein Leben zerstören.“ Doch als sie beim Karmel anläutet, sind alle Zweifel verschwunden. Die Angst ist weg und die Unsicherheit. Wenige Tage im Karmel bringen ihr die Gewissheit: Das ist es.

Doch bevor sie in den Karmel eintritt, schließt sie ihre Gastgewerbeausbildung als Teamleiterin in Service und Küche ab sowie das Studienjahr in einer kathechetisch-pastoralen Schule. Sie fährt nach Hause zu ihren Eltern, um sich für immer von dort zu verabschieden. Sie will aufs Ganze gehen. „Wenn man nur eine schüchterne Antwort auf Gottes Ruf gibt, kann er nicht wirken“, sagt sie. Und: „Ihr könnt mich gerne besuchen kommen. Aber aus dem Karmel geht man nicht mehr nach Hause.“ Die Eltern, für die schon Nadas Eintritt bei den Schulschwestern unverständlich war, können die Entscheidung ihrer Tochter nicht nachvollziehen. Besonders der Vater ist gegen den Schritt in die Welt des Karmels. Ganz leicht fällt auch der fest entschlossenen Nada der Abschied nicht. „Obwohl ich schwere Zeiten zu Hause durchgemacht hatte, tat der Abschied doch weh.“ Jeder Hügel in der Umgebung kommt ihr so schön vor wie noch nie. Ihren Abschied von den Eltern empfindet sie wie ihre große Ordensschwester, die heilige Karmelitin Teresa von Ávila, als körperlichen Schmerz – als ob ihr die Knochen einzeln gebrochen würden.

Sie wird später noch einmal in ihr Elternhaus zurückkehren, um offiziell auf ihr Erbe zu verzichten. Sie will einen Schlussstrich ziehen unter die letzte Abhängigkeit von der Welt außerhalb des Karmels. Dem Vater war es wichtig, dass seine Erstgeborene wusste, sie könne jederzeit zurückkehren. Genau diese Möglichkeit will Sr. M. Carmen radikal ausschließen. Heimliche Sicherheiten bedeuten für sie ständige Unruhe und Sorge. „Ich wollte keinen Schlupfwinkel! Schön wäre das Schlupfloch schon gewesen, aber nicht richtig. Ich wollte nichts haben, weil auch Christus nichts hatte. Es war nicht leicht, aber befreiend.“ Heute, viele Jahre später, haben sich auch die Eltern Gračner damit abgefunden, dass ihre älteste Tochter einen ganz eigenen Weg gewählt hat. Verstehen können sie diesen Weg nicht, aber sie akzeptieren ihn.

In der Klausur ist keine Zeit für Langeweile

Zunächst beginnt für Sr. M. Carmen im Karmel ein Weg durch die Wüste, wo sich Gott und die Seele begegnen. Ein Weg, der viele innere Kämpfe auslöst. Dass es nicht romantisch sein würde im Karmel, damit hat Sr. M. Carmen gerechnet. Auch ihre bitteren Erfahrungen aus dem Familienleben tragen einen Teil dazu bei. „Die Eltern haben uns nicht gezeigt, wie das geht, einander zu lieben. Das hat es mir auch in der Gemeinschaft schwer gemacht. Manche Konflikte habe ich selbst herausgefordert.“ Nun aber fühlt sie am Grunde ihrer Seele Frieden. Es ist nicht alles leicht. Doch es ist klar: Das ist der richtige Platz für mich. Dafür bin ich bereit, tägliche Umkehr auf mich zu nehmen. Das ist die Zufriedenheit, nach der ich immer gesucht habe. Während bei den Schulschwestern vieles leichter war, die junge Ordensfrau ein Liebling der Mitschwestern war, fehlte ihr

dort diese Grundzufriedenheit. „Dort habe ich mich nicht zur Radikalität eingeladen gefühlt."
Im Karmel hingegen ist es ein Ankommen. Die inneren Kämpfe lassen sie erkennen, wie sie ist, was sie loslassen muss, was sie hindert an der tiefen Freundschaft mit Gott. Es ist aber auch ihre innere Bereitschaft nötig, sich von Gott und den Mitmenschen formen zu lassen. „Gott lässt die schweren Situationen zu, damit ich etwas daraus lerne, deswegen ist das Hinhören so wichtig." Das Wesentliche, das Sr. M. Carmen im Karmel findet, ist die Freiheit. „Die Klausur macht meinen Geist frei", erklärt sie. „Für mein Gebet ist sie eine Hilfe. Sie verschafft mir nicht Begrenzungen, sondern Freiheit! Ich kann jetzt für alle da sein, nicht nur für wenige. Nicht nur für eine geschlossene Jugendgruppe auf Exerzitien." Im Noviziat, ihrer Lehrlingszeit im Karmel, erkennt sie ihre Lebensaufgabe. Sie will besonders für junge Leute da sein. Für die, die alles haben, aber nicht glücklich sind. Für die, denen die Liebe fehlt. Für die will sie da sein, im Gebet. „Denn ich selbst habe diesen Mangel erlebt. Eltern wissen gar nicht, was sie ihren Kindern geben, wenn sie ihnen helfen, ins Glaubensleben einzusteigen, indem sie es ihnen vorleben." Auf dem Weg durch die ersten Jahre im Karmel wird sie von der Novizenmeisterin begleitet. „Sie war ein Mensch der Liebe", erinnert sich Carmen. „Sie hat aus mir gemacht, was ich bin. Ich habe viel von ihr gelernt!"
Nach dem Noviziat legt Sr. M. Carmen die zeitliche Profess ab, das Versprechen, drei Jahre als Karmelitin im Kloster zu bleiben. „Ich habe in dieser Zeit begriffen, dass Gott der ist, der unser Leben in die Hände nimmt. Ich habe mir nicht den Kopf darüber zerbrochen, ob und wie ich es die ganze Zeit im Karmel aushalten werde. Der Alltag zeigt mir, wie ich leben soll. Ich bekomme Kraft für jeden Tag. Ich brauche nicht Jahre vorausdenken." Als sie 1996 ihre Ewige Profess ablegt, wird ihr die ganze Tragweite dieses Schritts wenige Stunden vor der Feierlichkeit bewusst. „Ich kann das nicht schaffen", sagt sie sich. „Aber Gott mit mir und ich mit ihm." Am Abend nach der großen Professfeier beginnt für Sr. M. Carmen eine dunkle Lebensphase. „Ich glaube, Gott hat meine Hingabe ernst genommen", sagt sie später. Etwas mehr als ein Jahr ringt sie mit den dunkelsten Winkeln in ihrem Inneren. Es ist eine Entdeckungsreise in

die Tiefe, ins vollkommene Ausgeliefertsein. Auf diesem Weg gibt es keine Langeweile. „Ich hatte schon Sorge vor dem Eintritt, dass es hier eintönig wird. Immer dieselbe Tagesordnung, immer dieselben Schwestern. Aber hier gibt es keine Zeit für Langeweile. Du bist gezwungen, den alten Menschen auszuziehen, immer weiter an dir zu arbeiten. Ich glaube nicht, dass man mit einer Täuschung lange Zeit in der Klausur leben kann."

Die Scham vor der inneren Welt

Was ihr im Gemeinschaftsleben immer wieder Schwierigkeiten bereitet, ist ihr Unvermögen, über ihre Gefühle zu sprechen. Das hat sie nicht gelernt in der Familie. „Wir waren nicht gewohnt, miteinander zu sprechen über das, was uns bewegt. Unsere innere Welt war uns gegenseitig nicht bekannt. Dass ich nicht wusste, wie ich über mein inneres Leben sprechen kann, war das Schwerste für mich." Viele Sachen wären leichter gewesen, meint sie, wenn sie sich nicht für ihre innere Welt geschämt hätte. „Warum schämt man sich vor dem eigenen Ich?" Zu beschreiben, was sie spürt und erlebt, auch eigene Fehler zuzugeben, dazu hat ihr die geistliche Begleitung geholfen. Die mühsame Arbeit an sich selbst hat sich gelohnt. „Ich würde denselben Weg wieder gehen. Aber die Geschichte mit meinen Eltern würde ich nicht gerne wiederholen." Durch viele Jahre der Schwäche und der Kämpfe im geistlichen Leben hat Sr. M. Carmen gelernt, ihre Eltern anders zu sehen. Sie selbst haben keine Liebe erfahren, sind im Leben verbittert. „Ich habe Mitleid mit meinen Eltern bekommen." Ihrem Vater konnte sie vor einigen Jahren sagen, dass sie ihn wirklich gern hat. Die Schwierigkeiten gehörten zu ihrem Leben. „Das alles hat mich zu dem gemacht, was ich jetzt bin. Gott schreibt auch auf krummen Zeilen gerade." Von ihrer Mutter wünscht sich die Ordensfrau, dass sie sich ihr einmal anvertraut, dass sie ihr schreibt, wie sie die erste Schwangerschaft erlebt hat, die Schwangerschaft mit Carmen. Immer wieder hat die Mutter beteuert, dass sie nie so betrunken wäre, dass sie nicht für ihre Kinder beten würde. Das war unvorstellbar für Carmen, nach allem, was sie erlebt hatte.

Die dunklen Phasen in ihrem geistlichen Leben nennt Sr. M. Carmen „die liebende Erziehung Gottes". Die dunkle Phase, die nach der

Ewigen Profess beginnt, endet ein gutes Jahr später mit einem Reliquienbesuch der „Kleinen heiligen Thérèse“ in Sr. M. Carmens Kloster. Sr. M. Carmen erlebt ein neues Glück, eine neue Stärke für die Aufgaben im Kloster: Gartenarbeit, Küchendienst, Hostienbäckerei, Kerzenschmücken, Krankenpflege. Einige Jahre vergehen, bis sie im Gespräch mit der Oberin im Jahr 2000 gesteht: Ich bin so glücklich! Ich kann mir mein Leben nirgends anders vorstellen als hier. Zwei Wochen später erreicht das slowenische Kloster eine Anfrage aus Innsbruck. Während im Kloster Sora vorwiegend junge Frauen leben, gibt es im Innsbrucker Karmel St. Josef und St. Teresa ausschließlich alte Ordensfrauen. Diese bitten das slowenische Schwesterkloster um Hilfe. Eine der Innsbrucker Karmelitinnen ist an Parkinson erkrankt, ihre Mitschwestern schaffen die Pflege nicht selbst. Wenn nicht Hilfe kommt, muss die Ordensfrau nach fünfzig Jahren Klausurleben in ein Pflegeheim übersiedeln. Ob eine jüngere Karmelitin aus dem Karmel Sora nach Innsbruck kommen könnte, für mindestens drei Monate bis höchstens drei Jahre?
Sr. M. Carmen spürt: Sie ist bereit. Sie wünscht sich jedoch, dass eine zweite Ordensfrau aus ihrem Heimatkloster mitgeht. Zu zweit übersiedeln sie nach Tirol. Als sie dort ankommen, erleben sie einen Kulturschock, sind tief berührt, wie Sr. M. Carmen erzählt. „Die alten Schwestern, die in anderen Klöstern schon im Ruhestand sind und frei von Aufgaben, die haben hier gearbeitet wie die Ameisen! Jede nach ihren Kräften. Und haben dabei so eine Liebe und einen Abrahamsglauben vermittelt.“ Was Sr. M. Carmen hier erlebt, ist ein tiefer Ernst im Gebetsleben. Es wird ihr ganz deutlich: Das ist nicht nur Menschenwerk, das ist Gotteswerk. Die überalterte Gemeinschaft hat den Neubau ihres Klosters in Angriff genommen. In jeder aussichtslosen Lage findet sich eine Lösung. Sr. M. Carmen entdeckt langsam ihre Berufung in der Berufung: Sie selbst hat bei ihrer Einkleidung „Sr. Maria Carmen vom heiligsten Herzen Jesu“ als Ordensnamen bekommen. Und ist gerührt, als sie erfährt, dass auch Tirol dem heiligsten Herzen Jesu geweiht ist. „Das ist mir durch und durch gegangen.“
Das Fest der Klausurschließung und Kirchweihe im neuen Karmel St. Josef und St. Teresa in Innsbruck-Mühlau wird ebenso am Herz-Jesu-Fest gefeiert. Während ihre Begleiterin aus dem Karmel Sora nach

einiger Zeit ins Heimatkloster zurückkehrt, bleibt Sr. M. Carmen. Sie hat im fremden Land eine geistliche Heimat gefunden, fühlt sich nicht fremd. „Jeder Karmel ist autonom. Aber in welchen Karmel auch immer du kommst, auf eine Weise bist du immer zu Hause."
Im Jänner 2003, kurz nach der Übersiedlung des Konvents in das neue Haus, wird Sr. M. Carmen im Alter von 33 Jahren zum ersten Mal zur Priorin gewählt. Sie war die Jüngste der Gemeinschaft, das alleine hätte als Herausforderung gereicht. Dazu kam, dass im neuen Haus alles neu organisiert werden musste. In den Jahren als Priorin verausgabt sie sich physisch und psychisch. „Ich habe erst nachher erkannt, dass ich mich viel zu viel auf meine eigenen Kräfte verlassen habe, dass ich zu viel Verantwortung übernommen habe." Doch auch diese Zeit sieht sie als Zeit der Reifung und des Wachsens. Sie erkennt, dass nicht sie die Problemlöserin ist. „Ich bin keine Werbeagentur für Berufungen. Gott lädt ein. Wir können nur unsere Berufung mit Liebe und Hingabe leben, alles andere bewirkt Jesus allein."
Auf das erste Priorat folgen sechs Jahre Pause in dieser Funktion. „Das war gut. Ich hatte Zeit, zu mir zu kommen. Platz zu finden in meiner persönlichen Sendung." Sr. M. Carmen lässt sich wieder von Teresa von Ávila inspirieren. Sie will sich um Gottes Angelegenheiten kümmern, um den Rest soll sich Gott kümmern. Und sie wird nicht enttäuscht! Sie erkennt, mit dem Apostel Paulus: Man braucht nicht Stärke zur Nachfolge, sondern Schwäche. Dann kann Gott wirken.

Gebet ist wichtiger als Briefeschreiben

Das Gebet, die geistliche Verbundenheit mit den Menschen, steht für sie an oberster Stelle. Ihre Kontakte zu Menschen außerhalb des Karmels sind aufrecht, allerdings auf einer anderen Ebene, wie sie sagt. Ihre Freundin aus der Jugendzeit hat mittlerweile fünf Kinder. Auch ihr ehemaliger Freund hat Familie. Zu den Ordensfesten ist er immer gekommen, Jahre später wird sein Sohn genau am Eintrittstag geboren. Bis heute fühlt sich Sr. M. Carmen diesen Menschen geistlich verbunden. Für schriftlichen Kontakt bleibt neben dem Gebet kaum Zeit. Der ist auch nicht notwendig. „Das gehört zum Reifungsprozess, zum Loslösen, zum Loslassen. Die richtigen Freunde verstehen das auch." Die

Kontakte innerhalb des Klosters sind nicht nur geistlich, sondern auch familiär. Nach Innsbruck ist Sr. M. Carmen gekommen, um eine alte Schwester mit Parkinson zu pflegen. Dabei lernt sie, alles in der Pflege respektvoll zu tun, umsichtig. „Das war eine besondere Schule." Sr. M. Carmen entdeckt in sich Mütterlichkeit, lernt den zärtlichen Umgang mit der alten Ordensfrau. Was ihr bisher immer schwergefallen ist, übt sie hier: „Ich habe mich nicht mehr geschämt, meine Emotionen zu zeigen." Noch mehr: Sie lernt, liebevoll mit sich selbst umzugehen. „Mein Herz ist freier geworden. Ich muss meine Körperlichkeit nicht unterdrücken. Mein Leib ist der Tempel des Heiligen Geistes. Ich brauche mich nicht zu schämen, Zärtlichkeit zu zeigen, Mitgefühl zu zeigen, Liebe zu zeigen." So wird ihr die Krankenpflege zur Lebensschule. Ihre sexuelle Kraft lebt sie als geistliche Mutterschaft.

Die Gelübde werden jetzt freier gelebt, erzählt Sr. M. Carmen, mehr mit dem Herzen. Nicht so sehr nach den Buchstaben und in der ständigen Angst, etwas falsch zu machen. Bei ihrem Ordenseintritt war noch ganz klar: Das darfst du, das darfst du nicht. Hier Ja, dort Nein, so hieß es damals. Heute ist die Selbstverantwortung größer, und damit die Herausforderung: Entscheide, wie du erkennst, dass es richtig ist. Da geht es um das Gewissen. Die Selbstverantwortung ist auch durch die Umstände stärker gefordert. „Armut ist leichter zu leben ohne Besitz. Die Klausur ist leicht zu leben ohne Internet. Wenn etwas da ist, sind wir gefragt, wie wir damit umgehen. Bewahre ich meine innere Freiheit und das richtige Maß? Bin ich bereit, auch mir selber Nein zu sagen, wenn ich erkenne, dass das für das geistliche Leben wichtig und entscheidend ist?" Am Ende des Lebens wird man nicht nach den Werken gefragt werden, sondern nach der Liebe, sagt der Ordensheilige Johannes von Gott. Erst langsam begreift man, was das heißt, langsam verändert sich das Gottesbild, meint Sr. M. Carmen. Heute gibt es mehr Austausch im Kloster, mehr Dialog. „Es geht darum, daran zu arbeiten, dass die Personen zu reifen, verantwortungsvollen, selbstständigen Persönlichkeiten heranwachsen. Die Entwicklung fordert viel Kraft. Das sind Prozesse, die dauern Jahre."

Die Entwicklung der Individuen geht Hand in Hand mit der Entwicklung der Gemeinschaft. „Wir haben uns einander nicht ausgesucht, aber wir sind gleichgesinnte, die den Einen vor Augen haben – Gott", erinnert Sr. M. Carmen daran, wie sich der Konvent bildet. „Gott hat uns zusammengeführt.“ Wenn sie an die Zukunft denkt, ist Sr. M. Carmen zuversichtlich. „Ich weiß nicht, wie viele wir sein werden. Aber, wo zwei oder drei in meinem Namen versammelt sind, da bin ich mitten unter ihnen‘, sagt Jesus. Unsere Sendung, das Gebet, bleibt jedenfalls aktuell. Immer.“ Wie das Ordensleben in zehn Jahren aussehen wird, darauf ist Sr. M. Carmen vom heiligsten Herzen Jesu gespannt: „Ich spüre die innere Sicherheit, dass Gottes liebender Blick auf uns ruht. Und gleichzeitig kitzelt es mich vor Neugier, was die Zukunft wohl bringt!“, sagt die Priorin des Innsbrucker Karmels St. Josef und St. Teresa.

Gespräch: Marlies Zuccato-Doutlik
Text: Monika Slouk

Der Orden

NAME	Karmel St. Josef und St.Teresa (Teresianischer Karmel)
KÜRZEL	OCD – Ordo Carmelitarum Discalceatorum (Orden der Unbeschuhten Karmelitinnen/Karmeliten)
GRÜNDUNG	Ursprünge der Ordensfamilie Anfang des 13. Jahrhunderts am Berg Karmel, erneuert im 16. Jahrhundert durch Teresa von Ávila und Johannes vom Kreuz, in Innsbruck gegründet 1846
SENDUNG	Päpstliche Klausur, Gebet für Welt und Kirche, besonders für die Priester. Hostienbäckerei, Kerzengestaltung, kirchliche Stickereien, Schneiderei für die Ordenskleidung, Gemüse- und Obstgarten.
WELTWEIT	Gemeinsam mit den vier Männerklöstern in Österreich und den sieben Niederlassungen der Marienschwestern vom Karmel sind die elf Klausurklöster der Karmelitinnen ein Teil der weltweiten Ordensfamilie des Teresianischen Karmel. Neben Teresa von Ávila und Johannes von Gott sind Thérèse von Lisieux („Kleine heilige Thérèse“) und Edith Stein (Teresia Benedicta vom Kreuz) die berühmtesten Ordensheiligen.
ÖSTERREICH	Der Innsbrucker Karmel ist eines von elf Frauenklöstern mit strenger Klausur des Teresianischen Karmels in Österreich. Jedes Kloster ist autonom. (Anderer Name: Unbeschuhte Schwestern des Ordens der Allerseligsten Jungfrau Maria vom Berge Karmel)

Das kann man doch als Mensch der heutigen Zeit nicht machen

Sr. M. Immaculata Ebner OCist
geboren am 23. März 1980
Taufname: Karin

Seit Karin Ebner vor sechzehn Jahren Zisterzienserin geworden ist, hat sich alles entwickelt – weiterentwickelt. Ihre Ideale sind geerdet, ihre Beziehung zu Gott ist reifer geworden, sie selbst wurde erwachsener, richtig Frau. Ihre Verantwortung ist mehr geworden, ihre Bildung hat sie erweitert, ihr Verständnis von Kontemplation hat sich gewandelt. Das Leben ist gemeinschaftlicher geworden, Freundschaften innerhalb und außerhalb des Klosters sind gewachsen. Die Gesprächskultur wurde achtsamer, die Freizeitgestaltung ist anders, die Bedeutung von Gehorsam hat sich verändert. Die Gemeinschaft entwickelt sich.

Wie aber hat sich ihre Entscheidung entwickelt, in das Kloster Mariastern-Gwiggen einzutreten? Sie ist in einem katholisch-gläubigen Elternhaus aufgewachsen, erzählt sie. „Gott gibt es, das war einfach klar." Es war auch klar, dass man am Abend vor dem Schlafengehen gebetet hat und vor dem Mittagessen. Karin hat zwei ältere Schwestern, eine Zwillingsschwester und einen jüngeren Bruder. Ihre Eltern führen eine Landwirtschaft: „Wir hatten alles. Von der kleinen Katze bis zur Ziege. Schweine, Kühe, Hund, so dieses Getier." Auch die Großeltern wohnten am Hof. „Bei uns war immer Leben im Haus. Und wir haben sehr viel Freiraum gehabt. Wir haben nicht aufpassen müssen, dass sich die Nachbarn nicht gestört fühlen, denn es war einfach nur Fläche rundherum und Wald zum Spielen und Obstbäume." Von ihrem Hof sind es nur sechs Kilometer nach Pöllau mit der Marienwallfahrtskirche Pöllauberg. Doch daran hat Sr. Immaculata nicht die beste Erinnerung. „Ich hab' die Pöllaubergkirche nie mögen. Die hat Säulen. Und wenn meine Familie am Pöllauberg zur Messe ging, bin ich sicher hinter der Säule gesessen. Es hat sich immer so ergeben!"

Auch ohne Säulen, in ihrer Heimatpfarre, hängt sie lieber ihren Gedanken nach als zuzuhören. „Ich muss jetzt schmunzeln. Ich kann mich noch gut erinnern, wenn ich zur Messe ging: Unser Heimatpfarrer hat gerne lange gepredigt. Wenn ich mich reingesetzt hab' in die Kirche und es begann die Predigt, dann hab' ich abgeschaltet und wusste, in zwanzig Minuten geht die Messe weiter. Das war auch etwas, was sich erst entwickelt hat." Wenn sie jetzt zurückschaut, sieht sie einen roten Faden durch ihr Leben laufen, einen Faden der Sehnsucht. „Ich war eine normale Jugendliche, wie Jugend heute einfach ist. Und doch ein Stück weit geprägt von der Familie und dadurch, dass Glaube bei uns wichtig war. Ich denke, das ist heute keine Selbstverständlichkeit. Schon als junge Jugendliche, so mit zwölf, habe ich mir Fragen gestellt, wo ich gar nicht gewusst habe, ob es da überhaupt eine Antwort gibt. Zum Beispiel, wenn Gott so groß ist, wie man sagt, reicht es dann, wenn man sonntags in die Kirche geht? Ich hab' damals keine Antwort gehabt. Schön finde ich es jetzt, dass ich die Möglichkeit habe, durch eine gelebte Gottesbeziehung darauf Antworten zu finden. Und das besonders Ergreifende ist, wenn es möglich wird, diese Antworten selber zu finden und nicht von außen aufgesetzt zu bekommen."

Der erste Deal mit Gott

Mit sechzehn beginnt sie ihre Ausbildung zur Diplomkrankenschwester in Graz. Sie wohnt im Internat bei den Barmherzigen Schwestern. Von zu Hause nach Graz pendeln will sie nicht, denn sie ist keine Frühaufsteherin. Doch am Wochenende ist sie zu Hause und findet Anschluss in der Pfarre. „Ich bin mit sechzehn Jahren in eine Jugendgruppe in unserer Pfarre gekommen, ich glaube der Anlass, dass ich da hingegangen bin, war auch die Sehnsucht. Das war eine Jugendgruppe der Legion Mariens und von dieser Jugendgruppe aus habe ich das erste Mal dreitägige Exerzitien gemacht, im Schweigen. Die waren in einem Kloster und da hat mich der Gedanke erwischt, ob das nicht auch etwas für mich sein könnte. Aber es war für mich damals nicht vorstellbar. Ich hab' das ziemlich weggeschoben, allerdings – wenn es wirklich Berufung ist, lässt sich das nicht einfach wegschieben."

Die Gedanken kommen immer

wieder. „Ich habe mich ziemlich geärgert über diesen Gedanken, dass das Klosterleben etwas sein könnte für mich. Weil ich mir gedacht habe, heutzutage tut man so was nicht mehr. Das war etwas von früher, aber das kann man doch nicht als Mensch der heutigen Zeit machen. Und diese Gedanken waren für mich insofern störend, als sie jederzeit präsent waren, sodass sie mich gestört haben, mich auf meine Ausbildung zu konzentrieren. Und dann hab' ich mit Gott einen Deal geschlossen. Ich habe gesagt, er soll mich in Ruhe lassen, die Ausbildung mache ich fertig und nachher schauen wir weiter. Und er hat mich tatsächlich mit diesen Gedanken in Ruhe gelassen. Ich habe meine Ausbildung fertig gemacht und meine Jugend genossen. Als ich danach die Bewerbungsschreiben weggeschickt habe an die verschiedenen Krankenhäuser, ich hätte auch eine Traumstelle gehabt, ist mir der Gedanke wieder gekommen: Jetzt hat Gott sich an seinen Teil vom Deal gehalten, jetzt müsste auch ich mich an meinen Teil halten und einmal zumindest überlegen, wie es nachher weitergehen könnte. Ob Arbeit oder – das habe ich ja beim Deal versprochen – ob es doch auch Ordensleben sein könnte."

Es ergibt sich, dass die Jugendgruppe, zu der Karin gehört, zu einem Einkehrwochenende fährt. „Es war ein Pater dabei, den ich kannte, und da hab' ich die Möglichkeit gesehen, einmal mit jemandem darüber zu sprechen. Ich hab' bei der Beichte einfach nur gesagt, ich kenne mich bei meiner Berufung nicht aus. Der Pater hat mir dann sehr schön gesagt, dass es viele Formen von Berufung geben kann. Er hat aufgezählt, was es da so alles gibt, und halt unter anderem die Berufung zum Ordensleben erwähnt. Und als die Beichte fertig war und ich herausgekommen bin aus dem Beichtstuhl – das war in einer Kapelle –, war am Altar das Allerheiligste ausgesetzt. Ich komme also aus dem Beichtstuhl heraus und stehe direkt vor dem Allerheiligsten und es war mir in diesem Moment klar, ich gehe ins Kloster. Ich hab' mir dann gedacht, das war ein Trick vom lieben Gott. Zuerst gereinigt durch die Beichte, da hat nichts mehr dazwischenstehen können, zwischen ihm und mir."

Karin fällt ein schwerer Stein vom Herzen. Sie fühlt sich total erleichtert. „Ich habe meine Tränen nicht mehr zurückhalten können. Es waren Tränen der Erleichterung, weil das Kämpfen gegen diese Berufung aufgehört hat. Ich bin dann nach der Anbetung ins Bett gegangen und am nächsten Morgen, als ich aufgewacht bin, war mir klar, es hat sich etwas völlig verändert. Meine ganzen Perspektiven, Ziele, die ich vorher angestrebt hatte, waren so nicht mehr. Und ich habe begonnen, mich damit auseinanderzusetzen, wo ich hin will. Das war mir ja bis dahin überhaupt keine Frage, weil ich das immer weggeschoben hatte."

Der zweite Deal mit Gott

Karin Ebner geht die Frage strategisch an. Zunächst überlegt sie, ob es ein kontemplativer oder ein aktiver Orden sein soll, dem sie sich anschließt. Der Gedanke an eine „aktive" Gemeinschaft spricht sie nicht so an. „Ich habe zwar den Beruf der Krankenschwester sehr gern ausgeübt, aber so von meinem Glauben zu erzählen, einfach anderen Menschen gegenüber, das konnte ich damals noch nicht. Von daher war mir klar, dass es aktiv in dem Sinn nicht sein kann. Ich habe dann ein Buch von der „Kleinen heiligen Thérèse" gelesen, in dem hat sie von ihrem kleinen Weg erzählt, und da habe ich mir gedacht, das ist etwas, das kann ich auch. Das hat mich angesprochen und damit war für mich klar, ich suche mir etwas Kontemplatives. Mariastern habe ich dann kennengelernt durch eine Familie, deren Tochter hier schon vor zwanzig Jahren eingetreten war. Das war für mich die ideale Gelegenheit, das Kloster einmal von außen kennenzulernen, ohne dass ich den Schwestern schon sagen musste, ich interessiere mich. Und ich habe gemerkt, dieses Kloster fasziniert mich, aufgrund seiner Ausrichtung von Kontemplation und Gastfreundschaft. Kontemplation, dieses Leben im Schweigen, im Verborgenen, auch im Sinn von Stellvertretung und doch mit Bezug zu Menschen, die zu uns kommen. Also nicht ich gehe hinaus und missioniere, in diesem Sinn, sondern die Menschen kommen zu uns und nehmen Anteil an unserem Leben, auch an unserem Glauben, und wenn sie wollen, nehmen sie davon etwas mit.
Das hat mich fasziniert und ich habe dann wieder mit Gott einen Deal geschlossen. Ich habe gesagt: ‚Gott, wenn du willst, dass ich hier eintrete, kann ich mir das vorstellen. Und wenn das nicht dein Wille ist, dann musst du mir das bis zur Ewigen Profess zeigen. Denn nachher

will ich mich nicht mehr damit plagen müssen, ist das jetzt mein Platz oder nicht.' Und bis zur Ewigen Profess, das war mir klar, sind es fünf Jahre. Also habe ich mir gedacht, das ist doch eine Zeit, in der man sehen kann, ob es passt oder nicht, und habe am 16. Oktober 1999 hier die Kandidatur begonnen." Hohe Ideale, Freude und Enthusiasmus schwingen mit beim Eintritt. „Ich bin froh, dass sich das mit der Zeit geerdet hat, obwohl ich glaube, wenn der Schwung beim Eintritt schon nicht da ist, dann fehlt etwas."

Ein Jahr lebt Karin als Kandidatin mit der Zisterzienserinnen-Gemeinschaft. Sie lernt das Schweigen kennen, das kontemplative Leben, darf auch Arbeit übernehmen. Mit dem Schritt ins Noviziat bekommt sie ein neues Kleid und ihren neuen Namen. „Ein für mich sehr bewegender Moment war die Einkleidung. Das bedeutet, das neue Ordensgewand zu bekommen und damit auch den neuen Namen. Ich glaube, ich kann sagen, dass ich damals schüchtern war. Ich habe einen Wunsch gehabt, in meinem Herzen gehegt, aber ich traute mich den nicht vorzuschlagen. Ich habe wirklich gerungen mit mir: Soll ich ihn vorschlagen oder nicht? Dieser Wunsch war Maria Immaculata. Ich habe mir immer gedacht, wenn ich das vorschlage, klingt das so wie „Ich bin perfekt". Also „immaculata" – die Reine, die Unbefleckte. Es war mir klar, das bin ich nicht, und es war mir auch klar, das brauche ich nicht zu sein. Für mich bedeutete dieser Name dieses Ganz-rein-Sein von Maria und damit ganz offen zu sein für Gott. Und auch: Je reiner ein Mensch ist, desto mehr kann er lieben. Aber eben, diese Kehrseite, die da vielleicht mitschwingen könnte, hat mich daran gehindert, diesen Namen vorzuschlagen. Und dann habe ich mir gedacht, Gott, wenn du willst, dass ich diesen Namen kriege, dann kriege ich ihn, ohne dass ich ihn vorschlagen muss. Und ich habe tatsächlich bei der Einkleidung diesen Namen bekommen. Das war mir auch eine Bestätigung, dass hier mein Platz ist."

In den fünf Jahren bis zur Ewigen Profess gab es aber auch Momente, die Sr. Immaculata an ihre Grenzen gebracht haben. „Als meine Freundin geheiratet und eine Familie gegründet hat, wir waren ja im selben Alter, da ist mir bewusst geworden, dass meine Lebensform auch Verzicht mit sich bringt. In der Zeit des Geerdet-Werdens war das. In der ersten Euphorie spürt man das nicht so. Ich kann mich

noch gut erinnern, wie ich damals im Garten spaziert bin. Ich habe mir diese Frage des Verzichts gestellt und gemerkt, nein, aus mir heraus schaffe ich das nicht. Und doch habe ich gemerkt, mit Gottes Hilfe wird es gehen. Das war mir ein ganz wichtiger Moment, zu merken, wenn ich mich nur auf meine eigene Kraft in dieser Lebensform verlasse und nur auf meine Fähigkeiten und mein Können, auch auf mein Wollen, ist es zu wenig, das wird nicht ausreichen. Ich werde dieses Leben nur leben können, wenn ich in der Verbindung mit Gott bleibe. Ob diese Verbindung immer zu spüren ist, ist die andere Frage, aber in dieser Ausrichtung und diesem Suchen. Das wird die große Herausforderung bleiben, mein Leben lang in dieser Verbundenheit zu bleiben. Ich sehe es heute als Beziehungsarbeit."
Am 24. Oktober 2004 feiert sie Ewige Profess. „Für mich war sehr schön, dass es im Jahr der Eucharistie war, weil die Eucharistie für mich eine große Bedeutung hat. Und es war der Weltmissionssonntag, da habe ich noch einmal so einen Anklang an die heilige Thérèse gesehen, die ja Patronin der Mission ist, obwohl sie nie aus ihrem Karmel herausgekommen ist. Darin meine Berufung zu verstehen: Mein stellvertretendes Gebet und mein zweckfreies Dasein vor Gott kann Auswirkungen für die ganze Welt und für die Weltkirche haben. Dieser Gedanke begleitet mich eigentlich seither beständig, auch wenn er nicht immer voll da ist. Beim Chorgebet ist mir das ganz wichtig, wirklich für alle Menschen vor Gott zu stehen. Wir hören auch ganz bewusst Nachrichten und was in der Welt so los ist. Die Weltnachrichten und die Nachrichten der privaten Welt von den Leuten, die uns um das Gebet bitten, die nehmen wir ganz bewusst mit, die nehme ich ganz bewusst mit, weil mir das wichtig geworden ist: Mein Leben ist ein Leben *für*, also mein Leben braucht ein Für."
Zehn Monate nach Sr. Immaculata tritt auch ihre Zwillingsschwester ins Kloster Mariastern ein. „Die Berufungswege waren völlig unabgesprochen, also zwei völlig eigenständige Wege. Ich habe mit meiner Zwillingsschwester nicht über meine Klostergedanken geredet und sie nicht mit mir. Als ich zu Hause gesagt habe, ich gehe ins Kloster, war sie gerade am Überlegen, soll sie oder soll sie nicht. Dann war für sie klar, sie geht nicht, weil eine reicht. Aber sie hat bald gemerkt, so einfach geht das nicht, und hat auch Mariastern als ihren Platz gefun-

den. Ich bin aber froh, dass es zwei völlig eigenständige Wege und Entscheidungen sind, weil so eine jede ihr Leben lebt. Trotzdem ist ein Stück Familie im Kloster. Und das ist etwas sehr Schönes."

Verwandte und Freundschaften

Auch mit den Familienmitgliedern in der Steiermark pflegt sie Kontakt. Heimaturlaub gibt es nur alle drei Jahre, dafür können ihre Verwandten nach Mariastern zu Besuch kommen und im Gästehaus wohnen. Das tun sie jährlich. „Mittlerweile kann meine Familie meine Berufung auch mittragen. Der Abschied war schwer. Der Großteil der Familie hat sich schwergetan, nicht mit der Ordensberufung, sondern mit dem großen Abstand. Ich glaube, es sind sechs- bis siebenhundert Kilometer, die dazwischen liegen. Meine Eltern hatten damals ja eine Landwirtschaft. Die hat jetzt mein Bruder übernommen, und von der Landwirtschaft her war es immer Thema, wie viel Zeit können wir uns nehmen, euch im Kloster zu besuchen. Die Bodenseeregion ist aber wunderschön, die gefällt auch den Geschwistern. Die drei anderen sind verheiratet, haben Kinder und der Kontakt mit Neffen und Nichten ist ein sehr schöner Kontakt. Die bringen Leben mit herein, anderes Leben, wenn sie kommen."

Die Freundschaften aus der Zeit vor dem Eintritt haben sich unterschiedlich entwickelt. „Nach der Krankenschwesternschule haben natürlich sehr viele gesagt, wir bleiben in Kontakt. Was sich durch die Entfernung aber nicht so leicht machen hat lassen. Es hat sich schnell herausgestellt, welche Kontakte sich halten werden und welche nicht. Ich bin mit einer Freundin nach wie vor in intensivem Kontakt. Das freut mich sehr, das sind ja doch 16 Jahre. Und was mich auch sehr berührt, sind Freundschaften, die sich in diesen 16 Jahren, also seit ich hier bin, entwickelt haben." Dazu gehört auch die Freundschaft zu einem Mann. „Wir sind gleich alt und haben uns bei der Ausbildung zur geistlichen Begleitung und Exerzitienbegleitung kennengelernt. Das ist mir eine sehr, sehr kostbare Freundschaft. Das war natürlich für ihn auch eine ganz neue Erfahrung, eine Ordensfrau als Freundin zu haben, wo aufgrund meiner Lebensform der Kontakt einfach anders zu gestalten ist, als es sonst bei Freundschaften üblich ist. Man kann nicht einfach auf ein Bier gehen! Aber ich habe den Eindruck, diese Freundschaft gewinnt dadurch an Tiefe, das ist mir ein ganz großes Geschenk. Gerade in dieser Freundschaft erlebe ich, dass es wirklich Freundschaft ist, wenn der andere so sein kann, wie er ist. Diese Freundschaft hat sich entwickelt, obwohl ich Ordensfrau bin und er verheiratet ist. Das ist kein Hindernis, tiefe Freundschaft zu pflegen. Er ist mit seiner Biografie, wie er ist, und ich bin mit meiner, wie ich bin, und da ist Freundschaft möglich, das finde ich etwas Wunderschönes."

Frau sein

Ehelosigkeit heißt nicht Beziehungslosigkeit, ist Sr. Immaculata überzeugt. Und schon gar nicht „Liebelosigkeit", also ohne Liebe. Wie sie Beziehung lebt und wie sie ihr Frausein lebt, gehört zu den vielen Dingen, die sich in ihrem Leben entwickelt haben, vor dem Kloster und im Kloster. „Als ich mit neunzehn eingetreten bin, war ich sicher noch keine ausgereifte Frau, ich war eine junge Erwachsene. Für mich war klar, das Gelübde der Ehelosigkeit gehört dazu, das war eine bewusste Entscheidung. Dafür habe ich mich wirklich entschieden, aber mit den Jahren erst bewusst wahrgenommen, was das bedeutet für mich als Frau. Und in diesem Sich-selber-Erleben im Verzicht habe ich mich noch einmal bewusst dafür entscheiden müssen, als meine Freundin damals geheiratet hat. Ich glaube, der Moment war für mich ganz wichtig.

Und dann, in diesem bewussten Verzicht trotzdem zu erleben, dass auch da Entwicklung im Frausein möglich ist. Dass ich trotzdem ganz Frau bin und dieses Frausein leben möchte und bewusst leben möchte. Ich glaube, gottgeweihte Ehelosigkeit ist nur dann möglich, wenn man das Frausein auch wirklich bewusst lebt. Drückt man da irgendetwas weg, kommt es irgendwann einmal ziemlich verdreht heraus. Wenn man weiß, wer man selber als Frau ist, kann man auch gottgeweihte Ehelosigkeit fruchtbar leben. Dann kann man den Verzicht fruchtbar gestalten. Wichtig ist für mich gerade in diesem Gelübde, die Beziehung zu Gott wirklich als Beziehung zu leben. Auch wenn es auf einer anderen Ebene als Beziehung gelebt wird als eine partnerschaftliche Beziehung, aber es ist Beziehung.

Beziehungsgeflecht

Ein spezielles Thema sind die Beziehungen innerhalb des Klosters. „Da ist natürlich meine Beziehung zur Zwillingsschwester eine ganz besondere Beziehung. Auch sonst ist das Verhältnis zu den Mitschwestern, würde ich sagen, freundschaftlich oder schwesterlich. Freundschaften, die speziell nur zwei Schwestern betreffen, das ist in der Gemeinschaft – ich will nicht sagen schwierig, aber das schafft eine Eigendynamik in der Gemeinschaft. Da muss man doch, glaube ich, sehr achtsam sein, wie ich meine Beziehungen zu den Mitschwestern gestalte, dass sie einerseits persönliche Beziehungen sind, dass sie aber auf der anderen Seite nicht abkapseln vom Gemeinschaftsleben, dass man nicht mehr offen ist für die Gemeinschaft."

Das Gemeinschaftsleben bedeutet Sr. Immaculata sehr viel. „Das ist ein guter Boden für Wachstum. Guter Boden auch deshalb, weil es sehr viele Herausforderungen gibt, denen man sich oder denen ich mich stellen musste. Wir sind derzeit im Haus zwanzig. Wenn man mit neunzehn Leuten zusammenlebt, die alle ihre Individualität in Gemeinschaft leben wollen und auch sollen, braucht es einen guten Konsens. Da kann es durchaus manchmal sein, dass man das Eigene zurückstellen muss, soll, kann, darf, damit auch die andere ihren Raum hat. Sich immer nur zurückstellen geht aber nicht, es braucht auch das Eigene. Da gilt es, den guten Ausgleich zu finden: Wie kann ich in meiner Individualität gut leben und wie können meine Mitschwestern in ihrer Individualität gut leben, sodass es ein gutes Miteinander gibt. Da hineinzufinden, braucht Zeit, braucht, würde ich sagen, auch Demut, menschliche Reife. Aber ich glaube, es führt auch zu Reife – wenn man den Blick auf beides, auf sich und auf das Gemeinschaftliche, hat. Das versuchen wir auch unseren jungen Schwestern mitzugeben. Es braucht beides. Es muss für beide Seiten gut sein."

Der Weg des Ausgleichs, damit zwanzig verschiedene Menschen gut für sich und die anderen sorgen können, wird ein Ordensleben lang gesucht. Die kleinen Herausforderungen des Alltags lauern überall. „Ich habe den Eindruck, dadurch, dass wir hier in der Gemeinschaft auf engem Raum zusammenleben, können kleine Dinge manchmal sehr groß werden. Auch im Schweigen können kleine Dinge sehr groß werden. Zum Beispiel beim Essen: Mir würde jetzt Lasagne schmecken. Aus den und den Gründen ist Lasagne nicht möglich, und es gibt etwas anderes – das kann schon Anlass zum Ärger sein. Aber Lasagne ist ja nicht die Welt, oder? Da ist es wichtig, mir bewusst zu bleiben, dass es kleine Dinge sind, und mir bewusst zu halten, na, es ist ja nur Lasagne!" Das ist nicht selbstverständlich und unter Umständen eine größere Herausforderung, wenn der gemeinsame Lebensraum begrenzt ist. Gemeinsam wohnen, essen, arbeiten ...

Die große Lebensgemeinschaft ist ein Geschenk. Mit besonderen Anforderungen. „Zum Beispiel in den Arbeitsbereichen mit den Mitschwestern, mit denen ich zusammenarbeite. Muss dieses Zimmer jetzt um neun Uhr geputzt werden oder kann ich das auf 10 Uhr 30 verschieben, weil der Wäscheberg so groß ist, dass das noch vorher gemacht werden sollte? Es sind so viele kleine Dinge. Diese kleinen Dinge machen unseren Alltag aus. Da muss man lernen, das in einer guten Relation einschätzen zu können. Am Anfang bringt man den Enthusiasmus mit, da geht alles. Aber irgendwann erdet sich das einmal, dann ärgert man sich über alles, und später kommt die Phase, wo man das gut austarieren kann. Wenn die Entwicklung stimmt. Der Altabtpräses unserer Kongregation hat einmal über das Zwischenmenschliche gesagt: ‚Es kann schon sein, dass es einen ärgert, wie sich der Nebenmann schnäuzt.' Diese kleinen Dinge! Und wenn man nicht lernt, mit diesen Dingen gut umzugehen, dann können sie einem wirklich das Leben schwermachen. Je mehr Schwestern in einer Thematik involviert sind, desto mehr braucht es die Abstimmung. Also dieses aufeinander Abstimmen und Einfühlen, das gelingt manchmal besser und manchmal nicht so gut, je nach Thema und je nachdem, wie weit man selber damit zusammenhängt, wie viel Herzblut man vielleicht in eine Sache schon gesteckt hat. Es gibt da bleibende Schwierigkeiten, gewisse Themen ziehen sich über Jahre hin. Ich denke, irgendwie ist das typisch menschliches Zusammenleben! Bei uns spürt man solche Dinge vielleicht noch mehr, weil wir eben auf engem Raum zusammenleben und wenig Möglichkeit für Ablenkung haben. Ablenkung im Sinne von ‚Ist doch egal, wir schalten jetzt am Abend den Fernseher ein, dann ist das Thema für zwei Stunden vom Tisch'. Das ist nicht das Übliche, wie wir damit umgehen. Wir haben dann Schweigen. Im Schweigen kann sehr vieles da bleiben, vom Thema. Ich werde im Schweigen auf mich selber zurückgeworfen, ich muss mich einfach damit auseinandersetzen. Und da drin ist die Möglichkeit, mich zu entwickeln. Aber das kann halt manchmal auch Tränen kosten. Im Idealfall wächst man daran, aber Wachstum ist bekanntlich etwas, das lange dauert. Und es gibt manchmal die Momente, wo man sagt, es geht jetzt nicht. Weil es eben einfach emotional oder aus irgendwelchen Gründen nicht geht, und eben da muss eine Gemeinschaft damit umgehen können, wenn einmal eine sagt: ‚Ich kann jetzt nicht.'"

Schweigen und reden

Zwei Komponenten erleichtern Sr. Immaculata dieses Wachstum, diese Suche nach dem Ausgleich zwischen dem Eigenen und dem Gemeinschaftlichen. Es ist einerseits das Schweigen, das Ganz-bei-sich-Sein, und andererseits die Kommunikation, der Austausch mit den Mitschwestern. Beides hat sie in den vergangenen sechzehn Jahren intensiv gepflegt – und weiterentwickelt. „Mir hilft diese kontemplative Haltung sehr, dieses In-mir-Sein. Zu schauen, was wäre jetzt das Meinige. Ich muss mir meiner selbst bewusst sein. Dann kann ich abwägen, was braucht es jetzt in der Situation. Und wenn ich mir dessen bewusst bin, was mein Eigenes ist, dann kann ich von Zeit zu Zeit das Eigene hintanstellen, weil ich merke, in der Situation braucht jetzt eine andere das Ihrige mehr. Wenn ich das Meine, Eigene immer hintanstelle, dann kippt es. Das kann nicht funktionieren. Aber wenn ich immer nur sage, mein Eigenes ist der Mittelpunkt, um den sich alles zu drehen hat, das wäre das andere Extrem, das kann es auch nicht sein. Also ich glaube, es braucht ein gutes Sich-selber-Kennenlernen und es braucht eine gewisse Gemeinschaftsfähigkeit. Da bin ich froh, dass ich vier Geschwister hatte! Außerdem war ich fünf Jahre im Internat. Man bringt also gewisse Erfahrungen mit, auf die man weiter aufbauen kann."

Und aufgebaut haben die Zisterzienserinnen von Mariastern. „Als ich hier eingetreten bin, war mir das nicht bewusst, dass Gespräche

so wichtig sind, wo Menschen zusammenleben. Dass man vieles klären kann durch Gespräche, dass Beziehung – egal ob Gottesbeziehung oder Beziehung zum Menschen – durch Gespräche gefördert und lebendig erhalten wird. Das war mir damals nicht bewusst. Als ich eingetreten bin, habe ich das so auch nicht erlebt. Nach meiner Ewigen Profess gab es einen Äbtissinnenwechsel und jede Oberin hat natürlich ihre Art zu führen. Da hat es begonnen mit ‚Wir wollen unsere Gesprächskultur fördern'. Wir haben die Einführung zur Gewaltfreien Kommunikation als Gemeinschaft gemacht. Die einen hatten Lust daran, die anderen waren irritiert, unsicher: ‚Was wird das?', ‚Das haben wir vorher nicht gehabt' und so. Jede hat sich auf ihre Art und Weise eingelassen darauf. Seit wir bewusst diesen Schritt zum gemeinsamen Gespräch gesetzt haben, wollen wir diesen Weg auch gut weitergehen. Dafür bin ich dankbar, auch wenn es nicht immer ganz leicht ist, das Eigene zu formulieren und die Formulierungen der anderen zu hören und stehen zu lassen und sein zu lassen. Ich glaube, wir haben schon noch einiges zu lernen, was Gesprächskultur betrifft, aber es wäre nicht mehr wegzudenken. Gemeinschaftsleben ohne sich gemeinsam auszutauschen ist letztlich kein Gemeinschaftsleben mehr. Das wäre dann so – da leben zwanzig Individualistinnen unter einem Dach zusammen. Eine fromme Wohngemeinschaft vielleicht."
Der Konvent von Mariastern-Gwiggen ist mit der Pflege der Kommunikationskultur noch einen Schritt weitergegangen: „Wir haben zum Beispiel von außen begleitete Konventgespräche. Da kommen dann die Themen, die schwieriger sind. Ich glaube, da haben wir sechs Termine im Jahr. Häufiger sind die Konventgespräche, die Themen betreffen, die nicht so intensiv sind. Das und das hat sich ergeben, diese Information sollen alle bekommen und so weiter. Es gibt ja ständig irgendetwas zu besprechen. Da kann auch einmal etwas mitgeteilt werden, was Freude macht, oder spiritueller Austausch stattfinden. Und das ist gut so. Ich glaube, wir sind daran, unsere Gesprächskultur wirklich zu pflegen." Seit über fünf Jahren arbeitet der Begleiter, der von „außen" kommt, regelmäßig mit dem Mariasterner Konvent. „Ich bin sehr dankbar für diese begleiteten Konventgespräche. Weil da sehr viel Platz hat und man weiß, wenn etwas sehr Persönliches

zur Sprache kommt, ist jemand da, der das Gespräch gut führen und begleiten kann."

Dampf ablassen, Sport und Ordenskleid

Das Schweigen und das Reden – beides hat seinen Platz, hat seine Bedeutung für das Gemeinschaftsleben und für die Entwicklung der Einzelnen. Und noch etwas ist Sr. Immaculata in den letzten Jahren wertvoll geworden auf der Suche nach einem ausgeglichenen Leben oder wenn es ein Thema aufzuarbeiten gibt: „Wenn ich wirklich einmal Dampf ablassen muss, dann ist es das Fahrrad. Ich fahre gern zum Bodensee. Beim Strampeln was rauslassen! Man sagt ja, wenn man Sport betreibt, setzt das Endorphine frei. Dann nur der See und ich. Und das Rauschen des Sees. Und dann kann ich nachher wieder mit Abstand auf das Thema schauen.
Wir dürfen Radfahren, das ist schön. Das hat sich auch geändert, seit ich da bin. Ich war noch in der Ausbildungszeit vor der Ewigen Profess, als das einmal Thema war, und seither ist das möglich." Das Radfahren ist einer der seltenen Anlässe, zu denen Sr. Immaculata das Ordenskleid ablegt. „Da ziehe ich etwas an, was für den Sport tauglich ist." Sonst trägt sie aber gerne ihre weiß-schwarze Ordenstracht. „Auch zum Einkaufen und für Besuche, also wenn wir in die Stadt gehen. Und für Heimatbesuche und sowas. Zum Arbeiten zu Hause haben wir ein einfacheres Gewand an, ein blaues, kürzeres. Das nehmen wir zum Beispiel auch zum Wandern."

Klausur

Die Zisterzienserinnen leben in Klausur. Es ist eine Klausur, die ihren Lebensbereich absteckt, die ihren persönlichen Raum schützt. Sie sei aber nicht undurchlässig nach außen, erklärt Sr. Immaculata. „Auch das ist ein Verhältnis, das im Wandel ist, seit ich hier bin. Und vermutlich vorher schon im Wandel war. Da hat sich natürlich sehr viel nach dem Zweiten Vatikanischen Konzil getan, auch mit dem Verständnis von Klausur. Wenn ich die Regel des heiligen Benedikt hernehme, nach der wir leben, war das Kloster schon immer ein ab-

gegrenzter Bezirk und Benedikt schreibt ganz klar: ‚Es ist nicht gut für den Mönch, dass er sich draußen herumtreibt', und trotzdem hat Benedikt schon ein Kapitel drin für die Mönche, die außerhalb des Klosters sind. Ich finde, dass in der Einführung zum Ordensleben ein Bewusstsein für das Verständnis von Klausur, und warum ich in Klausur lebe, geweckt werden soll. Diesen Ort zu haben, der eine ganz intensive Gottesbeziehung ermöglicht. Klausur ist für mich ein Ort, wo nicht jeder hereindarf, um diese Atmosphäre des Ortes zu wahren. Die Klausur bedeutet für mich nicht so sehr, dass ich nicht mehr hinaus darf, sondern, wen lasse ich herein? Wir in unserer Gemeinschaft haben tatsächlich die Möglichkeit zur Freizeitgestaltung mit Fahrradfahren und Spazierengehen außerhalb der Klausur. Wir haben auch von der Lage unseres Klosters her Glück. Wenn wir rausgehen zum Spazieren, sind wir trotzdem noch ziemlich allein. Es bleibt ja diese kontemplative Haltung, um die es geht. Es geht mehr um eine Haltung als um eine äußerliche Regelung, so nach dem Motto: ‚Du darfst die Klausurtür nicht überschreiten'.
Es geht eher darum, wenn ich sie überschreite, bin ich noch in meiner kontemplativen Haltung oder nicht mehr? Wenn mir beim Spazierengehen jemand begegnet und der ein paar Worte mit mir spricht, reißt mich das noch nicht aus meiner kontemplativen Haltung heraus. Was hilft mir innerlich – so verstehe ich Klausur. Wenn ich Kinder und Jugendliche durch das Kloster führe, vergleiche ich es gerne mit einem Haus, wo man auch nicht jeden Besuch gleich ins Schlafzimmer führt. Sondern man hat Küche, Eingangsbereich, Esszimmer, wo man sich zusammensetzt, wo man gern für den Besuch da ist, und so verstehen wir Klausur mit Gastfreundschaft. Wir haben einen Bereich, der unser Bereich ist, als Privatsphäre, Intimsphäre. Und wenn es für gewisse Tätigkeiten notwendig ist, verlassen wir diese Klausur. Hier in unserem Klosterbereich erwirtschaften wir auch unseren Lebensunterhalt. Wir haben keine Tätigkeit in Pfarren, im Krankenhaus oder irgendwo. Wir leben von unserer Hände Arbeit. Hauptsächlich durch den Gästebetrieb, durch den Klosterladen, wir haben einen großen Garten, eine Paramentenstickerei, das sind unsere Einnahmequellen. Da sind alle Schwestern involviert."

Gastfreundschaft und andere Aufgaben

Sr. Immaculata führt Kinder- und Jugendgruppen durch das Kloster Mariastern – wenn auch nicht in den Klausurbereich. „Was ich merke ist, dass es gerade bei jungen Leuten, bei Jugendlichen, oft die Burschen die sind, die Fragen stellen. Denn bei Mädchen könnte es leicht so ausschauen: ‚Wenn ich frage, dann glauben die anderen schon, ich habe Interesse. Oder dann fangen die mich schon.' Die wissen selber noch nicht genau, wie es für sie weitergeht. Und nur nicht zu nah! Aber das ist ein Entwicklungsschritt, der gehört, glaube ich, dazu. Da muss ich oft ein bisserl schmunzeln. Meistens ist einer dabei, der recht provoziert. Die finde ich ganz wertvoll, diese Burschen, weil die die Themen bringen, die auch alle anderen interessieren. Das Schöne ist, wenn man sie wirklich ernst nimmt mit den Fragen, auch wenn sie sie sehr provokant bringen, fühlen sie sich ernst genommen und merken, das ist ein Ort, da kann man Fragen stellen. Das ist etwas sehr Schönes für mich."

Die Kindergruppen bringen für Sr. Immaculata immer wieder Aha-Erlebnisse. „Ich habe ein ganz tolles Erlebnis gehabt mit einer Kindergruppe. Unser Fernseher ist ein richtig altes Gerät, so ein dickes, jetzt hat man ja die Flachbildschirme. Ich habe mir nichts gedacht dabei, habe den Kindern eine Führung gehalten und dann ein Klostervideo gezeigt, damit sie sehen, wie unser Tagesablauf ist. Ich bringe das Gerät in den Saal rein und es geht los: ‚Pah, ist der dick!' Da ist mir erst bewusst geworden, wie altmodisch unser Fernseher schon ist. Wir schauen so selten! Was wir wirklich an Medien pflegen, sind Computer, Internet, DVD. Also wenn wir Filme schauen, dann bewusst. Das Internet ersetzt uns den Fernseher. Und da haben wir gut Zugang. Jede Schwester, die will, hat Zugang."

Sr. Immaculata ist aber nicht nur für kurzfristige Besuche da, sie ist komplett verantwortlich für acht Gästezimmer. Vom Putzen bis zur geistlichen Begleitung. Wer dort zu Gast ist, wird von Sr. Immaculata umsorgt. Insgesamt gibt es vierzehn Gästezimmer, Sr. Immaculata teilt sich die Arbeit also mit einer zweiten Gastschwester, die wiederum für alle Aspekte der Gastfreundschaft in ihren Räumen zuständig ist. „Vor allem der Sommer ist wirklich voll. Das könnten wir allein mit unserer Arbeitskraft nicht leisten, wenn das das ganze Jahr über so wäre. Sonst ist es eher so, dass Gruppen kommen und sich für Exerzitien einbuchen oder Pfarrgemeinderäte oder irgendwelche Seminare, immer wieder auch Einzelgäste. Es ist sehr interessant, dass sich immer wieder Gäste melden, die sich zurückziehen, um einmal auf ihre Alltagssituation mit Abstand schauen zu können. Die nutzen gerne die Begleitung der Schwestern.

Zum Teil immer wieder Leute, die knapp vor dem Burn-out stehen. Da muss man halt schauen: Ist gerade Stille etwas, das förderlich ist, oder kann das eher dazu führen, dass sie überfordert sind mit der Stille? Wir sind offen für jeden, der klopft. Grundsätzlich haben wir das ganze Jahr über den Gästebetrieb geöffnet, bis auf direkt zu Weihnachten, am 24. und 25. Dezember. Das ist unser Gemeinschaftsfest."

Die Gastfreundschaft kommt nicht aus der Mode, ist Sr. Immaculata überzeugt und sorgt sich daher wenig um die zukünftigen Aufgaben ihres Klosters: „Dass Menschen da sind für andere, das wird in allen Jahrhunderten gebraucht, daher denke ich mir, Gastfreundschaft ist etwas Zeitloses. Ich kann mir vorstellen, dass sie in zwanzig Jahren genauso noch unser Auftrag sein könnte. Es kann natürlich sein, dass das meine Fantasie ist, weil ich Gastschwester bin ..."

Sr. Immaculatas Aufgaben in der Gemeinschaft haben sich verändert, seit sie mit neunzehn eingetreten ist. „Ich war mit neunzehn nicht voll erwachsen und froh, noch nicht zu viel Verantwortung übernehmen zu müssen. Ich kann nur in großer Dankbarkeit sagen, dass es für mich hier im Kloster und in der Gemeinschaft die Möglichkeit gab, erwachsen zu werden, mich entwickeln zu dürfen. Das empfinde ich als ganz großes Geschenk. Von daher hat sich für mich an Arbeit und Verantwortung einiges geändert. Was gleichbleibend war von Anfang an bis jetzt, ich bin nach wie vor in der Schneiderei und nähe unser Ordensgewand, das mache ich sehr gerne. Ich habe immer schon gerne genäht, seit ich es gelernt habe, schon in der Schulzeit vor dem Kloster. Von daher war ich gleich in einem Arbeitsgebiet, wo ich mich wohl gefühlt habe und wo ich Fähigkeiten einbringen konnte.

Ja, am Anfang vom Ordensleben hat man natürlich auch Unterricht und Ausbildung und Einführung ins Ordensleben und so. Ich bin dann in die Küche gekommen und habe dort zehn Jahre mitgearbeitet. Nach diesen zehn Jahren Küchendienst haben wir eine Angestellte bekom-

men in der Küche. Seither bin ich verantwortlich für meine acht Gästezimmer. Ich mache Begleitgespräche sehr gern, ich putze auch sehr gern, das erdet mich wieder, ich brauche immer beides. Als Putzfrau sehe ich mich als Raumpflegerin. Es geht mir darum, dass sich unsere Gäste wirklich wohl fühlen können bei uns. Ich denke mir, man nimmt atmosphärisch sehr viel auf und mit, wenn man als Gast kommt. Ich war selber zum Teil aufgrund meiner Ausbildung in anderen Häusern zu Gast, da ist mir bewusst geworden, dass man sich dann wirklich öffnen kann, wenn man sich wo wohl fühlt. Und darum geht es mir auch in meinem Gästebereich. Ich dekoriere wahnsinnig gern, da kann ich mich so richtig entfalten, ich kann in diesen Bereichen kreativ sein, das freut mich sehr. Was jetzt für mich neu beginnt, ist Jugendarbeit und Berufungspastoral. Da stecke ich wirklich noch in den Kinderschuhen. Ich habe den Eindruck, Gott öffnet mir eine Tür und ich bin gerade dabei, da hineinzugehen. Ich habe den Raum noch nicht voll ausgelotet und was da alles möglich ist, aber finde es wahnsinnig spannend. Konkret plane ich gerade einen Kloster-Hotspot, eine Wallfahrt für ungefähr 70 Jugendliche, wo sich Ordensleute und Jugendliche begegnen können. Ausschlaggebend war das Jahr der Orden. Ich hoffe, dass es in diese Richtung irgendwie weitergeht.
Also ich sehe mein Ordensleben schon als Entwicklung. Von der 19-Jährigen bis hin zur 35-Jährigen war ich ständig in Entwicklung. Das in einem kontemplativen Kloster so erleben zu dürfen, ist für mich ein unheimlich großes Geschenk. Darüber habe ich mir damals beim Eintritt keine Gedanken gemacht. Aber das erlebe ich jetzt so und ich freue mich. Das ist gut so.“ Wenn man Sr. Immaculata nach ihren Zukunftswünschen fragt, kommt als oberste Priorität: „Dass Entwicklung weiterhin möglich ist.“ Und noch etwas liegt ihr am Herzen: „Ja, ich wünsche mir schon auch, dass junge Schwestern nachkommen, damit unsere Gemeinschaft Ort der lebendigen Gottesbegegnung sein kann. Wenn Gott sagen würde, eure Sendung ist erfüllt, das habt ihr super gemacht, es passt jetzt und es geht jetzt woanders weiter, wäre es für mich auch in Ordnung. Aber ein wirklicher Wunsch von mir ist, dass wir mit jungen Schwestern diesen Weg weitergehen können.“

Gespräch und Text: Monika Slouk

Der Orden

NAME	Zisterzienserinnenabtei Mariastern-Gwiggen
KÜRZEL	OCist – Ordo Cisterciensis (Zisterziensischer Orden)
GRÜNDUNG	1856 erwarben die Schweizer Zisterzienserinnen-Konvente von Kalchrain und Feldbach das Schlösschen Gwiggen in Vorarlberg und führten hier ihr Leben nach der Ordensregel fort; 1869 schloss sich ihnen der Konvent von Tänikon an. Grund dafür war die Aufhebung ihrer Klöster durch den thurgauischen Großen Rat im Jahr 1848. Die drei Zisterzienserinnenabteien waren im 13. Jahrhundert im Schweizer Kanton Thurgau gegründet worden. Die Geschichte der Zisterzienserinnen insgesamt geht an den Anfang des 12. Jahrhunderts zurück.
SENDUNG	Neben dem Gebet und der Geistlichen Lesung ist den Zisterzienserinnen von Mariastern die Arbeit wichtig, für ihre Gäste, in der Paramentenstickerei oder im Garten, im Klosterhaushalt, im Klosterladen, in der kleinen Landwirtschaft. Zwei Gästezimmer haben sie Ende 2015 zu einer Wohnung für eine Flüchtlingsfamilie umgestaltet.
WELTWEIT	2015 gab es weltweit 825 Zisterzienserinnen in 58 Klöstern. Die Klöster sind selbstständig. Es gibt einen (mit dem männlichen Zisterzienserorden gemeinsamen) Generalabt in Rom.
ÖSTERREICH	In Österreich gibt es drei verhältnismäßig junge Zisterzienserinnen-Klöster: die Abtei Mariastern-Gwiggen in Hohenweiler (seit 1856), das Kloster Marienfeld bei Maria Roggendorf (seit 1982, von Mariastern aus gegründet) und die Abtei Marienkron bei Mönchhof im Burgenland (seit 1955).

Im „Gehorchsam“ leben

von Paul M. Zulehner

Es war ein Paukenschlag. Eugen Drewermann, Theologe, Priester, Psychotherapeut veröffentlichte sein Buch über die „Kleriker. Psychogramm eines Ideals" (Olten 1989). Den Stoff für das explosive Buch lieferten unzählige Therapiestunden mit Betroffenen, darunter Priester, noch mehr aber Ordensfrauen. Seine Kernkritik: In der Lebensform von Klerikern und Ordensleuten komme Leben nicht auf, sondern um. Eine systematische Entpersönlichung finde statt, eine Verleugnung der gesamten Biografie. Gefühle spielten keine Rolle. Anerkannt werde lediglich, was durch fremde Autoritäten verbürgt werde. Es komme zu einem Ausfall des eigenen Wollens und Denkens.

Zugespitzt

Viele der in diesem Buch porträtierten Frauen sind in dieser Zeit in ihren Orden eingetreten. Ihre Biografien enthalten durchaus Andeutungen, dass an der Kritik Drewermanns nicht alles falsch war. Insbesondere hinsichtlich des „Gehorsams" schildern sie einen beträchtlichen Wandel von einem Unterwerfungsgehorsam zu einem verantworteten Gehorsam. Früher seien Selbstständigkeit und Eigenverantwortung gering geschätzt worden. Heute hingegen werde Selbstverantwortung hoch bewertet. Dabei wird nicht übersehen, dass es nach wie vor Frauen gibt, die mit der Hoffnung in einen Orden streben, um die kulturell lästig werdende Last der Freiheit wieder loszuwerden. Immerhin hat das Gelübde des Gehorsams heute die reale Chance, zu jener Gestalt auszureifen, welche ihr im Rahmen einer soliden christlichen Anthropologie zukommt. Das gilt grundsätzlich auch für die beiden anderen evangelischen Räte. Diese sind keine Anleitung zu einem Leben auf Sparflamme. Das Gegenteil ist der Fall. Gehorsam ist letztlich auf die Spitze getriebene Freiheit. Ein derart gehorsamer Mensch bündelt all seine freie Verantwortung und kanalisiert diese „auf jemanden oder auf etwas". Dieser Jemand ist für einen gläubigen Menschen letztlich Gott selbst und das Etwas ist das in Jesus angebrochene Reich Gottes, das im Leben und Tun des eigenen „Ordens" konkrete Gestalt gewinnt. Vielleicht sollte man solchen Gehorsam spirituell „Gehorchsam" nennen, weil er aus einem amikalen Dialog mit Gott, aber auch mit

Oberinnen erwächst, also ein Horchen voraussetzt. Selbst-losigkeit kann im Rahmen eines solchen Gehorsams dann erblühen, wenn jemand ein eigenständiges Selbst hat, das sie loswerden kann.
Diese „Zuspitzungsthese“ gilt auch für die beiden anderen evangelischen Räte. In den berührenden Biografien dieses Buches beziehen sich einige Ordensfrauen auf das weite Feld, das mit den Begriffen Frausein, Freundschaften, Liebe, Sexualität umgrenzt werden kann. Wie in der kirchlichen Welt generell stand auch in Orden Sexualität unter einem manichäischen Generalverdacht. Das zeigt sich moraltheologisch auch darin, dass Sexualität „nur“ in der gültigen Ehe als gut gilt. Dass „Gott sah, dass es gut war“, als er die Menschen als liebesfähige Wesen erschuf, und diese Aussage unbedingt gilt, trat in den Hintergrund. Es hatte in der Erziehung zumal in Noviziaten und Priesterseminaren wenig Platz. Ehelosigkeit verkam so in der Tat zum Versuch, die Schöpfungswirklichkeit der erotisch-sexuellen Begabung zu verdächtigen und buchstäblich zu „verschleiern“.
Das alltägliche Leben wurde kollektiv so geregelt, dass diese wunderbaren Kräfte jedes Menschen nicht zum Vorschein kommen konnten. In ihrem biografischen Rückblick muss eine Ordensfrau ihre Freundschaft zu einer Mitschwester eigens rechtfertigen. In vielen Gemeinschaften waren diese auch schlichtweg verboten, was sie letztlich aber nicht unterbunden, sondern ihnen lediglich noch mehr Reiz verliehen hat. Wie wäre es, Ehelosigkeit als „auf die Spitze getriebene“ Liebensfähigkeit zu begreifen? „Auf die Spitze“ getriebene Liebensfähigkeit würde aber – es wäre immer riskant – nicht begrenzen, sondern entgrenzen, ja „universalisieren“. Das geht freilich nur, wenn Liebe zu einem Verausgaben heranreift, das nichts zurückerwartet. Es ist dann immer mehr Geben und immer weniger Nehmen: und genau darin ein unerwartet reiches Beschenktwerden.
Nicht ganz einfach ist es mit persönlich gelebter Armut in finanziell gesicherten Kommunitäten. Ist sie nicht im Rahmen der materiellen Sicherheit der Gemeinschaften eher unaufgeregt, manchmal auch sehr bequem zu leben? Es gibt eingestreute Hinweise, dass Schwestern das ausdrücklich versuchen. Dabei ist die Option für die Armen zumal den apostolischen Gemeinschaften ins Stammbuch geschrieben. Ob es die Kranken sind oder die bildungsbedürftigen

Mädchen vom Land: Die Gründerinnen und Gründer der meisten Kommunitäten waren unübersehbar auf der Seite der Armen. Sie haben damit natürlich auch die Schwestern auf diesem Weg zu den Armen faktisch mitgenommen. Der „berufliche“ Alltag der Schwestern war und ist von ihnen geprägt. Diese „kollektiv“ gelebte Armut entbindet freilich nicht die einzelne Schwester von einer persönlichen Kultur der Armut. Solche Armut ist dann mehr als „lessness“, wie die moderne Kultur der Bedürfnislosigkeit heute genannt wird. Vielmehr ist auf die Spitze getriebene Armut der Einsatz allen persönlichen Reichtums für die vielfältig „Armen“. Zu diesem persönlichen Reichtum, zu dem, was die einzelne Ordensfrau besitzt, gehören Zeit haben, Begabungen ins Spiel bringen, zärtliches Erbarmen und liebende Zuwendung schenken. Armut führt aber auch zum Zuhören, Ratgeben, Trösten... und so weiter auf der Spur der leiblichen und geistigen Werke der Barmherzigkeit. Zur Kunst der Armut gehört nicht zuletzt, andere zu bereichern durch das Teilen von spirituellen Erfahrungen: Viele Ordensfrauen erzählen, dass sie das erst im Lauf ihres langen Ordenslebens gelernt haben. Davor lebte Ordensspiritualität eher von der Belehrung durch „Geistliche“, die der Gemeinschaft „vorgesetzt“ waren.

Urwünsche

Die Dimensionen Macht und Freiheit (Gehorsam), liebende Bezogenheit (Ehelosigkeit) sowie Besitz und Geborgenheit (Armut) können nicht folgenlos ignoriert und dauerhaft verdrängt werden. Sie sind wichtige Aspekte der Schöpfung: Gott hat jeden Menschen damit ausgestattet. Das zeigt sich auch – jenseits aller Theologie – darin, dass sie jedem Menschen „heilig“ im Sinn von unantastbar sind (Gerhard Schmidtchen: Was den Deutschen heilig ist, Freiburg 1976). Menschliches Leben ist nur dann voll von Frieden (dazu hat Gott uns erschaffen: 1 Kor 7,15!), wenn diese Urwünsche „vorkommen“ können, keineswegs perfekt, aber in achtsam kultivierten Spuren.
Von allem Anfang an braucht jeder Mensch Ansehen – an erster Stelle elterliche Menschen, die nach der Geburt gleich das Gesicht über dem Neugeborenen leuchten lassen. Einander ansehen heißt Anse-

hen geben. Dann haben wir einen Namen. Jeder Mensch hat solches Ansehen bei Gott: Das ist Gnade pur. Angesehen hat er seine Magd namens Maria. Und jeder hat (wie Israel oder auch die ganze Ordensgemeinschaft) einen Namen, den Gott nicht vergessen wird und kann (Jes 43,1–4).

Wir haben aber auch alle die Sehnsucht nach dem Wachsen und dem Wurzeln. Wachsen heißt, sich eigenverantwortlich selbst hervorzubringen, schöpferisch, kreativ (wie der Schöpfergott selbst) zu sein. Diese Zumutung Gottes, uns selbstverantwortlich ein Leben lang zu „erschaffen“, zu „verwirklichen“, macht uns zu Ebenbildern des Schöpfergottes. Wir brauchen aber auch Wurzeln, Menschen, bei denen wir daheim sind, wo wir uns geborgen fühlen. Daher kann Ehelosigkeit nie als Beziehungslosigkeit gelebt werden. Daher ist die Ehelosigkeit von Weltpriestern in unserer Kultur in pfarrlichen Schließfächern menschlich fragwürdig. Ehelosigkeit verlangt folgerichtig nach einer zugleich bergenden und ermächtigenden Gemeinschaft, in der man familial aufgehoben ist. Es bewegt mich, wenn eine Ordensschwester feststellt, dass sie mit dem Älterwerden vereinsamt. Diese drei Urwünsche (nach Ansehen, Macht und Heimat) machen den Stoff der evangelischen Räte aus. Eine Kultur der evangelischen Räte, die dagegen „anlebt“, ist zum menschlichen Scheitern verurteilt. In dieser Hinsicht hat Eugen Drewermann recht.

Berufungskonstellationen

Berührend sind die vielen Berufungsgeschichten. Keine der Ordensfrauen ist wie einst Paulus überwältigt „vom Pferd gefallen“. Vielmehr hat sich der Weg nach und nach abgezeichnet – manchmal glatt, dann wieder in aufregendem Hin und Her. Zumeist kommen die Ordensfrauen aus Familien mit vielen Kindern. Nur vereinzelt haben Eltern Rückendeckung gegeben, andere die Entscheidung freigestellt, manche Väter, auch einige Mütter wollten die Tochter nicht freigeben. Wichtiger ist, und das scheint der gemeinsame Nenner zu sein, dass auf dem Weg der Berufung eine spirituelle Sensibilität gewachsen ist. Es war eine Suche nach dem, was ein unbekannter und doch naher Gott zumutet. Im Suchen hat sich zugleich ein

tiefes Vertrauen ausgebildet. War dann die Entscheidung getroffen, machte sich Frieden breit.
Aber nicht nur die spirituelle Dimension spielte eine Rolle. Mit der Berufung zu einer Gemeinschaft hat sich zugleich die Neigung zu einem Beruf mitentfaltet. Eine gute schulische und berufliche Ausbildung erwies sich als attraktiv und trug zur Entscheidung für diese oder jene Ordensgemeinschaft bei. Dass eine junge Frau auch die Chance hatte, konkret Schwestern kennen- und schätzen zu lernen, war für die Entscheidung nicht belanglos.
Alle diese Merkmale: gläubige und kinderreiche Familien, kirchliche Jungschar und Jugendarbeit, die Möglichkeit für junge Mädchen – oftmals aus ländlichen Regionen –, eine gute Ausbildung zu bekommen, konkreten Schwestern face-to-face zu begegnen – also diese für eine Berufung günstige Konstellation ist heute selten geworden. Der Schlüssel zu einem Ordenseintritt scheint immer mehr in der einzelnen Person zu liegen. Im Idealfall ist es der starke Wunsch, das Leben auf die Karte des Kommens des Reiches Gottes zu setzen. Weniger ideal ist es, wenn eine (manchmal gar nicht mehr junge) Frau in eine Gemeinschaft drängt, weil sie mit dem eigenen Leben unter den hohen Ansprüchen des modernen Lebens nicht fertig wird. Die Novizenmeisterinnen sind also heutzutage ganz schön gefordert, die Berufungsgeister zu unterscheiden.

Entrufungen

Die in diesem Buch versammelten Biografien von Ordensfrauen sind gewissermaßen „Erfolgsgeschichten". Sie erzählen von Schwestern, die ihren Weg (wenn auch mit Umwegen) doch ununterbrochen gegangen sind und wohl auch zu Ende gehen werden. Es wäre spannend und aufschlussreich, ein weiteres Buch zu schreiben mit den Biografien von Frauen, die in eine Gemeinschaft eingetreten sind, diese aber wieder verlassen haben. Vielleicht könnte so sichtbar werden, dass der Berufungsweg ebenso vielschichtig ist, wie der „Entrufungsweg" es wohl sein wird. Vielleicht war es nicht die richtige Gemeinschaft? Vielleicht hatte eine Frau ein Leben gesucht, das sich in einem Orden nicht finden lässt? Vielleicht ist das gläubige Vertrauen abhandenge-

kommen? Oder es ist durch eine verzopfte Gemeinschaftskultur zu viel Lebendigkeit auf der Strecke geblieben?
Wie Geschiedene eine Anfrage an Eheleute sein können und manche gehörig verunsichern, sind die Davongegangenen für Ordenskommunitäten eine wortlose Anfrage. Ob diese es wollen oder nicht, es wird ihnen ein Spiegel vorgehalten.

Nunc dimittis, Domine, servam tuam

Manche Ordensgemeinschaften haben sich mit der Kirche zusammen im Gefolge des Zweiten Vatikanischen Konzils moderat „modernisiert“. Manche in der Kirche, aber auch in Orden meinen darin den Grund zu sehen, dass es seitdem mit der Kirche/den Orden abwärts geht. Nicht wenige, das ist unübersehbar und schmerzt, sind aus Orden weggegangen. Weniger treten ein. Die Kommunitäten überaltern. Viele gewachsene Ordenseinrichtungen können nicht mehr durch Schwestern geführt werden. Sie werden in Stiftungen überführt, wobei versucht wird, über entsprechende Leitbilder diesen Stiftungen den Geist der Gründerin, des Gründers einzustiften. Ich habe einmal ein Provinzkapitel begleitet, wo das Ziel war, die Anzahl der damals zwanzig großen Einrichtungen auf vier zu reduzieren und zugleich Vorsorge für die alternden Schwestern zu treffen. Das ist heute kein Einzelfall.
Ist es angemessen, zu fragen: Was haben wir falsch gemacht, dass die Entwicklung so verläuft? Wäre das alles besser, hätten wir uns nicht modernisiert?
In einer Studie von F. M. Saarinen über methodistische Kirchengemeinden habe ich einmal gelesen, dass Organisationen einen „Lifecycle“ haben. An ihrem Anfang steht immer ein mächtige Vision: bei der Kirche die Vision Jesu vom Kommen des Reiches Gottes – also von der Umgestaltung der Welt im Kraftfeld Gottes hinein in eine Menschheit, die geprägt ist von Gerechtigkeit und Frieden. Dann hat Jesus eine Jünger*innen*gemeinschaft geformt, die er mit seiner Vision infiziert hat. Diese hat sich dann zu einer respektablen Organisation ausgebaut. In ihr ist in allen Bereichen nach wie vor (im wünschenswerten Idealfall) die Vision Jesu leitend.

Dann aber, so der amerikanische Forscher Saarinen in seiner Studie über 200 methodistische Gemeinden, kann eine Gemeinschaft zu altern beginnen. Das fängt an, sobald die Vision schwach wird. Zumeist feiert sie in solcher Zeit Jubiläen, man schaut nostalgisch zurück und denkt: „Wie stark waren wir doch am Anfang." Schwächer wird dann auch die Kraft der Gemeinschaft. Und schließlich kann eine konkrete Gemeinschaft sterben. Es gibt Gebiete (in Kleinasien, in Nordafrika), wo die Kirche in ihren Gemeinden einst stark war und wo es solche heute nicht mehr gibt. Organisationen, auch kirchliche, sind sterblich.

Sind auch Ordensgemeinschaften sterblich? Viele haben dank einer mächtigen Vision der Gründungsgestalten eine bewundernswerte Geschichte hinter sich. Sie haben den Kulturen und Gesellschaften viel geschenkt – im Bildungsbereich ebenso wie im Gesundheitsbereich. Viele moderne Einrichtungen wären ohne den Einsatz von Ordenspionieren heute nicht vorhanden. Orden stehen an der Wiege des modernen Europas. Inzwischen haben die meisten Gesellschaften in die eigene Verantwortung übernommen, was Orden aufgebaut haben. Der europäische Sozialstaat ist ein internationales Erfolgsmodell geworden. Kirchlicherseits hat sich auch die organisierte Caritas vieler armer Menschen professionell angenommen und macht ungewollt den apostolischen Orden und Kongregationen Konkurrenz. Orden waren an der Entstehung des Sozialstaates maßgeblich beteiligt. Sie wirken auch heute nach wie vor mit. Aber wie lange noch? Wie lange werden sie noch die Kraft besitzen, diese Einrichtungen zu verantworten und zu führen?

Bei jenem Provinzkapitel, auf dem die Anzahl der „Häuser" von zwanzig auf vier reduziert werden sollte, bat ich die Schwestern anhand der Analyse von Saarinen über den Lebensbogen einer Organisation, sich im Raum entlang einer Linie aufzustellen. Zu dem einen Ende der Linie sollten jene hingehen, die meinten, der Lebensbogen neige sich bei ihrer Gemeinschaft (hier in Europa) dem Ende zu. Zum anderen Ende sollten jene schreiten, welche der Ansicht sind, es sei ein neuer Aufbruch, also eine Art „Zweitgründung", auch in ihrer Gemeinschaft möglich. Der Großteil der zumeist älteren Schwestern ordnete sich dem „Sterbepol" zu. Ein kleiner Teil (darunter ganz wenig jüngere

Schwestern) wollte „aufbrechen". Schon die Aufstellung machte die Teilnehmerinnen am Kapitel betroffen. So deutlich hatten sie noch nie gemeinsam wahrgenommen, wie es um ihre Zukunft steht. Dann meldeten sich erste Stimmen, die meinten, die jüngeren Schwestern müssten sich vor allem der Pflege der alten Schwestern widmen. Das sei in früheren Zeiten so üblich gewesen. Nach und nach aber setzte sich eine ganz andere Ansicht durch: Immer mehr ältere Schwestern sagten „wir senden euch" auf den Weg eines Neuaufbruchs. Neuaufbruch, aber wohin?

In den vorliegenden Biografien sind dazu wertvolle anregende Gedanken da. Die großen Institutionen lassen sich durch die Schwestern auf Dauer nicht tragen. Mag der Orden in anderen Erdteilen blühen: „Bei uns", hierzulande, wird er sterben. Daran ändern die Zusammenlegungen der Provinzen zu immer größeren auch nichts. Es sei denn, so die Hoffnung einiger Ordensfrauen, Gott schenkt uns aus dem Geist, der Vision unserer Gründungsmütter und -väter den Auftrag zu einer „Zweitgründung". Solche Schwestern fragen dann: „Zu wem würde unsere Gründerin heute bevorzugt gehen?" Damals waren es die Kranken, die ungebildeten Mädchen vom Land. Wer aber sind heute die Armen, für die es auch in sozialstaatlich gut ausgebauten, zugleich finanziell überforderten Gesellschaften noch keinen ausreichenden Support gibt? In nicht wenigen Biografien lautet die Antwort: „Wir gehen in die Seelsorge." Manche machen dann Krankenhausseelsorge, andere Schulseelsorge. Andere gehen in Pfarren.

Aber wäre nicht noch genauer hinzuschauen, wo die Armen in der heutigen Gesellschaft sind? Natürlich ist Seelsorge eine mögliche Antwort auf die spirituelle Armut vieler Menschen in modernen Kulturen; auch die Diözesen sind dankbar für einsatzbereite Schwestern. Manche Ordensfrauen suchen jedoch außerhalb der Kirche weiter. Sie werden fündig. Ordensfrauen fühlen sich schwesterlich zumal mit jenen Frauen solidarisch, die auch in unseren modernen Gesellschaften Schutz vor Ausbeutung, Missbrauch und männlicher Gewalt brauchen. Frauenorden sind für mich die geborene Lobby für Frauen in unserer Gesellschaft: Wer, wenn nicht sie?

Zu nimmt auch die Zahl von Kindern, die unter der Armutsgrenze leben, weil das familiale System brüchig geworden ist, aus dem sie kommen. Viele von diesen armutsgefährdeten Kindern stammen aus Flüchtlingsfamilien. Zunehmend überfordert sind heute Familien, die Angehörige daheim pflegen. Oft sind in solchen Familien beide Partner auf ein Einkommen angewiesen. Nicht wenige treibt es an die Grenze eines Pflege-Burn-outs. Es gibt wahrlich viele moderne Arme, Nöte, die nach einer „Zweitgründung" rufen. Kleine, mobile Ordenskommunitäten, aber auch Netzwerke zwischen verschiedenen Orden, könnten erneut ein Segen für viele Arme im Land werden.

Führungsqualitäten für die Kirche

Unter den Ordensfrauen, die in diesem Buch aus ihrem reichen Leben berichten, sind nicht wenige, die jahrelang in anspruchsvollen Leitungspositionen wirkten. Ich habe selbst Provinz- und Generaloberinnen bei Kursen für „Führen und Leiten in der Kirche" in der Theologisch-pastoralen Fortbildung in Freising erlebt. Mir ist dabei klar geworden, dass viele von ihnen zumindest so kompetent, wenn nicht gar umsichtiger leiten als Dechanten, Generalvikare oder Bischöfe.

Die Kirche wäre gut beraten, dieses enorme Führungspotenzial von Frauen besser zu nutzen. Dabei stellt sich natürlich die Frage nach der Ordination von (Ordens-)Frauen. Ich übergehe die Frage, ob es nicht für Äbtissinnen einst schon die Weihe gegeben hat. Manchmal laden mich Gemeinschaften zu ihrem Provinzkapitel ein, um dem Gottesdienst vorzustehen. Da denke ich mir, es gäbe genug theologisch wie spirituell begabte Schwestern in ihrer Mitte, die umstandslos ordiniert werden könnten. Es wird ja auch immer schwieriger, nicht nur für Pfarrgemeinden, sondern auch für Ordensgemeinschaften, einen „eigenen" Priester zu finden. Für mich ist das allein ein Grund, zielstrebig über die Ordination von Frauen nachzudenken.

Allerdings fühle ich in mir zugleich Bedenken. Die meisten Orden, die heute veraltern, sind ein unverzichtbarer Ausdruck der diakonalen Kraft der christlichen Kirchen. Derzeit ist die Diakonie vom Priesteramt weithin abgespalten. Würden Ordensfrauen (mehrheitlich) ordiniert werden (können), würde man sie dadurch nicht zugleich von der Diakonie wegordinieren? Eine Lösung könnte sich dadurch anbahnen, dass die Frage nach der Ordination nicht nach dem Kriterium Geschlecht diskutiert wird: also, ob generell auch Frauen ordiniert werden können. Vielmehr wird der theologisch saubere Ansatz bei den gläubigen Gemeinschaften liegen, also bei der Frage, ob diese wahrhaft gläubige Gemeinde auch eucharistiefähig ist. Und solange die Kirche den Vorsitz bei der Eucharistiefeier an das ordinierte Amt bindet, sollte es möglich sein, dass jeder gläubigen Gemeinschaft eine ordinierte Person (unabhängig vom Geschlecht, aber auch anderen Kriterien) zur Verfügung steht. Diese Person konnte in der Frühzeit der Kirche notfalls auch aus der zur Eucharistie versammelten Gemeinschaft selbst genommen werden, so berichtet der Kirchenlehrer Tertullian für die Zeit um 209 in Nordafrika.

Ein Segen für Gesellschaft und Kirche

Die Kirchen in unserem Land stecken derzeit in einer gewaltigen Umbauzeit. Die Konstantinische Ära in ihrer nachreformatorischen Gestalt geht definitiv zu Ende. Der christliche Glaube wird nicht mehr selbstverständlich kulturell gestützt: Er ist für jede und jeden wählbar geworden. Dadurch ist das Land weltanschaulich bunt geworden. Soziale Gründe zählen für die gewählte Beteiligung immer weniger, die religiösen Motive haben an Gewicht gewonnen. Das verändert die Zahl der formellen Mitglieder. Es wird künftig im Land nicht mehr so viele Katholiken geben, aber unter jenen, die es sein werden, werden mehr überzeugte und entschlossene Christinnen und Christen sein. Das ist der Pool, aus dem künftig vorrangig Ordensleute kommen werden.

Im Zuge des Kirchenumbaus werden von manchen Kirchenleitungen die Pfarrgemeinden infrage gestellt. Diese werden durch manche an der Priesterzahl orientierte Strukturveränderung noch zusätzlich geschwächt. Einige erhoffen sich, dass die geistlichen Bewegungen künftig das Evangelium im Land präsent halten. Bei solchen Strukturänderungen werden die Orden nicht selten übersehen. Es scheint, als hätten manche Verantwortliche sie bereits für tot erklärt.

Ob diesen Personen klar ist, dass die geistlichen Bewegungen mit ihrem Fokus auf apolitische Spiritualität die gesellschaftliche Kraft der Orden nicht ersetzen können? Die Orden waren und sind eine der stärksten Kräfte der Kirche in unseren modernen Gesellschaften. Deren Schwächung wird tragischerweise auch die Kirche im Land nachhaltig schwächen. Eine Kirche ohne Orden wird eine ziemlich introvertierte und spiritualisierende Kirche sein – wobei eine solche Befürchtung lediglich durch eine starke Caritas abgemildert werden kann. Wenn der Satz zutrifft, dass ohne glaubensstarke Kirchen das Land kühler und ärmer sein wird, dann trifft eine Aussage umso mehr zu:

„Ohne die Orden wäre das Land ärmer!“

Wörterbuch Ordensdeutsch

von Sr. Ruth Pucher MC

Abt – geweihter Vorsteher eines selbstständigen Männerklosters (einer Abtei)

Äbtissin – geweihte Vorsteherin eines selbstständigen Frauenklosters (einer Abtei)

Abtpräses – Vorsitzender der Äbte-Konferenz eines Ordens in einem bestimmten Gebiet (z. B. Österreich)

Allerheiligstes – Der Name bezeichnet den Stellenwert des in der heiligen Messe gewandelten Brotes: Katholische Christen erkennen in ihm die besondere Gegenwart Jesu Christi. Aufbewahrt wird das Allerheiligste im Tabernakel, zur Anbetung wird es „ausgesetzt", gut sichtbar aufgestellt.

Altabt – ehemaliger Abt, ehemaliger Vorsteher eines Klosters

Anbetung – persönliches oder gemeinschaftliches Gebet mit Ausrichtung auf das Allerheiligste, also auf Jesus Christus in der Gegenwart des gewandelten Brotes

Apostolisch – wie die zwölf Apostel in die Welt gesendet, um den Glauben an Jesus Christus durch Taten und Worte zu verkünden

Armut – Wirklich arm sind Ordensleute selten, aber sie versprechen einen einfachen Lebensstil und besitzen alles gemeinsam. Das meint das Gelübde der Armut.

Beichtvater – Priester des Vertrauens, der regelmäßig zur Beichte und zum Gespräch aufgesucht wird

Berufungspastoral – Im engeren Sinn geht es um neue Ordensmitglieder, im weiteren Sinn um die Begleitung junger Menschen auf der Suche nach ihrem Platz im Leben.

Breviergebet – auch Stundengebet genannt. Gemeinsam oder auch allein werden zu bestimmten Zeiten des Tages Gebete gesprochen, Psalmen und Lesungen aus der Bibel. Die bekanntesten Gebetszeiten sind: Laudes (Morgenlob), Vesper (Abendlob), Komplet (Nachtgebet).

Charisma, Ordenscharisma – der spezifische Auftrag Gottes an eine Ordensgemeinschaft. Wörtlich: Gnadengabe.

Chor – Ort, an dem das gemeinsame Gebet gesungen oder gesprochen wird, hier befindet sich das Chorgestühl.

Chorgebet – das gemeinsame Psalmengebet der Schwestern, wechselseitig in zwei Chören gesungen oder gesprochen

Chorgestühl – einander gegenüberstehende Bankreihen, in denen sich die Schwestern zum gemeinsamen Gebet versammeln, es wird wechselseitig gesungen oder gesprochen.

Diözese – kirchlicher Verwaltungsbezirk

Ehelosigkeit – Ordensleute leben so, ohne Ehe, ohne Partnerschaft, aber eigentlich müsste man ergänzen „um des Himmelreiches willen", denn so macht dieser freiwillige Verzicht Sinn. Jesus hat auch so gelebt. Keuschheit oder Jungfräulichkeit werden synonym gebraucht.

Einkleidung – Überreichung des Ordenskleids im Rahmen eines Gottesdienstes; sie markiert den offiziellen Beginn der Ordensausbildung (Noviziat), häufig verbunden mit der Vergabe eines neuen Namens an die Novizin

Eintritt – Einzug in ein Kloster mit dem Vorhaben, Mitglied der ansässigen Ordensgemeinschaft zu werden

Er – gemeint ist immer Jesus Christus bzw. Gott

Eremitage – Einsiedelei. Ort des Rückzugs für intensive Zeiten des Gebets, meistens ein kleines Haus in der Natur, ausgestattet mit dem Nötigsten: Bett, Tisch und Sessel, Gebetsplatz.

Erste Profess – vergleichbar mit der Verlobung zweier Liebender: Die Schwester verspricht zum ersten Mal öffentlich, gottverbunden und nach der jeweiligen Ordensregel zu leben, in den meisten Fällen für zwei oder drei Jahre. Danach kann die Profess erneuert bzw. schon die Ewige Profess abgelegt werden.

Eucharistie – heißt eigentlich Danksagung, gemeint ist fast immer die heilige Messe als Ganzes. Auch das gewandelte Brot wird so bezeichnet. In beiden Bedeutungen geht es um die Gegenwart Jesu Christi, für die die Gläubigen dankbar sind.

Evangelische Räte – Lebensweisungen aus dem Evangelium: Gehorsam, Armut, Keuschheit/Ehelosigkeit. Jesus hat so gelebt. Ordensleute tun es auch.

Evangelium – „frohe Botschaft", gemeint sind die vier Bücher der christlichen Bibel, die Erinnerungen aus dem Leben Jesu festhalten, nach Matthäus, Markus, Lukas und Johannes

Ewige Profess – vergleichbar mit der Hochzeit eines Paares: Die Schwester bindet sich auf Lebenszeit an Gott und den Orden.

Exerzitien – eine Zeit des Rückzugs und intensiven Gebets, meistens für eine Woche, an Wendepunkten des Lebens auch für 30 Tage. Während der Exerzitien wird geschwiegen, um hörend zu werden für Gottes Stimme. Gespräche mit einem/einer Exerzitienbegleiter/in dienen der Reflexion und geistlichen Führung. Es gibt Vortragsexerzitien, Meditationsexerzitien und Einzelexerzitien.

Exklaustriert – für eine bestimmte Zeit entbunden von der Verpflichtung bzw. dem Recht, innerhalb der Klausur des Klosters zu leben, meistens für eine Phase der Neuorientierung

Gehorsam – einer der drei evangelischen Räte. Ordensleute versprechen damit, Hörende zu sein: auf Gott, die Ordensleitung, untereinander und auf Zeichen der Zeit.

Geistliche Begleitung – regelmäßige Gespräche mit einer Person des Vertrauens, in denen alle Lebensthemen Platz haben und vor Gott ins Spiel gebracht werden

Gelübde – das Gelöbnis von Gehorsam, Armut, Keuschheit/Ehelosigkeit – meistens sind es diese drei. Manche Ordensleute versprechen zusätzlich z. B. den Dienst an jungen Menschen oder setzen andere Schwerpunkte wie z. B. die Benediktiner/innen die örtliche Beständigkeit.

Generalat – Sitz der obersten Ordensleitung einer internationalen Gemeinschaft; bei vielen Ordensgemeinschaften befindet es sich in Rom.

Habit – anderes Wort für Ordenskleid

Hostienbäckerei – Auch die Hostien, die kleinen Oblaten, die in der heiligen Messe bei der Mahlfeier Verwendung finden, müssen irgendwo hergestellt werden. Oft für Frauenorden, die zurückgezogen leben, eine willkommene Einnahmequelle.

Kandidatin – eine Frau, die den Willen geäußert hat, in eine bestimmte Ordensgemeinschaft einzutreten. Zum näheren Kennenlernen lebt sie eine Zeit lang in dieser Gemeinschaft mit oder kommt häufig zu Besuch.

Kandidatur – Zeit des näheren Kennenlernens einer Ordensgemeinschaft, vor dem Eintritt

Klausur – abgeschiedener Bereich des Klosters und Lebensbereich der Schwestern, kein Zugang für Externe zum Schutz der Privatsphäre und der Gebetsatmosphäre. Es ist mehr die Frage, wer hinein darf, als die Frage, ob die Schwestern hinaus dürfen. Die meisten Ordensleute verlassen die Klausur gelegentlich oder regelmäßig, manche nur mit ausdrücklicher Genehmigung.

Kontemplativ – eigentlich die Beschreibung einer Haltung: mit besonderer Aufmerksamkeit und Ausrichtung auf Gott; meistens aber gebraucht als Unterscheidung von zwei Arten von Ordensleben, „kontemplativ" im Gegensatz zu „aktiv" oder „apostolisch". Kontemplative Gemeinschaften legen den Schwerpunkt auf das Gebet und bewahren möglichst die betende Haltung auch bei der Arbeit.

Konvent – Gruppe von Schwestern (oder Brüdern), die zusammenlebt

M. – Abkürzung für „Maria" als erster Vorname vieler Ordensfrauen: Maria, die Mutter Jesu, wird damit als Vorbild und Wegbegleiterin erwählt.

Missionarin – Glaubensverkündigung ist das Ziel jeder Missionarin. Lange Zeit wurde die Bezeichnung nur für Schwestern im Auslandseinsatz in Afrika, Asien oder Südamerika verwendet. Heute sind auch Schwestern, die sich in Österreich oder seinen Nachbarländern für den christlichen Glauben engagieren, Missionarinnen.

Mutterhaus – Haupthaus oder Zentrale einer Ordensgemeinschaft, oft das Haus der Gründung oder der Anfänge einer Gemeinschaft. Meistens ist das Mutterhaus auch der Sitz der Ordensleitung.

Novizenmeisterin – Ausbildungsleiterin und Ansprechpartnerin für die Novizinnen in allen Lebenslagen

Noviziat – Lehrlingszeit im Orden, meistens zweijährig, in manchen Gemeinschaften nur einjährig. Dem Noviziat voraus gehen Kandidatur und Postulat, es wird gefolgt vom Juniorat.

Oberin – Leiterin einer Gemeinschaft von Ordensschwestern. Je nach Zuständigkeit spricht man von Hausoberin, Provinzoberin, Generaloberin.

Ordensberuf – die Entscheidung zu einem Leben als Ordensfrau

Ordensname – In vielen Ordensgemeinschaften ist es üblich, mit dem Ordenseintritt einen neuen Vornamen anzunehmen. Dies ist ein Zeichen, dass ein ganz neuer Weg eingeschlagen wird. In vielen Klöstern und Gemeinschaften wird bis heute darauf geachtet, dass jeder Name nur einmal vertreten ist. Deshalb kam es in Zeiten mit vielen Mitgliedern manchmal zu kuriosen Neuschöpfungen.

Ordinariat – Amt, Verwaltungsapparat einer Diözese

P. – Abkürzung für „Pater“, Anrede eines Ordensmannes, der Priester ist

Paramente – Textilien, die im Kirchenraum und in der Liturgie verwendet werden, oftmals kostbar verziert, wie z. B. Messkleider oder Altartücher

Paramentenstickerei – zeitintensive Arbeit, häufig von kontemplativen Ordensfrauen ausgeführt, wichtige Einnahmequelle für manche Frauenklöster

Postulat – Probezeit, Phase vor dem Noviziat; die Postulantin lebt dabei schon in der Ordensgemeinschaft und geht einer beruflichen Tätigkeit innerhalb oder außerhalb der Gemeinschaft nach.

Priorin – Leiterin eines selbstständigen Frauenklosters (meist eines Priorats, das im Rang unterhalb einer Abtei steht)

Provinzialat – Sitz der Ordensleitung einer „Provinz“, eines geografisch festgelegten Gebiets. Die Provinzoberin oder Provinzialin ist die Leiterin.

Rekreation – Erholungszeit, gemeinsame Pause aller Schwestern, häufig nach dem Mittag- oder Abendessen, zum Plaudern, Spielen, Handarbeiten o. Ä.

Sakrament – ein sichtbares Zeichen, durch das Gottes Zuwendung zu uns Menschen erfahrbar wird; in der katholischen Kirche gibt es sieben Sakramente: Taufe, Firmung, Eucharistie (Kommunion), Bußsakrament (Beichte), Krankensalbung, Ehe, Priesterweihe.

Säkularinstitut – eine andere Form des „geweihten Lebens". Mitglieder von Säkularinstituten leben heute in vielen Bereichen aber sehr ähnlich wie Ordensleute. Die Ausrichtung am Evangelium ist zentral. Ihr missionarischer Einsatz ist abhängig von ihrer beruflichen Tätigkeit. Gemeinsam zu wohnen, ist nicht verpflichtend. Austausch untereinander und gemeinschaftliches Gebet werden bei regelmäßigen Treffen gepflegt.

Sr. – Abkürzung für „Schwester" (lateinisch „Soror"), Anrede für eine Ordensfrau

Stifterin – die Gründerin einer Ordensgemeinschaft, die mit ihrem Vermögen und ihrem Weitblick den Grundstock gelegt hat

Unterscheidung der Geister – wichtig für große und kleine Entscheidungen: „Welche Kräfte sind am Werk? Welche Stimmen ziehen in die eine oder andere Richtung? Wo weht ein guter Geist?" Der heilige Ignatius von Loyola (Gründer des Jesuitenordens) hat mit seinen geistlichen Übungen ein Instrumentarium zur Unterscheidung der Geister entwickelt.

Vorkonziliar – wie vor dem Zweiten Vatikanischen Konzil üblich

Werke – institutionelle Einrichtungen einer Ordensgemeinschaft wie z. B. Krankenhäuser, Kindergärten, Schulen usw.

Zeitliche Profess – öffentliches Versprechen innerhalb eines Gottesdienstes, für eine bestimmte Zeit – ein, zwei oder drei Jahre – als Ordensfrau zu leben.

Zivil – Zivile Kleidung meint normale Kleidung, also kein Ordenskleid.

Interviews

Sr. Johanna Montag	Vöcklabruck, 23. Februar 2015
Sr. Brigitta Kasper	Wien, 2. Juli 2015
Sr. Maria Magna Metzler	Innsbruck, 7. Juli 2015
Sr. M. Friedburga Druckenthaner	Linz, 26. August 2015
Sr. M. Gertrud Petschan	Wernberg, 2. Juni 2015
Sr. Andrea Eberhart	Graz, 26. Juni 2015
Sr. M. Hilda Correia	Wien, 8. Mai 2015
Sr. M. Manuela Huber	Eisenstadt, 20. November 2015
Sr. Katharina Laner	Schwarzach, 6. Juli 2015
Sr. Martina Holzer	Wien, 20. Mai 2015
Sr. M. Carmen Gračner	Innsbruck, 8. Juli 2015
Sr. M. Immaculata Ebner	Hohenweiler, 9. Juli 2015

Bildnachweis
Katrin Bruder/Ordensgemeinschaften Österreich: S. 101
Ingrid Kraus: S. 123
Michael Leischner (Villach): S. 85
Rudolf Mair/GMR Fotografie: S. 23
Petra Rainer: S. 15, 27, 41, 49–56, 71, 115, 145, 153–160, 163, 183, 194, 199, 231
Sr. Marlene Teresinha Webler FDC: S. 169
Sr. Maria Zeitler SDR: S. 129
Alle übrigen Fotos: Privatarchive der jeweiligen Ordensfrauen

ISBN 978-3-222-13530-9

Lektorat: Elisabeth Wagner
Covergestaltung: Bruno Wegscheider
Buchgestaltung, Layout: Clemens Toscani
Coverfoto: iStockphoto.com/JLGutierrez

Druck und Bindung:
Druckerei Theiss GmbH, St. Stefan im Lavanttal
7 6 5 4 3 2 1
Printed in Austria

Mit freundlicher Unterstützung der Unitas-Solidaris Wirtschaftstreuhand GesmbH